हमारे
डॉ. हेडगेवारजी

हमारे
डॉ. हेडगेवारजी

डॉ. श्याम बहादुर वर्मा

प्रभात
प्रकाशन

प्रकाशक

प्रभात प्रकाशन प्रा. लि.

4/19 आसफ अली रोड, नई दिल्ली–110002

फोन : 011–23289777 • हेल्पलाइन नं. : 7827007777

इ–मेल : prabhatbooks@gmail.com ❖ वेब ठिकाना : www.prabhatbooks.com

संस्करण

2023

पेपरबैक मूल्य

चार सौ रुपए

मुद्रक

नरुला प्रिंटर्स, दिल्ली

———— ★ ————

HAMARE DR. HEDGEWARJI

by Dr. Shyam Bahadur Verma

Published by **PRABHAT PRAKASHAN PVT. LTD.**

4/19 Asaf Ali Road, New Delhi-110002

ISBN 978-93-86300-76-8

₹ 400.00 (PB)

अनुक्रम

1

जन्मजात राष्ट्रभक्त

(1889-1904 ई.)

पूर्वजों का परिचय

आज से लगभग 200 वर्ष पूर्व आंध्र प्रदेश के तेलंगाना क्षेत्र (अब एक अलग राज्य) के ग्राम कंदकुर्ती[1] में एक वैदिक स्वाध्यायी ब्राह्मण-परिवार सहस्रों वर्षों से रहता आ रहा था, जो 'हेडगेवार' कहलाता था। जगद्‌गुरु शंकराचार्य के समय से इस घराने का वेद-अध्ययन-अध्यापन की दृष्टि से महत्त्व था। बल-उपासना भी इस घराने की विशेषता रही। शरीर से हृष्ट-पुष्ट होना भी हेडगेवार वंशजों की एक अलग विशेषता थी।

कालांतर में आंध्र में स्थापित मुसलिम-शासन में वेद-विद्या की उपेक्षा देखकर तेलंगाना के अनेक विद्वान् ब्राह्मण परिवारों ने धीरे-धीरे तेलंगाना क्षेत्र त्यागकर, अलग-अलग स्थानों पर छोटे-छोटे हिंदू राज्यों में आश्रय लिया। हेडगेवार-घराने के तेलंग ब्राह्मण श्री शास्त्री ने भी उसी समय (लगभग 1800 ई. में) नागपुर के भोंसले राजा की छत्रच्छाया में रहने को उचित समझकर यहीं पर अपना परिवार जमा लिया। शीघ्र ही हेडगेवारों को यहाँ भी वैदिक विद्वान् के रूप में प्रतिष्ठा प्राप्त हो गई और उनका जीवन सुख से

---

1. कंदकुर्ती ग्राम महाराष्ट्र और आंध्र की सीमा पर स्थित है। यह इंदूर (निजामाबाद) जिला के बोधन ताल्लुका में है। यहाँ गोदावरी, वंजरा और हरिद्रा नदियों का संगम है। यहाँ की प्रमुख भाषा मराठी है, परंतु तेलुगु और कन्नड़ भाषाएँ भी बोली जाती हैं।

व्यतीत होता रहा। किंतु जब यहाँ अंग्रेजी शासन स्थापित हो गया तो वेद-शास्त्रों के पारंगत विद्वानों को जीविका के लिए कर्मकांड अर्थात् पुरोहित-कर्म अपनाना पड़ा।

तेजस्वी माता-पिता

इसी कारण हेडगेवार वंश के वैदिक विद्वान् तनहरि शास्त्री के पौत्र श्री बलिराम हेडगेवार भी अध्यापन तथा पौरोहित्य कार्य द्वारा नागपुर में अपने परिवार का पालन-पोषण करने लगे थे।

बलिराम हेडगेवार के गरम स्वभाव के ठीक विपरीत उनकी धर्मपत्नी सौभाग्यवती रेवतीबाई[1] का स्वभाव शांत था और बड़ी मिलनसार थीं। निर्धनता के बावजूद परिवार में सुख-शांति रहती थी, क्योंकि पति-पत्नी दोनों ही मितव्ययी तथा संतोषी थे। बलिराम हेडगेवार की प्रसिद्धि सात्त्विक, स्वाभिमानी, ऋग्वेद के विद्वान्, अग्निहोत्री इत्यादि रूपों में थी। धोती और सफेद दुपट्टा पहने, ललाट पर भस्म, सिर पर लाल कनटोपा, हाथ में ताम्रपत्र लिये, हँसमुख, कृष्ण वर्ण के बलिराम का अपना निराला ही व्यक्तित्व था।

उनकी प्रेमपूर्ण गृहस्थी में छह पुष्प खिले—तीन पुत्रियाँ और तीन पुत्र। पुत्रियाँ—सरू, राजू और रंगू।[2] पुत्र—महादेव, सीताराम, केशव[3]। यही 'केशव' हमारे चरित्रनायक हैं।

केशव का जन्म

केशव का जन्म चैत्र शुक्ल प्रतिपदा संवत् 1946 विक्रमी (शक संवत् 1811, 1 अप्रैल, 1889 ईस्वी) को प्रातःकाल में हुआ था। वर्ष प्रतिपदा की प्रसिद्धि 'विजय-दिवस' के रूप में है—शकारि विक्रमादित्य और शक-विध्वंसक शालिवाहन का विजय-दिवस। नववर्ष का यह प्रथम दिवस उत्तर

---

1. मतांतर से इनका नाम यमुनाबाई था। वे भी तेलंग अर्थात् तेलंगाना से नागपुर में आ बसे ब्राह्मण 'पैठणकर घराना' की थीं।
2. इन तीनों का यथासमय विवाह हो गया था।
3. श्री महादेव शास्त्री का स्वर्गवास श्री केशवराव के जीवनकाल में ही हो गया था और श्री सीताराम का स्वर्गवास श्री केशवराव के देहांत के बहुत वर्षों बाद हुआ।

भारत के समान ही मध्य प्रदेश और महाराष्ट्र में भी उत्साहपूर्वक मनाया जाता है। इस दिन को 'गुढी पड़वा' कहते हैं। 'गुढी' का अर्थ 'ध्वज' होता है। वर्ष प्रतिपदा को ही घर में गुढी फहराने, उसका पूजन करने तथा नाना व्यंजनादि खाने की परंपरा महाराष्ट्रीय परिवारों में होती है। इस कारण सभी हितैषियों ने उस दिन जनमे बालक के महान् भविष्य की शुभकामना की।

नामकरण-संस्कार के समय शिशु का राशि-नक्षत्रानुसार नाम 'दोमदेव' रखा गया, क्योंकि रेवती नक्षत्र के द्वितीय चरण में बालक जनमा था, किंतु प्रसिद्ध नाम 'केशव' रखा गया, जो असुर-नाशक, दैत्य-विध्वंसक विष्णु और उनके लोकसंग्रही अवतार श्रीकृष्ण का प्रसिद्ध नाम है।

क्रोधी महादेव शास्त्री

केशव का शैशव माता-पिता और भाई-बहनों की प्रेमपूर्ण छाया में व्यतीत हुआ। उनके सबसे बड़े भाई महादेव शास्त्री काशी से वेदाध्ययन करके आए थे। पौरोहित्य से अब उनकी भी कुछ आय हो जाती थी। वे पहलवानी के बड़े शौकीन थे, जिसमें परिवार की आय का एक बड़ा अंश भेंट चढ़ जाता था। घर के एक भाग में ही उन्होंने अखाड़ा बना लिया था, जहाँ मुग्दर, मलखम आदि से भी व्यायाम होता था और पास-पड़ोस के अनेक युवक वहाँ व्यायाम के लिए आते थे। महादेव शास्त्री कभी-कभी भंग का पान भी किया करते थे।

महादेव शास्त्री अपने छोटे भाइयों, सीताराम और केशव को भी अपने समान ही बलवान व तेजस्वी बनाना चाहते थे। अत: उन्हें अखाड़े में जोर आजमाइश तथा कसरत करनी होती थी तथा कभी-कभी गली के किसी शरारती लड़के को पीट आने के लिए भी वे भेजे जाते थे। बालपन में कई बार सीताराम और केशव को उनकी बातें अरुचिकर लगती थीं। उस समय बड़े भाई की डाँट और मार भी खानी पड़ती। महादेव शास्त्री का क्रोध लोक-प्रसिद्ध था। एक बार तो नीचे सड़क का दृश्य देखकर वे आवेश में अपने दुमंजिले से ही कूद पड़े थे और किसी निरपराध व्यक्ति को पीटनेवाले गुंडों की उन्होंने अच्छी मरम्मत की थी।

बाल-जीवन की झाँकी

सीताराम पाठशाला जाते ही थे। बालक केशव भी उनके साथ ही जाने लगे। घर में विविध धार्मिक संस्कारों के साथ-साथ 'रामरक्षास्तोत्र' आदि विविध श्लोकों को भी केशव ने याद कर लिया। किंतु साथियों के साथ गेंद आदि खेलने में केशव का मन सबसे ज्यादा लगता। व्यायाम के बाद घर में पाल रखी गाय का दूध पीना भी केशव को अच्छा लगता था। इस प्रकार जीवन ठीक ही चल रहा था। तभी नागपुर में फैली चेचक ने लगभग आठ वर्ष की अवस्था के केशव पर भी हमला किया। चेचक ठीक तो हो गई, परंतु केशव के मुख पर चेचक के निशान सदा के लिए रह गए।

यथासमय केशव का यज्ञोपवीत संस्कार कर दिया गया। अब उन्हें रुद्रपाठ, संध्या, पूजा आदि की विधियाँ भी सिखाई जाने लगीं। सीताराम नागपुर की एक वेदशाला में भरती करा दिए गए, किंतु परिवार ने केशव को अंग्रेजी शिक्षा दिलाने की ही बात निश्चित की। अत: केशव को नील सिटी हाई स्कूल में भरती करा दिया गया।

देशभक्ति का प्रकटीकरण

केशव जन्मजात देशभक्त हैं, यह बात सभी को स्पष्ट दिखाई दे रही थी। छत्रपति शिवाजी पर उसकी अनन्य श्रद्धा थी और विदेशी अंग्रेजों से अपना देश कैसे स्वतंत्र किया जाए, इसकी चिंता भी उनके बालमन में थी। 22 जून, 1897 को विक्टोरिया-शासन की षष्टिपूर्ति के अवसर पर प्राथमिक विद्यालय में मिठाई बाँटी गई। बालक केशव ने यह कहकर मिठाई फेंक दी कि 'अंग्रेजों की महारानी हमारी महारानी नहीं है, फिर हम क्यों आनंद मनाएँ?' इसी प्रकार 1899 में ब्रिटिश सम्राट् एडवर्ड सप्तम के सिंहासनारूढ़ होने के अवसर पर नागपुर की 'एंप्रेस' मिल द्वारा किए गए शानदार आतिशबाजी कार्यक्रम को देखने जा रहे अपने मित्रों के साथ केशव ने जाने से मना कर दिया था, क्योंकि उसे लगता था कि विदेशी राजा का राज्यारोहण-उत्सव मनाना तो लज्जा की बात है।

नागपुर में सीतावर्डी के किले पर फहराता अंग्रेजों का झंडा बालक

केशव की आँखों में बहुत चुभता था। बाल-मित्रों के साथ केशव के मन ने यह कल्पना की कि उसे हटाकर भगवा झंडा लगा दिया जाए तो किला स्वाधीन हो जाएगा, क्योंकि छत्रपति शिवाजी भी तो किले ऐसे ही जीता करते थे। वहाँ पर पहरा होने के कारण सुरंग लगाकर किले तक पहुँचने की विधि ही ठीक जँची और वहाँ गुरुजी के घर पर पढ़ने जानेवाले केशव के नेतृत्व में इन बालकों ने उसी घर के पढ़ने के कमरे में द्वार बंद करके फावड़ा आदि से सुरंग बनाना प्रारंभ कर दिया। 2-3 दिन में ही रहस्य खुल गया। वझे गुरुजी ने बालकों को प्रेमपूर्वक समझाया कि ऐसे कार्यों का कोई लाभ नहीं है। बालकों की देशभक्ति की सूचक यह घटना वझे गुरु को सदैव स्मरण रही और वे वर्षों तक यह प्रसंग अपने मिलनेवालों को रुचिपूर्वक सुनाते रहे।

बलोपासना

महादेव शास्त्री जैसे दृढसंकल्पवान, बलिष्ठ और पराक्रमी थे, वैसे ही उनके दोनों छोटे भाई भी थे। एक बार घर के पीछे खोदे गए नए कुएँ को उपयोग में लाने से पूर्व होनेवाले पूजा-पाठ से पहले कुआँ साफ कर लेना चाहिए, यह निश्चय कर लेने के बाद महादेव शास्त्री ने जो कठिन योजना बनाई, उसमें भाई सीताराम के साथ बालक केशव भी सम्मिलित था। इस काम में माता-पिता की अनुमति मिल ही नहीं सकती, यह जानकर रात्रि को सबके सो जाने के बाद कार्य प्रारंभ हुआ। पहले तो घर के उपयोग के लिए पानी अलग भरकर रख दिया गया और फिर रातोरात कुएँ का सब पानी और कीचड़ निकालकर तली को स्वच्छ कर दिया गया। शरीर और मन की ऐसी दृढता ने बालक केशव के चरित्र-विकास में बहुत सहयोग दिया। प्रारंभ में दुर्बल रहे केशव ने प्रातः-सायं नियमित व्यायाम, प्रातःकाल 7-8 किलोमीटर की दौड़ तथा गाय का डेढ़ किलो दूध पीने के वर्षों के अभ्यास के साथ ही मन के संयम के द्वारा अपने शरीर को फौलादी बना लिया था।

माता-पिता की मृत्यु

माता-पिता के स्नेह की छाया में विकसित हो रहे केशव के जीवन में

अचानक वज्रपात हुआ। 1902 ई. में नागपुर में प्लेग की महामारी जोरों से फैली। प्रतिदिन सैकड़ों लोग मरने लगे। तब भी पंडित बलिरामजी ने नागपुर से बाहर झोंपड़ी डालना स्वीकार नहीं किया। हाँ, इतना जरूर किया कि जब उनके घर में भी चूहे मरने लगे, तो उन्होंने अपने दामाद विंचुरेजी (पुत्री राजू के पति) के घर पर परिवार सहित रहना प्रारंभ कर दिया। परंतु फिर भी नित्य प्रात:काल चार बजे उठकर ठंडे पानी से स्नानकर एक वृक्ष के नीचे बैठकर घंटों पूजापाठ वे तब भी करते रहे और अपने घर भी जाते रहे। यही नहीं, प्लेग से मरे लोगों की शव-यात्राओं में भी वे कर्तव्य-पालन के लिए अवश्य जाते थे। कभी-कभी अपनी आचार-निष्ठा के कारण वे दिन में कई बार स्नान करते और वह भी ठंडे पानी से। अंत में एक दिन प्लेग ने उनपर भी आक्रमण कर दिया। साथ ही केशव की माता रेवतीबाई भी प्लेग-पीड़ित हो गईं। चिकित्सा व्यर्थ गई और 15 फरवरी, 1903 (फाल्गुन कृष्ण चतुर्थी) को केशव के माता-पिता का एक ही दिन स्वर्गवास हो गया।

केशव की दृढता

उस समय केशव की अवस्था चौदह वर्ष से कुछ कम थी। इस असामयिक विपत्ति से परिवार में निर्धनता बढ़ गई। कल्याणमयी पितृ-छाया तथा ममतामयी मातृ-छाया चली गई, जिनकी पूर्ति कभी संभव नहीं होती। महादेव शास्त्री छोटे भाइयों के प्रति निरंकुश हो गए। महादेव शास्त्री जब भी सीताराम को भंग घोटने पर लगाते, वे दु:खी मन से ही सही, परंतु घोट तो देते थे। किंतु एक दिन केशव को उन्होंने भंग घोटने का आदेश दिया, तब नया दृश्य उपस्थित हो गया। केशव ने स्पष्ट शब्दों में कहा, "मैं भंग कभी न घोटूँगा।" बड़े भाई की डाँट-डपट पर भी वे अपनी बात पर ही अड़े रहे।

निर्धनता तथा कष्टमय जीवन

घर के ऐसे विचित्र वातावरण पर निर्धनता भी अपनी काली छाया डाल रही थी। निर्धनता के सुख तो निर्धन ही जानते हैं। अभावों की ग्लानि, कष्ट और अपमान से पुरानी मित्रता है। कहीं से निमंत्रण आ गया, तो वहाँ भोजन हो गया, नहीं तो केशव का दायित्व था—लकड़ी काटना, पानी भरना, सफाई

करना और फिर भोजन बनाना। कभी-कभी उसे महादेव शास्त्री के आदेशों और क्रोध का सामना भी करना पड़ता। सीताराम स्नेही भाई के समान ही केशव की चिंता करते और कभी-कभी केशव को अपने बदले अपने दोपहर के नित्य भोजन के स्थान पर भेज देते थे। निर्धनता के कारण केशव को दोनों समय भोजन नित्य मिल पाना बहुत ही बड़ी बात थी। पहने हुए वस्त्र साधारण तो होते ही थे, प्राय: फटे भी होते थे।

चिंता, कष्ट, उपेक्षा, तिरस्कार, ग्लानि और हीन भावना की जन्मदात्री ऐसी घोर निर्धनता में भी किशोर केशव का मन कभी भी धन-संग्रही बनने का इच्छुक नहीं हुआ और न उसकी तेजस्विता में कोई कमी आई। राष्ट्र के सौभाग्य से केशव का विकास राष्ट्रवादी, ध्येयनिष्ठ, तेजस्वी और स्वाभिमानी व्यक्ति के रूप में ही निरंतर होता चला गया। साधारण निर्धनता के कारण होनहार बालकों के व्यक्तित्व मुरझा जाते हैं, किंतु केशव का व्यक्तित्व मुरझाया न तो और न ही उसकी चमक फीकी पड़ी।

लोकमान्य के पथ पर

परिवार की निर्धनता और नीरस वातावरण में भी विद्यार्थी केशव बढ़ता रहा, पढ़ता रहा। अपनी कक्षा के एक श्रेष्ठ और मेधावी छात्र के रूप में उसकी गिनती होती थी। अपने साथी विद्यार्थियों के बीच साँवले रंग तथा चेचक के दागों से युक्त मुखवाले केशव की विशेष प्रतिष्ठा थी। उसका कारण केशव के अनेक गुण थे, जैसे—गंभीरता, कम बोलना, प्रेमपूर्ण स्वभाव, मजबूत शरीर, खिलाड़ीपन, तैराकी, इतिहास-बोध तथा देशभक्ति की भावना। मित्र बनाने की कला में निपुण केशव का विद्यार्थी जीवन आनंद से चल रहा था। तभी एक और घटना घटित हुई। महादेव शास्त्री के स्वभाव से त्रस्त होकर सीताराम घर त्यागकर वेदाध्ययन के लिए इंदौर चले गए। इससे केशव को तो अब घर में कोई आकर्षण ही नहीं रहा। जन्मजात राष्ट्रभक्त केशव का हृदय, जो लोकमान्य तिलक के 'केसरी' से संस्कारित हो रहा था, उन्हीं के पथ पर चलने के लिए स्वातंत्र्य-संघर्ष में कूदने के लिए और अधिक मचलने लगा।

□

2

'वंदे मातरम्' का जयघोष

(1905–1909 ई.)

केशव का किशोर मन अब लोकमान्य तिलक के कार्य-कलापों के समाचारों और उनके 'केसरी' पत्र की गर्जनाओं में अधिक रमने लगा था। मित्र वझे के घर पढ़ने के लिए जाने के कारण केशव का अपने घर पर रहना काफी कम हो गया था।

तिलक का 'पैसा फंड'

उन्हीं दिनों लोकमान्य तिलक ने 'पैसा फंड' की योजना 'केसरी' पत्र में प्रकाशित की। उसका व्यापक स्वागत हुआ। किशोर विद्यार्थी केशव हेडगेवार ने भी उस राष्ट्रीय धन-संग्रह के लिए अपने समय और शक्ति का व्यय किया। स्वयं भूखे रहने पर भी स्वाभिमानवश हाथ न पसारनेवाले केशव ने राष्ट्रकार्य के लिए 'पैसा फंड' में घर-घर जाकर धन-संग्रह करने में कोई संकोच नहीं किया। केशव का विद्यार्थी जीवन में प्रकट यह गुण निस्संदेह असाधारण है।

परंतु इसके लिए भाई महादेव शास्त्री से केशव को डाँट-फटकार ही मिली। वे केशव को ऐसे व्यर्थ के झंझटों से अलग रहने का उपदेश देते रहते। मनमौजी महादेव शास्त्री और ध्येयनिष्ठ राष्ट्रभक्त केशव, इन दोनों सहोदरों में कितना अंतर था! दोनों का जीवन-पथ कितना भिन्न था!

स्वदेशी का मंत्र

केशव के जीवन में 1905 ई. का वर्ष विशेष महत्त्वपूर्ण दिखाई देता है। सोलह वर्षीय केशव के किशोर मन पर लोकमान्य तिलक और क्रांतिकारियों की गतिविधियों का सीधा व गहरा प्रभाव पड़ रहा था। परतंत्र भारत को स्वतंत्र कराने की तीव्र भावना स्वातंत्र्य संघर्ष के विविध मार्गों पर साहसपूर्वक चलने का संकल्प कर चुकी थी। केशव ने अपने कुछ तरुण मित्रों के साथ 'चर्चा-मंडल' बनाकर देश की विविध परिस्थितियों पर समय-समय पर भाषणों तथा परिचर्चाओं के कार्यक्रम करने प्रारंभ किए। क्रांतिकारी डॉ. पांडुरंग राव खानखोजे की संस्था 'स्वदेश बांधव' की ओर से स्वदेशी वस्तुओं के प्रचारार्थ बनी वस्तुओं—साबुन, बटन, कागज की दुकान 'आर्य बांधव वीथिका' पर वस्तुओं को बेचने के लिए केशव ने कुछ समय बैठने की जिम्मेदारी भी ली थी। स्वदेशी का प्रचार करने के लिए जनसंपर्क भी वे करते थे।

क्रांति-पथ की रुचि

उन्हीं दिनों डॉ. बालकृष्ण शिवराम मुंजे भी लोकमान्य तिलक के विचारों के अनुरूप राष्ट्रीय जागृति के लिए अनेक कार्यक्रम आयोजित करते थे। उनका ध्यान श्रेष्ठ तरुणों के संग्रह पर ही अधिक था। उनसे संबद्ध तरुणों में सभी प्रकार के लोग थे, क्रांतिकारी भी। 29 सितंबर, 1905 को गवर्नर जनरल कर्जन ने बंग-विभाजन का निर्णय करके, बंगाली हृदयों में जो आग लगा दी थी, 16 अक्तूबर, 1905 को बंगाल ने 'दुःख-दिवस' मनाया। लाखों व्यक्तियों ने जुलूस, प्रदर्शन, सभाओं, विदेशी कपड़ों की होली इत्यादि के द्वारा अपना विरोध प्रकट किया। क्रांतिकारी किशोरों और तरुणों ने बमों तथा पिस्तौलों के धमाकों से अंग्रेजों के हृदय कँपा दिए। 'वंदे मातरम्' के मंत्र ने बंगाल तक सीमित आंदोलन को राष्ट्रव्यापी बना दिया। देशभक्ति की दीक्षा देनेवाले 'वंदे मातरम्' के मंत्र ने केशव के जीवन को एक विशेष दिशा में मोड़ दिया।

कलकत्ता में दिसंबर 1906 में संपन्न अखिल भारतीय कांग्रेस अधिवेशन

सर्वस्वीकृत चार सूत्रों—स्वराज्य, स्वदेशी, बहिष्कार और राष्ट्रीय शिक्षा के कारण राष्ट्रीय इतिहास में अपना महत्त्वपूर्ण स्थान रखता है। लोकमान्य तिलक के अधिवेशन से वापसी के समय नागपुर में हुए उनके ओजस्वी भाषणों ने केशव को गहरे तक प्रभावित किया। उन्हीं दिनों डॉ. मुंजे के घर पर हुई कुछ विशिष्ट विद्यार्थियों की गुप्त बैठक में 'बम' बनाने की विधि भी बताई गई थी।

वर्ष 1907 के विजयादशमी की छुट्टियों में विद्यार्थी केशव 'रामपायली' में अपने दूर के रिश्ते के स्नेही चाचा आबाजी हेडगेवार (मोरेश्वर श्रीधर हेडगेवार) के पास चले गए थे। वे वहाँ के प्रतिष्ठित राजस्व निरीक्षक थे। केशव ने वहाँ अनेक तरुणों से मित्रता कर उन्हें धीरे-धीरे राष्ट्रीय परिस्थितियों तथा अपने दायित्व का ज्ञान कराया। विजयादशमी के दिन कस्बे के सीमोल्लंघन के जुलूस में केशव की योजना ने नया रंग ला दिया। 'रावण-वध' होने के बाद जुलूस विसर्जित हुआ ही था कि केशव तथा उनके कुछ मित्रों ने 'वंदे मातरम्' गीत को उच्च स्वर से गाना प्रारंभ कर दिया। लोग रुक गए और गीत के बाद केशव ने अपने उग्र भाषण में केवल कागजी रावण को मारना व्यर्थ बताकर उस समय के सच्चे रावण को मारकर स्वतंत्रता रूपी सीता को मुक्त करने की आवश्यकता बताई। इस घटना के कारण केशव और उनके साथी जनता में प्रशंसा व चर्चा के विषय बन गए। शीघ्र ही पुलिस काररवाई भी प्रारंभ हो गई और कुछ लोगों के विशेष प्रयत्नों से ही इन विद्यार्थियों को सरकारी कोप से बचाया जा सका। छुट्टियाँ समाप्त होने पर केशव नागपुर वापस आ गए। किंतु अब विशेष बात यह हुई कि सरकारी गुप्तचरों ने उन पर दृष्टि रखना प्रारंभ कर दिया। दूसरी ओर सरकार की कोप दृष्टि को समझकर तथा देशभक्ति को श्रेष्ठ मानकर श्री आबाजी हेडगेवार ने सरकारी नौकरी से त्यागपत्र दे दिया।

विद्यालय में 'वंदे मातरम्'

1908 ई. में एक और घटना हो गई। उस समय उन्नीस वर्षीय केशव कक्षा दस में था। 'वंदे मातरम्' का प्रभाव विद्यार्थियों पर बढ़ता देखकर

सरकार ने यह आदेश दिया था कि कांग्रेस आदि की बैठकों व प्रदर्शनों में विद्यार्थी भाग न लें तथा इस आज्ञा को तोड़नेवाले विद्यार्थियों के नाम शिक्षकों द्वारा सरकार को भेजे जाएँ। नागपुर के 'नीलसिटी हाई स्कूल' में पढ़ा रहे अनेक शिक्षक और विद्यार्थी राष्ट्रभक्त थे। एक दिन विद्यालय में निरीक्षण के लिए आनेवाले एक मुसलमान निरीक्षक तथा प्रधानाचार्य श्री जनार्दन विनायक ओक ने निरीक्षणार्थ विद्यालय की सबसे ऊँची कक्षा में प्रवेश किया। ठीक उसी समय सभी विद्यार्थियों ने एक साथ स्वागतार्थ कहा, 'वंदे मातरम्'। निरीक्षक आश्चर्यचकित रह गया और प्रधानाचार्य भयभीत हो गए, किंतु विद्यार्थियों की प्रसन्नता का क्या पूछना! बाद में दूसरी कक्षा में जाने पर भी 'वंदे मातरम्' का उद्घोष सुनने को मिला। इसके बाद निरीक्षक ने क्रोध में जलते हुए विद्यालय से प्रस्थान किया, परंतु फिर प्रधानाचार्य ने पूछताछ का काम प्रारंभ किया। उसमें सभी विद्यार्थियों के मौन रहने के कारण कुछ पता नहीं चला। हताश प्रधानाचार्य ने आदेश दिया कि अपराधियों के नाम जब तक नहीं बताए जाएँगे, तब तक दोनों कक्षाओं के विद्यार्थियों को विद्यालय में नहीं आने दिया जाएगा। तब विद्यार्थी 'वंदे मातरम्' का घोष करते हुए घर चले गए। विद्यार्थियों से शून्य विद्यालय बंद हो गया था।

यहाँ तक की सफलता के पश्चात् केशव तथा साथी विद्यार्थियों ने डॉ. मुंजे तथा 'देशसेवक' के संपादक श्री अच्युत बलवंत कोतहटकर से मिलकर विद्यार्थियों द्वारा विद्यालय के बहिष्कार की योजना बनाई, ताकि किसी विद्यार्थी को दंडित न किया जा सके। केशव के गंभीर प्रयत्नों तथा ठोस संगठन के कारण आंदोलन डेढ़ महीने से अधिक सफलतापूर्वक चला। पिता आदि का दबाव पड़ने पर भी विद्यार्थी नहीं झुके। अंत में प्रधानाचार्य वगैरह ने मिलकर यह युक्ति निकाली कि प्रत्येक विद्यार्थी से पूछा जाए, 'दोबारा ऐसी गलती तो नहीं करोगे?' और विद्यार्थी केवल गरदन हिलाकर 'हाँ' 'न' का संकेत दे दे, तो उसे विद्यालय आने दिया जाए। प्रायः सभी विद्यार्थी इस विधि से प्रवेश पा गए, परंतु केशव की दृढता में तनिक भी कमी न आई। अनेक हितैषियों के समझाने पर भी केशव अपने निश्चय पर अंत तक अडिग रहा। यदि भारतमाता

की वंदना अपराध है तो उस अपराध के लिए केशव सभी विपत्तियों को सहने के लिए दृढ़प्रतिज्ञ था।

राष्ट्रीय विद्यापीठ की परीक्षा

विद्यालय से नाम कट जाने के पश्चात् रामपायली जाकर केशव ने एक बार अपने चाचा श्री आबाजी हेडगेवार से आगे की योजना पर परामर्श किया। उन्होंने केशव की देशभक्ति की प्रशंसा ही की। कुछ समय पश्चात् आबाजी की यवतमाल के नेता बापूजी अणे (माधव श्री हरि अणे) से बातचीत हो गई। अतः वहाँ के राष्ट्रीय विद्यालय 'विद्यागृह' में केशव को प्रवेश मिल सकेगा, यह सूचना उन्होंने केशव को भेज दी। डॉ. मुंजे का पत्र लेकर केशव यवतमाल गए, जहाँ 'विद्यागृह' को लोकमान्य तिलक के लोकप्रिय अनुयायी बाबा साहब परांजपे 1908 से चला रहे थे। उनके जैसे सात्त्विक और त्यागी समाजसेवी को धन और धान्य से सहायता करनेवाले गृहस्थों एवं राष्ट्रीय वृत्ति के शिक्षकों के सहयोग का अभाव न था।

केशव ने 1909 ई. में विद्यालय में प्रवेश लिया। नाममात्र के लिए वेतन लेकर अध्यापन करनेवाले वहाँ के विद्वान् व राष्ट्रभक्त अध्यापकों के मार्गदर्शन में केशव का पठन-पाठन चलने लगा। भोजन प्रायः बापूजी अणे के घर होता और अध्ययन प्रधानाचार्य दत्तात्रेय विष्णु आपटे के घर। केशव की नियमित दिनचर्या थी, प्रातः स्नान और संध्या-भजन के पश्चात् दस बजे तक अध्ययन करके 'विद्यागृह' में 11 से 5 बजे तक पढ़ना, सायंकाल 'विद्यागृह' के अखाड़े में व्यायाम करना और रात्रि को देर तक पढ़ना। इस समय भी परीक्षार्थ तैयारी के साथ-साथ केशव ने 'केसरी', 'देशसेवक' आदि मराठी पत्रों को नियमित पढ़ने का स्वभाव बनाए रखा।

किंतु तभी केशव पर एक नई विपत्ति आ पड़ी। चार मास के अंदर ही सरकार ने यवतमाल 'विद्यागृह' को बंद करवा दिया। फिर केशव कुछ मास पूना जाकर पढ़ता रहा और जुलाई में 'अमरावती' जाकर 'राष्ट्रीय विद्यापीठ' के द्वारा निर्धारित केंद्र पर परीक्षा दे दी। तदुपरांत वह नागपुर आ गया। केशव को परीक्षा में सफलता मिली। केशव को मिला प्रमाण-पत्र 'दि नेशनल

कौंसिल ऑफ एजुकेशन' (बंगाल) द्वारा दिया गया था, जिस पर परिषद् के अध्यक्ष डॉ. रास बिहारी घोष के हस्ताक्षर थे। प्रमाण-पत्र पर दिनांक 1 दिसंबर, 1909 अंकित था।

क्रांतिकारी दल से संबंध

परीक्षा देने के पश्चात् प्रमाण-पत्र प्राप्त करने तक देशभक्त केशव निश्चेष्ट नहीं रहा। इन दिनों डॉ. मुंजे का घर ही केशव का निवास-स्थान था। नागपुर के समीपस्थ रामटेक के रामनवमी मेले पर स्वदेशी के प्रचारार्थ विदेशी चीनी (जावा से आई चीनी) के स्थान पर स्वदेशी गुड़ के पेड़े केशव ने बनवाकर बिकवाए थे। साथ ही, श्री पुलिन बिहारी दास के नेतृत्व में चल रही कलकत्ता की 'अनुशीलन समिति' से संबद्ध नागपुर के क्रांतिकारी दल की गतिविधियों से भी केशव का संबंध चल रहा था। कलकत्ता में अलीपुर बम केस में फँसे क्रांतिकारियों के सहायतार्थ धन-संग्रह कर सहस्रों रुपए केशव ने भी भिजवाए थे।

परीक्षाफल आने के उपरांत अपने मित्र मंडल तथा डॉ. मुंजे के परामर्शानुसार डॉक्टरी की शिक्षा के लिए केशव ने कलकत्ता जाने का निश्चय कर लिया। किंतु इस कलकत्ता-यात्रा के पीछे एक महान् उद्देश्य भी था।

□

3

कलकत्ता में अध्ययन और क्रांति-दीक्षा

(1910-1915 ई.)

केशवराव के कलकत्ता जाने का बाह्य उद्देश्य डॉक्टरी शिक्षा प्राप्त करना था। उनका वास्तविक उद्देश्य राष्ट्रीय आंदोलन के महत्त्वपूर्ण क्रांतिकारी कार्य का शिक्षण प्राप्त करना था। बंगाल प्रांत की राजधानी कलकत्ता उस समय संपूर्ण ब्रिटिश भारत की राजधानी भी थी। केशव 1910 ई. के मध्य में कलकत्ता पहुँचे थे और वहाँ वे लगभग 6 वर्ष रहे। उग्र क्रांतिकारी गतिविधियों से डरे हुए अंग्रेजों ने अपनी केंद्रीय राजधानी कलकत्ता से हटाकर 11 अप्रैल, 1912 को दिल्ली बना ली थी। फिर भी वर्षों बाद तक भी कलकत्ता नगर और सामान्यतः संपूर्ण बंगाल भारतीय राष्ट्रीय चेतना के केंद्र बने रहे।[1]

नेशनल मेडिकल कॉलेज में

डॉक्टर मुंजे का परिचय-पत्र लेकर इक्कीस वर्षीय नवयुवक केशवराव कलकत्ता पहुँचे। निवास की व्यवस्था के लिए वे सीधे 'महाराष्ट्र लॉज' (70, बहू बाजार मार्ग) गए। यह स्थान भरा होने के कारण वे कुछ ही दिन वहाँ रहे और बाद में 'शांति निकेतन' नाम से एक अन्य वैसे ही बनाए गए

1. वाइसराय हॉर्डिंग द्वितीय ने नई राजधानी में अंग्रेजी प्रभाव की घोषणा करने के लिए 23 दिसंबर, 1912 को हाथी पर बैठकर शाही ठाट-बाट का जो जुलूस निकाला था, उस पर क्रांतिकारियों ने चाँदनी चौक में ही बम फेंककर भारतीय राष्ट्रवाद का धमाका किया था। हॉर्डिंग मरते-मरते बचा, परंतु घायल हो गया था।

किराए के आवास (18/2 प्रेमचंद्र गुराल मार्ग के दुमंजिले के कमरे) पर रहने चले गए। इस आवास को अमरावती से आए दो विद्यार्थियों, श्री अण्णा साहब खापर्डे तथा श्री शंकरराव नाइक ने कुछ अन्य विद्यार्थियों को साथी बनाकर प्रारंभ किया था। यहाँ भी स्थान की कमी थी। फिर भी डॉ. मुंजे के पत्र का आदर और क्रांति-पथिक केशवराव का स्वागत करते हुए यह निर्णय लिया गया कि उन्हें खापर्डे और नाइक अपने कमरे में ही रख लें। एक ओर खापर्डे का पलंग, दूसरी ओर नाइक का तख्त बिछने के बाद बहुत थोड़ी सी जो जगह बीच में बचती थी, उसमें धरती पर केशवराव ने अपना बिछौना बिछा दिया। खापर्डे का स्वभाव, केशवराव की मधुर वाणी, हँसमुख स्वभाव, बलिष्ठ शरीर, साहस और निर्भयता, खिलाड़ी मनोवृत्ति, सेवाभाव तथा कार्यकुशलता ने उन्हें शीघ्र ही साथी विद्यार्थियों में लोकप्रिय बना दिया। पंजाब के सरदार निरंजन सिंह और शिवदत्त पाराशर उनके प्रिय मित्र बन गए थे। शीघ्र ही बंगाली जीवन से केशवराव पूरी तरह समरस हो गए। वे मराठी के समान ही धाराप्रवाह बंग भाषा बोलने लगे। इस कारण अनेक बंगाली नेताओं, विद्यार्थियों तथा अनेक परिवारों एवं संस्थाओं का उन्हें विश्वास और प्रेम प्राप्त हुआ। प्रांत-भेद से ऊपर उठे केशवराव के हृदय में भी श्रीरामकृष्ण परमहंस, स्वामी विवेकानंद, श्री बंकिमचंद्र और श्री अरविंद घोष की जन्मदात्री बंगभूमि के प्रति श्रद्धा निरंतर बढ़ती ही गई। प्रसिद्ध नेता तथा पत्रकार श्यामसुंदर चक्रवर्ती (1869-1932), 'अमृत बाजार पत्रिका' के संस्थापकों व संपादकों में से एक बाबू मोतीलाल घोष (1847 से 1922), 'क्रांतिकारी अनुशीलन समिति' की कलकत्ता शाखा के प्रमुख श्री पुलिन बिहारी दास (1877-1949) तथा मौलवी लियाकत हुसैन जैसे राष्ट्रभक्तों एवं रामकृष्ण मिशन के अनेक संन्यासियों से उनका प्रेमपूर्ण संबंध स्थापित हुआ। इसने उन्हें राष्ट्र-जीवन के अनेक महत्त्वपूर्ण पक्षों का उपयोगी ज्ञान दिया, अनेक राष्ट्रभक्तों से साक्षात्कार कराया तथा स्वातंत्र्य-संघर्ष के विविध आयामों से सुपरिचित भी कराया। इन सबसे वे राष्ट्र समर्पित जीवन की दिशा में और भी अधिक प्रोत्साहित हुए।

आर्थिक संकट

अपना अध्ययन करते हुए वे कठोर आर्थिक संकटों से जूझते रहे, फिर भी ऊपर से सदा हँसमुख बने रहते थे। वे कार्यकुशल थे और युक्तिपूर्वक नए-नए मार्ग निकालते रहते थे। इसका एक रोचक उदाहरण उल्लेखनीय है। जिस मद्रासी भोजनालय में वे भोजन करने जाते थे, उसका भुगतान प्रतिमास पहली तिथि को केशवराव कर देते थे। इस कारण उसका स्वामी उनसे बहुत प्रभावित था। वह केशवराव के बलिष्ठ शरीर, शालीन स्वभाव तथा प्रेमपूर्ण व्यवहार का प्रशंसक भी था। अपने भोजन व्यय को बचाने की केशवराव ने एक युक्ति निकाली। कुछ समय तक केशवराव अपने आहार से दुगुना-तिगुना भोजन उसके यहाँ करते रहे और फिर उन्होंने उस मालिक से कहा कि आने-जाने में लगनेवाले समय को बचाकर पढ़ाई में लगाने के लिए वे भोजन को डिब्बे में अपने कमरे पर मँगाना पसंद करेंगे। उसने केशवराव की इस बात को सहर्ष स्वीकार कर लिया। तब से केशवराव की योजनानुसार उनके एक मित्र तेलंग नित्य प्रति भोजन ले आते थे और मित्र द्वारा दिए गए व्यय से ही केशवराव और उनके मित्र का ही नहीं, कभी-कभी तो तीन लोगों का भी भोजन हो जाता था; क्योंकि उसमें बीस रोटियाँ आदि होती थीं। केशवराव के कलकत्ता-जीवन में स्थायी रूप से यही व्यवस्था चलती रही।

यहाँ यह भी उल्लेखनीय है कि केशवराव के कलकत्ता छोड़ देने के बाद भी उनके साथी श्री तेलंग उसी प्रकार भोजन लाते रहे, किंतु मालिक ने महीने भर में ही अनुमान लगा लिया कि केशवराव बाहर चले गए हैं, क्योंकि भुगतान मास की प्रथम तिथि को करने की केशवराव द्वारा दी गई चेतावनी को श्री तेलंग भूल गए थे। अतः उसने डिब्बे में भोजन कम भेजना प्रारंभ कर दिया। केशवराव की यह नियमितता सदा उनके जीवन की आकर्षक विशेषता बनी रही।

नर-सेवा नारायण-सेवा

केशवराव का सेवा-भाव कलकत्ता के विद्यार्थी-जीवन में बहुत विकसित हुआ था। 1910 ई. के कलकत्ता के मुसलिम दंगे में उन्होंने एक चिकित्सक

दल बनाकर सेवा-कार्य भी किया था। दामोदर नदी में आई 1913 ई. की भीषण बाढ़ के अवसर पर रामकृष्ण मिशन के 'सहायता-दल में अपने पाँच मित्रों के साथ केशवराव ने निष्ठापूर्वक सेवा-कार्य किया था। बाढ़-पीड़ित ग्रामों में भूखे स्त्री-पुरुषों और बच्चों को चिउड़ा आदि की बोरियों को भरे हुए पानी और दलदल में से होते हुए पीठ पर लादकर पहुँचाना निस्संदेह बहुत परिश्रम का कार्य था। अक्षरशः तीन दिन-रात (11-13 अगस्त) इस कार्य में जुटे रहनेवाले केशवराव की शक्ति, परिश्रमशीलता, उत्साह आदि की प्रशंसा मुक्त कंठ से उनके सभी सहयोगियों ने की। बाढ़ के बाद फैली पेचिश में भी उन्होंने चिकित्सकीय सेवा-कार्य किया था। एक बार मकर संक्रांति पर गंगासागर के विशाल मेले में फैले हैजा से पीड़ितों की सेवा भी उन्होंने बड़े मनोयोग से संघटित दल बनाकर की थी। निस्संदेह स्वामी विवेकानंद के 'नर-सेवा नारायण-सेवा' और 'दरिद्रनारायण की सेवा' के सूत्रों को केशवराव ने भली प्रकार हृदयंगम कर लिया था।

शक्ति-प्रतियोगिता

'हावरा बाबू' के नाम से प्रसिद्ध डॉ. अमूल्य रत्न घोष उनके सहपाठी थे। एक बार कक्षा में साथियों के मध्य श्री घोष ने उनसे शक्ति-प्रतियोगिता के लिए अपनी भुजा पर घूँसे मारने का प्रस्ताव रखा था, जिसे केशवराव ने सहर्ष स्वीकार किया। घूँसे लगाते-लगाते वे बेदम हो गए, किंतु केशवराव ने न तो अपनी भुजा हटाई, न उनके चेहरे पर पीड़ा दिखाई दी। केशवराव की इस विजय ने क्रांतिकारियों जैसी उनकी शक्ति, दृढता और धैर्य की गहरी छाप मित्रमंडल में अंकित कर दी।

निर्धन भारत का साक्षात्कार

ऐसे अवसरों पर झोंपड़ियों में रहनेवाले गरीबों में दिखाई देती भारत की निर्धनता ने भी उनके हृदय को सेवाव्रती राष्ट्रसेवक बनने की दिशा में गहरी प्रेरणा दी। निर्धन और लाचार भारत को वैभव-संपन्न और सशक्त भारत के रूप में बदलने का उनका वज्र संकल्प ऐसे ही अनुभवों की देन था।

बंगाल में गणेशोत्सव

महाराष्ट्र में लोकमान्य तिलक ने 'गणेशोत्सव' का सार्वजनिक रूप प्रचलित कर राष्ट्रीय चेतना को बढ़ाया था। 1906 ई. से यह उत्सव लोकमान्य के कांग्रेस अधिवेशन में भाग लेने कलकत्ता पहुँचने के अवसर पर बंग-जनता भी मनाने लगी थी। केशवराव ने यह उत्सव विभिन्न आवास-गृहों में उत्साहपूर्वक मनाए जाने के लिए बहुत परिश्रम किया। उनके आयोजनों में महाराष्ट्र में प्रचलित विधि के अनुसार ही गणेश देवता की मूर्ति स्थापित कराना, विद्यार्थियों व नेताओं के भाषण कराना, आरती तथा मंत्रोच्चारण कराना, सभी में उत्साह दिखाई देता था। मंत्रों को बोलते समय 'साम्राज्यम्' और 'वैराज्यम्' जैसे शब्दों के पीछे 'स्वराज्य' की ध्वनि सुन सकनेवाली अंग्रेज सरकार ऐसे आयोजनों से चौंक उठी थी और अनेक बार विद्यार्थियों को पुलिस थानों पर बुलाया भी जाता था। किंतु सभी विद्यार्थी निर्भीक देशभक्त बने रहे और केशवराव का यह प्रयत्न सफल रहा।

लोकमान्य तिलक पर श्रद्धा

केशवराव के मन में लोकमान्य तिलक के प्रति अनंत श्रद्धा थी। वे लोकमान्य की आलोचना सहन नहीं कर सकते थे। एक बार कलकत्ता में राष्ट्रभक्त मौलवी लियाकत हुसैन की अध्यक्षता में एक सभा हो रही थी। किसी भाषणकर्ता ने तिलक के प्रति अपमानजनक बातें कहीं। केशवराव ने तत्काल मंच पर जाकर उस वक्ता के मुख पर तमाचा जड़ दिया था।

इसी प्रकार की एक और घटना भी उल्लेखनीय है। लोकमान्य तिलक को भारत सरकार ने राजद्रोह के अपराध में 1908 ई. में मांडले जेल में 6 वर्ष का कारावास दिया था। केशवराव तभी से उनके मुक्त होने तक प्रत्येक एकादशी का व्रत रखते रहे। 17 जून, 1914 को लोकमान्य तिलक जेल से मुक्त हुए और 18 जून को यह समाचार नागपुर में केशवराव को मिला। केशवराव अपनी डॉक्टरी परीक्षा होने से पूर्व उस समय नागपुर गए हुए थे। तत्काल ही उन्होंने घर-घर उत्सव मनाने के लिए राष्ट्रभक्तों को प्रेरित किया और स्वयं डॉ. बालकृष्ण मुंजे के घर को दीपमालिकाओं से सजा दिया।

डॉक्टरी परीक्षा उत्तीर्ण

सार्वजनिक कार्यों में व्यस्त रहनेवाले विद्यार्थी प्राय: पढ़ाई में पिछड़ जाते हैं, किंतु केशवराव ने यह गलती कभी नहीं की। वे कक्षा में एकाग्रचित्त रहकर ज्ञान प्राप्त करते थे और परीक्षा से पूर्व कुछ दिन गंभीरता से तैयारी करने का ध्यान भी रखते थे। कई विषयों में उन्हें 60 प्रतिशत से अधिक अंक प्राप्त हुए थे। उनकी आर्थिक सहायता करनेवाले डॉ. चोलकर सदृश हितैषियों को यह चिंता थी कि केशवराव कहीं अनुत्तीर्ण न हो जाएँ, किंतु वे प्रतिवर्ष उत्तीर्ण होते रहे और अंतत: अंतिम वर्ष की परीक्षा में भी उन्होंने उत्तीर्ण होकर दिखाया। एल.एम. ऐंड एस. पदवी का दीक्षांत समारोह सितंबर 1914 में संपन्न हुआ। फिर डॉक्टरी की व्यावहारिक शिक्षा के लिए उन्हें लगभग एक वर्ष और कलकत्ता में ही कार्य करना पड़ा।

नौकरी नहीं करनी

डॉक्टर के रूप में वे पर्याप्त धन कमा सकते थे। किंतु जब उनपर स्नेह रखनेवाले प्राचार्य डॉ. एस.के. मलिक ने चाहा कि उत्तम नौकरी पाने के लिए विदेश में प्रार्थना-पत्र भेज दें, तब डॉ. केशवराव ने राष्ट्र-सेवा में जीवन समर्पित करने की अपनी हार्दिक इच्छा उन्हें बता दी। धन का किंचित् लोभ भी डॉ. केशवराव हेडगेवार जैसे धनाभाव में विकसित व्यक्ति को नहीं था, यह जानकर उनके राष्ट्रभक्त प्राचार्य ने हृदय में धन्यता अनुभव की होगी, इसमें कोई संदेह नहीं।

आंदोलन और विजय

इसी समय एक महत्त्वपूर्ण घटना और घटी। केंद्रीय सरकार ने इस आशय का एक विधेयक केंद्रीय धारासभा में रखा कि नेशनल कॉलेजों के पदवीधारी डॉक्टरों को चिकित्सा करने का अधिकार तो होगा; परंतु उनके द्वारा रोगी को दिए गए प्रमाण-पत्र को सरकार मान्य नहीं करेगी। इस पर डॉ. केशवराव ने एक आंदोलन समाचार-पत्रों के माध्यम से सफलतापूर्वक चलाया, जिसमें इस 'बोगस बिल' का विरोध करनेवाली सभाओं के समाचारों को जोर-शोर से कलकत्ता तथा संपूर्ण देश के समाचार-पत्रों में छापा जाने लगा।

सरकार इन सभाओं को रोकने का प्रयत्न करने के लिए सक्रिय रही और गुप्तचर विभाग भी परेशान रहा; क्योंकि वस्तुतः सभाएँ कहीं नहीं हो रही थीं और कलकत्ता के प्रतिष्ठित पत्र के आधार पर देश भर में समाचार जोर-शोर से छप रहे थे। अंततः डॉ. केशवराव ने कलकत्ता में एक विराट् सभा प्रसिद्ध नेता, पत्रकार तथा वक्ता श्री सुरेंद्रनाथ बनर्जी (1848-1925) की अध्यक्षता में आयोजित की, जिसने सरकार को विवश कर दिया कि वह अपना कदम वापस ले। सरकार ने अपनी प्रतिष्ठा बचाते हुए यह घोषणा की कि राष्ट्रीय मेडिकल कॉलेज के डॉक्टर एक छोटी सी सरकारी परीक्षा देने के पश्चात् वे पूर्णतया मान्य होंगे। इस नाममात्र की परीक्षा की तिथि (4 नवंबर, 1915) भी घोषित कर दी गई, किंतु राष्ट्रीय स्वाभिमान से ओत-प्रोत डॉ. केशवराव ने वह परीक्षा भी यह कहकर ठुकरा दी कि सरकारी विद्यालयों को ठुकरानेवालों को राष्ट्रीय कॉलेजों से मिली उपाधि ही सर्वोपरि है और विदेशी सरकार की नौकरी से उन्हें क्या लेना-देना है!

'अनुशीलन समिति' की दीक्षा

राष्ट्रीय स्वाभिमान की मूर्ति डॉ. केशवराव की यह तेजस्विता उनके क्रांतिकारी जीवन के अनुरूप ही थी। श्री नलिनी किशोर गुहा ने क्रांतिकारी संस्था 'अनुशीलन समिति' की प्रतिज्ञा दिलाकर उन्हें अपनी समिति में दीक्षित कर लिया था। उनका दल में गुप्त नाम 'कोकैन' रखा गया था। पिस्तौल, रिवॉल्वर, बमों आदि के रख-रखाव, प्रयोग आदि में वे प्रशिक्षित भी हुए थे। क्रांतिकारी गतिविधियों का स्वरूप भी डॉ. केशवराव ने भली प्रकार समझ लिया था। उन्होंने श्री पुलिन बिहारी दास, श्रीअरविंद घोष, श्री रासबिहारी बोस आदि महान् क्रांतिकारी नेताओं से भी भेंट कर ली थी। अब तो उनकी इच्छा यही थी कि मध्य प्रांत में क्रांतिकारी गतिविधियाँ विधिवत् चलें और तरुण शक्ति राष्ट्रीय स्वातंत्र्य यज्ञ में बढ़-चढ़कर भाग ले। उनके जीवन की दिशा निश्चित हो गई थी। उनका बाह्य उद्देश्य (डॉक्टरी का शिक्षण) भी पूर्ण हो गया था और वास्तविक उद्देश्य (क्रांतिकारी प्रशिक्षण) भी। अतः सन् 1916 के प्रारंभ में ही क्रांतिकारी डॉ. केशवराव पुनः नागपुर पहुँच गए। □

4

सशस्त्र क्रांति की तैयारी

(1916-1918 ई.)

सन् 1916 के प्रारंभ में नागपुर आने के पश्चात् भी डॉ. केशवराव को घर में कोई आकर्षण नहीं दिखाई दिया, क्योंकि बड़े भाई महादेव शास्त्री का स्वभाव पहले जैसा ही था। वे केशवराव को डॉक्टरी करने, घर बसाने और राष्ट्रीय गतिविधियों से अलग रहकर सुखपूर्वक जीवन जीने की ही सलाह देते रहते थे। टूटे-फूटे घर की दशा में केवल थोड़ा-बहुत सुधार ही घर के एक भाग में विगत छह वर्षों से रह रहे श्री वामनराव धर्माधिकारी के कारण अवश्य हुआ था। अत: स्वयं केशवराव ने श्री तात्याजी फडणवीस के घर की दुमंजिली पर रहना प्रारंभ कर दिया, जहाँ उनके मझले भाई सीतारामजी भी इंदौर से पढ़कर आने के बाद रहने लगे थे।

कुछ समय बाद ही नागपुर में पुन: प्लेग का प्रकोप हुआ और तब भी सीताराम व डॉ. केशवराव ने नगर से बाहर जाकर झोंपड़ी बनाकर रहना प्रारंभ कर दिया। महादेव शास्त्री से भी उन्होंने साथ रहने का अनुरोध किया, किंतु अपने हठी स्वभाव के कारण शास्त्रीजी ने घर नहीं छोड़ा और शीघ्र ही वे प्लेग के शिकार हो गए। उस समय घर का अधिकांश सामान भी चोरों ने उड़ा लिया। प्लेग शांत होने पर सन् 1917 में दोनों भाई अपने ही घर में पुन: रहने पहुँच गए। पुरोहिताई करनेवाले सीतारामजी तो यजमानों के घर भोजन

कर लेते थे और डॉ. केशवराव कभी घर पर स्वयं बनाकर तथा कभी किसी मित्र के घर भोजन कर लेते थे। उस समय डॉ. केशवराव के अनेक हितैषियों ने उन्हें विधिवत् डॉक्टरी जमाने का सुझाव दिया और कुछ ने अपना परिवार बसाने के लिए भी उन्हें प्रेरित करने का प्रयत्न किया।

राष्ट्र-समर्पित जीवन का संकल्प

सीतारामजी का विवाह हो जाने (1917 ई.) के पश्चात् विवाह-प्रस्तावों का जोर बढ़ने पर, रामपायली में रह रहे चाचाजी श्री आबाजी हेडगेवार ने अंत में डॉ. केशवराव से इस विषय में उनका स्पष्ट विचार जानने को पत्र लिखा। डॉक्टरजी ने चाचाजी को अपने हृदय की बात लिख दी—"मैंने अविवाहित रहकर जीवनभर राष्ट्र कार्य करने का निश्चय किया है। देश-कार्य करते हुए कभी भी जीवन पर संकट आ सकता है, यह जानते हुए भी एक लड़की के जीवन से खिलवाड़ करना कहाँ तक उचित है?" उनके इस स्पष्ट उत्तर से विवाह करने, न करने का प्रश्न सदा के लिए समाप्त हो गया।

राष्ट्र-समर्पित जीवन के संकल्प के कारण डॉक्टरजी ने डॉक्टरी से धन कमाने का मार्ग भी ठुकरा दिया। उन्होंने डॉक्टरी केवल इतनी की कि स्टैथेस्कोप और कुछ दवाइयाँ रखकर वे आवश्यकतानुसार कुछ लोगों को मुफ्त दवा देने का काम कभी-कभी कर देते थे। उस काल में डॉक्टरी से धन और यश कमाना बहुत सरल था, लोक-सम्मानित भी था, किंतु अपनी ध्येय-पूजा की प्रवृत्ति के कारण वे विवाह-बंधन के समान ही धन के बंधन में भी जीवन भर नहीं बँधे।

क्रांति-योजना

इन दिनों डॉ. केशवराज सशस्त्र क्रांति द्वारा भारत को स्वतंत्र करने की साध लिये क्रांतिकारी आंदोलन के साथ जुड़े हुए थे। विश्व युद्ध 1914 ई. में प्रारंभ हो चुका था और ब्रिटेन उसमें भली प्रकार फँसता जा रहा था। विदेश में कार्य कर रहे भारतीय क्रांतिकारियों द्वारा जर्मनी आदि की सहायता ठीक प्रकार से बाहर से मिलेगी और अंदर से सशस्त्र क्रांतिकारी अंग्रेज सरकार के

प्रत्यक्ष संघर्ष तथा छापामार रणनीति से उखाड़ फेंकेंगे। इस क्रांति-योजना के लिए हथेली पर सिर रखकर काम करनेवाले अन्य महान् क्रांतिकारियों के समान ही डॉ. केशवराव भी पूर्णतया व्यस्त थे।

देश में चल रही क्रांतिकारी गतिविधियों से जुड़े हुए डॉ. केशवराव पर मध्य प्रांत के क्रांतिकारी दल के संगठन की पूर्ण जिम्मेदारी थी। डॉ. केशवराव की योजना-शक्ति और उत्तम मार्गदर्शन का लाभ उनके पक्के मित्र तथा श्रेष्ठ क्रांतिकारी वैद्य भाऊजी कावरे की व्यावहारिक क्षमता के कारण मध्य प्रांत को मिलता रहा। कावरेजी डॉ. मुंजे के घर के पास ही रहते थे और डॉक्टरजी उनके पास प्राय: जाते रहते थे। दोनों के हँसमुख स्वभाव के कारण प्राय: गूँजते रहनेवाले ठहाकों से किसी को कभी यह संदेह भी नहीं हो सकता था कि ये दोनों क्रांतिकारी दल से भी जुड़े हो सकते हैं!

क्रांति के लिए बलिष्ठ युवकों की भरती, धन-संग्रह तथा शस्त्रास्त्र व विस्फोटक सामग्री का संग्रह, आवश्यकतानुसार वितरण तथा देश भर के क्रांतिकारियों से आवश्यकतानुसार समय-समय पर भेंट एवं विचार-विमर्श इत्यादि की योजनाएँ बनाने और उन्हें पूरा करने का कार्यभार ये दो महापुरुष उठाते रहते। इन्हीं की योजना के अंतर्गत 'नागपुर व्यायामशाला' की स्थापना अण्णा खोत ने की थी तथा अनेक नगरों में वाचनालय भी चलाए गए थे। मध्य प्रांत व बरार में प्रवास कर शस्त्रास्त्रों को खरीदने एवं नए युवकों की भरती के लिए भी दोनों साथ ही जाते रहते थे। इनकी बैठकों आदि कार्यक्रमों का ऊपरी रूप बहुत बार सैर-सपाटा, मिठाई खाना आदि ही दिखाई देता था, किंतु वास्तविक कार्य शस्त्रास्त्रों व धन का लेन-देन इत्यादि रहता था। अंग्रेज सरकार के प्रति निष्ठावान् भारतीयों को चकमा देकर ही ये क्रांतिकारी आयोजन कलकत्ता, हैदराबाद, अजमेर, गोवा, लाहौर आदि में चलते रहते थे। डॉ. केशवराव की तत्कालीन क्रांतिकारी गतिविधियों का वर्णन अनेक क्रांतिकारियों ने किया है।

इस संबंध में यहाँ उनके कुछ क्रांतिकारी मित्रों व सहयोगियों का नामोल्लेख ही किया जा सकता है। विशेषत: स्मरणीय हैं—सम्मान्य सर्वश्री

गंगाप्रसाद पांडे, दादा साहब बख्शी, समीमुल्ला खाँ, नानासाहब टालाटुले, भाऊसाहब टालाटुले, आप्पाजी जोशी, नानासाहब तेलंग, वीर हरकरे, नानाजी पुराणिक, अर्जुनलाल सेठी इत्यादि। लोकमान्य तिलक (पुणे), डॉ. मुंजे (नागपुर), चाँदकरण शारदा (अजमेर) सदृश दूरदर्शी व प्रभावी नेताओं का गुप्त सहयोग भी डॉ. केशवराव को प्राप्त था।

डॉ. केशवराव ने उस समय (1917 में) भारत में नाममात्र को शेष रही अंग्रेज शक्ति को उखाड़ फेंकने के लिए 'स्वतंत्र हिंदुस्तान' की घोषणा करने तथा सशस्त्र क्रांति द्वारा बलपूर्वक राष्ट्र को स्वतंत्र कर लेने की साहसपूर्ण योजना डॉ. मुंजे और लोकमान्य तिलक आदि के सामने प्रस्तावित की थी। पर्याप्त सशस्त्र क्रांतिकारी संघटन के अभाव में वे इससे सहमत नहीं हो सके।

डॉ. केशवराव की तत्कालीन क्रांतिकारी गतिविधियों की एक झाँकी भी आज के किसी साहसी युवक के हृदय को भाव-विभोर कर सकती है। सशस्त्र क्रांति-पथ स्वीकार करनेवाले नए भरती किए तरुणों की शक्ति, साहस, देशभक्ति, ध्येयनिष्ठा आदि की परीक्षा लेने के लिए उनकी अनेक विधियाँ थीं; उदाहरणार्थ, गहरे कुएँ में कूदने का आदेश मिलते ही कूद जाना। यह बता दिया जाता था कि प्रत्येक बात में सावधानी रखना क्रांतिकारियों के लिए सरकार के पाश और मृत्यु से बचने के लिए आवश्यक है। अतः परीक्षा में खरे उतरे क्रांतिकारियों की बैठकें, जो उन्हें इतिहास-बोध या देशभक्ति-संस्कार देने या आवश्यक जानकारी लेने-देने या किसी योजना में उन्हें नियुक्त करने के लिए समय-समय पर की जाती थीं, स्थान व समय बदल-बदलकर रखी जातीं। पत्र डाक से न भेजकर हाथ से भेजे जाते तथा उनमें सांकेतिक भाषा का ही प्रयोग होता था। कभी-कभी कोई क्रांतिकारी या उनकी टुकड़ी सरकार की पकड़ में आ जाती, तो सावधानी बहुत अधिक बढ़ानी पड़ती थी। उदाहरणार्थ, एक बार नागपुर से राजस्थान और पंजाब को शस्त्रास्त्र सामग्री ले जानेवाला एक दल पकड़ लिया गया, तो स्त्री वेशधारी युवक क्रांतिकारियों द्वारा ही सामान भेजने की व्यवस्था करनी पड़ी थी।

कभी-कभी विद्यार्थी क्रांतिकारियों की पुस्तकों के बक्सों में ही पिस्तौल व कारतूसों को छिपाकर रखा जाता था। एक बार नागपुर के पास ही रेलगाड़ी में जा रहे सरकारी गोला-बारूद की कुछ पेटियों को सैनिक वेश धारण किए क्रांतिकारियों द्वारा साहसपूर्वक उतरवा लेने के पश्चात् पेटियों को सुरक्षित स्थान पर पहुँचा देनेवाले डॉ. केशवराव ने प्रयुक्त सैनिक वेश को जलाकर राख ही नहीं कर दिया, अपितु राख को भी नाले में बहा दिया, ताकि कोई प्रमाण कहीं शेष न रहे।

कभी-कभी अज्ञात कारणों से योजनाएँ पूर्ण होने में बाधाएँ भी पड़ जाती थीं। उदाहरणार्थ, एक बार डॉ. केशवराव के निर्देशानुसार वामनराव धर्माधिकारी नागपुर से बंबई होकर गोवा जाकर ठहरे, ताकि एक जर्मन जहाज द्वारा क्रांति-कार्य के लिए पहुँचनेवाले शस्त्रास्त्र प्राप्त कर सकें। तब उन्हें काफी प्रतीक्षा के पश्चात् निराश ही लौटना पड़ा था, क्योंकि जैसा बाद में ज्ञात हुआ, अंग्रेजों ने संदेह होने पर उस जहाज को कहीं रोक लिया था।

क्रांति-योजना की असफलता के बाद

इन सब क्रांतिकारी तैयारियों के पीछे इस क्षण की प्रतीक्षा थी, जब विश्वयुद्ध में फँसे अंग्रेजों को भारत से निकाल बाहर करने के लिए सशस्त्र क्रांति के नेता संघर्ष का संकेत देंगे। भारतवर्ष के दुर्भाग्य से अंग्रेजों को 1918 में जर्मनी पर विजय मिल गई और जर्मनी के आत्मसमर्पण से विश्वयुद्ध समाप्त हो गया। फिर तो भारत में भी अंग्रेज सरकार क्रांतिकारी गतिविधियों को नष्ट करने के लिए तेजी से दमन-चक्र चलाने लगी। क्रांतिकारियों में सर्वत्र निराशा भी फैल रही थी। उस प्रतिकूल परिस्थिति में भी डॉ. केशवराव ने अपना संतुलन बनाए रखा। उन्होंने अनेक दूरस्थ स्थानों पर नियुक्त अपने क्रांतिकारी सहयोगियों को वापस बुलाने के लिए योग्य व्यक्तियों को भेजा। उन्होंने वापस आए लोगों के जीवन-निर्वाह की व्यवस्था में भी सहायता दी। यही नहीं, उन्होंने समय-समय पर कारागार से छूटनेवाले या अस्वस्थ क्रांतिकारियों पर भी पूर्ण ध्यान दिया।

इस समय कुछ असावधान क्रांतिकारियों द्वारा व्यर्थ में ही कहीं-कहीं

किए गए बमों के धमाकों, शेष धनराशि को वापस करने में की गई बेईमानी तथा विश्वासघात को भी डॉ. केशवराव ने भगवान् शिव के विष-पान के समान ही चुपचाप पी लिया। उन्होंने क्रांतिकारियों में अनुशासन, पूर्ण निस्स्वार्थता, जय-पराजय दोनों में उत्साह तथा अखंड ध्येय-निष्ठा के अभाव से होनेवाली हानियों को भी देखा। साथ ही, पूर्ण स्वतंत्रता की प्राप्ति के लिए ध्येयनिष्ठ, राष्ट्र-समर्पित और अनुशासित तरुणों की संगठित शक्ति की आवश्यकता उन्हें और भी अधिक प्रतीत होने लगी। युक्ति और शक्ति से राष्ट्र को स्वतंत्र करने के लिए उनका संकल्प अभी भी उतना ही दृढ था। राष्ट्र को शीघ्र ही सशस्त्र क्रांति द्वारा स्वतंत्र करने का अवसर आएगा, यह भी उन्हें स्पष्ट दिखाई दे रहा था।

□

5

नागपुर का कांग्रेस-अधिवेशन

(1919–1920 ई.)

रौलेट रिपोर्ट

अंग्रेज सरकार ने भारत की तत्कालीन क्रांतिकारी गतिविधियों को भयंकर राजद्रोह मानते हुए उनका अध्ययन करने और उनको समाप्त करने के लिए सुझाव देने हेतु (सर) सिडनी ए.टी. रौलेट की अध्यक्षता में 10 दिसंबर, 1917 को 'सेडीशन इन्क्वायरी कमेटी' (राजद्रोह जाँच समिति) घोषित की थी।[1] इस समिति ने प्रायः केंद्रीय सरकार व प्रांतीय सरकार द्वारा प्रस्तुत साक्ष्यों को ही आधार बनाकर अपनी रिपोर्ट तैयार कर ली, जो 30 अप्रैल, 1918 को प्रकाशित हुई। इसने सरकार को सभी गैर-कानूनी और खतरनाक गतिविधियों को भविष्य में क्रूरतापूर्वक दमन करने का सुझाव दिया। तदनुसार भारत सरकार ने 18 जनवरी, 1919 को दो विधेयक प्रस्तुत किए, जिनमें से पहले में भारतीय दंड संहिता में परिवर्तन तथा समाचार-पत्रों पर अधिक कठोर नियंत्रण की बात थी। दूसरे विधेयक में हिंसक उपायों से आंदोलन करनेवाले व्यक्ति को बिना जाँच-पड़ताल के बंदी बनाने और विशेष अदालत

---

1. इसके शेष चार सदस्य थे—क्रमशः बंबई व मद्रास उच्च न्यायालयों के दो न्यायाधीश—(सर) बेसिल स्कॉट व दीवान बाहदुर सी.वी. कुमारस्वामी शास्त्री तथा दो गैर-सरकारी सदस्य—(सर) वर्ने लावेट (यू.पी. की वित्त-परिषद् के सदस्य) व प्रसिद्ध वकील प्रवेश चंद्र मित्र।

में मुकदमा चलाकर, मनमानी सरकारी गवाही के आधार पर दंडित करने तथा तलाशी, बंदीकरण व जमानत माँगने के असाधारण अधिकार प्रांतीय सरकारों को देने की व्यवस्था थी। इस बाद वाले विधेयक को पारित होने पर रौलेट के नाम पर 'रौलेट ऐक्ट' कहा जाने लगा।[1]

यहाँ यह उल्लेखनीय है कि रौलेट रिपोर्ट प्रकाशित होते ही डॉ. केशवराव हेडगेवार की दृष्टि उसमें प्रकाशित क्रांतिकारियों की देशव्यापी गतिविधियों के विस्तृत विवरण पर गई। उसके अध्ययन से जन-मन में क्रांतिकारियों के प्रति श्रद्धा, देशभक्ति की भावना इत्यादि बढ़ेगी, इस विचार से उन्होंने उस रिपोर्ट को पढ़ने की प्रेरणा बहुत लोगों को दी। उनका अनुमान सही निकला और शीघ्र ही सरकार ने रौलेट रिपोर्ट की बिक्री बंद कर दी।

'रौलेट ऐक्ट' का विरोध

सरकार द्वारा बने 'रौलेट ऐक्ट' का व्यापक विरोध भारतीय जनता, नेताओं और समाचार-पत्रों के द्वारा किया गया। इसके विरोध में अखिल भारतीय हड़ताल (8 अप्रैल, 1919) पूर्ण सफल रही। क्रूर अंग्रेज जनरल डायर ने अमृतसर में हो रहे वैसाखी के पवित्र मेले में जलियाँवाला बाग पर 13 अप्रैल, 1919 को भीषण गोलीबारी कर 2000 लोगों की हत्या कर दी और हजारों लोग घायल हो गए। इस कांड से अंग्रेजों के प्रति देश में घृणा व क्रोध की लहर दौड़ गई।

महात्मा गांधी उस समय 'खिलाफत'[2] के प्रश्न से नाराज कुछ मुसलमानों को पूर्ण सहयोग देकर हिंदू-मुसलिम एकता प्राप्त करने तथा उससे राष्ट्रीय

---

1. वास्तव में इस विधेयक का नाम था—'दि एनाकिंकल ऐंड रेव्योलूशनरी क्राइम्स ऐक्ट (1919)'।
2. 'खलीफा' को बनाए रखने के उद्‌देश्य से चला आंदोलन 'खिलाफत आंदोलन' कहलाया। प्रथम विश्वयुद्ध के समय तुर्की का सम्राट् ही विश्व भर के मुसलमानों का धर्मगुरु 'खलीफा' भी माना जाता था। विश्वयुद्ध के समय अंग्रेजों ने 'खलीफा' की प्रतिष्ठा बनाए रखने की बात कहकर मुसलमानों से सहयोग व सहायता ली थी। किंतु विश्वयुद्ध में अंग्रेजों ने तुर्की को हराया और तुर्की साम्राज्य को खंड-खंड कर 'खलीफा' की प्रतिष्ठा कम कर दी। अत: मुसलमान इस विश्वासघात के कारण अंग्रेजों से क्रुद्ध थे।

स्वतंत्रता-आंदोलन में उनका पूर्ण सहयोग पा लेने का सुखद स्वप्न देख रहे थे। अहिंसा के साथ-ही-साथ हिंदू-मुसलिम एकता को स्वराज्य और स्वतंत्रता के लिए अनिवार्य मानना गांधीजी के विचार-दर्शन का सबसे प्रमुख सूत्र बन गया था। उनकी इसी प्रवृत्ति ने भारतीय राजनीति में उनकी गतिविधियों को (और परिणामस्वरूप भारतवर्ष के भाग्य को ही) एक विचित्र मोड़ दे दिया, ऐसा हम इतिहास में देखते हैं।

नागपुर नेशनल यूनियन

महात्मा गांधी का पूर्ण आदर करते हुए भी लोकमान्य तिलक के विचार-दर्शन तथा कार्य-पद्धति को ही डॉ. केशवराव ने श्रेष्ठ स्वीकार किया था। उस समय संपूर्ण राष्ट्र में राष्ट्रवादी राजनीति की अधिक प्रतिष्ठा थी और उसकी त्रयी लाल-बाल-पाल[1] अर्थात् कांग्रेस के 'गरम-दल' का 'नरम दल' वाले गोपाल कृष्ण गोखले (1866-1915), महात्मा गांधी (1896-1948) आदि नेताओं की तुलना में युवक-हृदयों पर अधिक प्रभुत्व था। मध्य प्रांत की राजनीति में भी डॉ. बालकृष्ण शिवराम मुंजे (1872-1948) आदि सोलह प्रसिद्ध नेताओं[2] का 'राष्ट्रीय मंडल' लोकमान्य तिलक के पथ पर ही चल रहा था। इस मंडल के निर्णयों को ही मध्य प्रांत की कांग्रेस भी स्वीकार कर लेती थी। फिर भी डॉ. केशवराव इनकी दृष्टि में अधिक उग्र ही थे, क्योंकि वे 'शुद्ध स्वातंत्र्य', अर्थात् 'भारत की पूर्ण स्वतंत्रता' को अपना उद्देश्य मानते थे, न कि 'औपनिवेशिक स्वराज्य' को। केशवराव 'राष्ट्रीय मंडल' के हितैषी थे। उसकी बैठकों में भी वे भाग लेते थे; किंतु वे उसके सदस्य नहीं बने और अंत में उन्होंने कुछ मित्रों के साथ अपने राष्ट्रीय विचारों के अनुरूप 'नागपुर नेशनल यूनियन' नामक एक नई राजनीतिक संस्था की

1. 'लाल' अर्थात् लाला लाजपत राय,
'बाल' अर्थात् श्री बाल गंगाधर तिलक,
और 'पाल' अर्थात् श्री विपिन चंद्र पाल।
2. इन नेताओं में सर्वश्री नीलकंठ राव उधोजी, नारायणराव अकेकर, नारायण राव वैद्य, बैरिस्टर गोविंदराव देशमुख, बैरिस्टर मारुभाई अभ्यंकर, डॉ. नारायण भास्कर खरे, विश्वनाथ राव केलकर, भवानी शंकर नियोगी, गोपाल राव ओगले और डॉ. चोलकर आदि थे।

स्थापना की, जिसमें 'राष्ट्रीय मंडल' के कुछ नेता भी आगे-पीछे सम्मिलित हो गए। ऐसे नेताओं में विश्वनाथ राव केलकर, डॉ. खरे आदि उल्लेखनीय हैं।

'संकल्प' पत्र

यहाँ कुछ विशेष घटनाएँ और भी उल्लेखनीय हैं। जब 'राष्ट्रीय मंडल' ने 'संकल्प' नामक हिंदी साप्ताहिक-पत्र को नागपुर से प्रकाशित करना प्रारंभ किया तो डॉक्टर केशवराव को जनवरी में उसका संघटक नियुक्त किया गया था। पत्रिका के प्रचारार्थ श्री अण्णा खोत को साथ लेकर उन्होंने महाकोशल क्षेत्र का व्यापक दौरा किया तथा सर्वत्र ही अनेक नए मित्र भी बनाए।

राष्ट्रीय उत्सव मंडल

उन्हीं दिनों नागपुर में 'राष्ट्रीय उत्सव मंडल' नामक संस्थान की स्थापना भी डॉ. केशवराव ने कराई, ताकि भारत के महापुरुषों की जयंतियों आदि को मनाने के नाम पर उत्कृष्ट नेताओं के भाषणों द्वारा जनता में राष्ट्र-भावना भरी जा सके। स्वयं डॉक्टरजी अनेक वर्षों तक इस संस्था के मंत्री रहे। उस काल में समर्थ रामदास नवमी, छत्रपति शिवाजी जयंती, छत्रपति शिवाजी राज्यारोहण दिवस, विजयादशमी, मकर-संक्रांति आदि उत्सवों को समारोहपूर्वक मनाने के अनेक आयोजन हुए। इनमें डॉ. मुंजे, लोकनायक अणे, शं.दा. पेंडसे, दादा साहब खापर्डे सदृश नेताओं के ओजस्वी भाषणों की बड़ी धूम रहती थी।

शरद पूर्णिमा की गोष्ठी

डॉक्टरजी निरंतर अपना मित्र-मंडल बढ़ाते जा रहे थे। शरद पूर्णिमा के अवसर पर चाँदनी रात्रि में अपने घर पर वे मित्र-सम्मेलन भी करते थे। इन मित्र-सम्मेलनों में धनी-निर्धन, गरम-नरम, युवक-वृद्ध सभी प्रकार के राष्ट्रभक्तों का परस्पर प्रेमपूर्ण मिलन, हास्य-विनोद आदि के साथ-साथ विविध विषयों पर होनेवाली चर्चाओं का दृश्य बहुत आकर्षक होता था। अंत

में केसर-मिश्रित दूध पीने तथा पान-सुपारी लेने के पश्चात् सभी लोग डॉक्टरजी के धन्यवाद भाषण का आनंद लेते थे। इस भाषण में विचार और विनोद का सरस मिश्रण रहता था।

भारत स्वयंसेवक मंडल का नेतृत्व

उस वर्ष (1919 ई.) का कांग्रेस अधिवेशन नवंबर मास में अमृतसर में हुआ था। डॉ. केशवराव ने भी उसमें भाग लिया था। इस अधिवेशन में गांधीजी ने हिंदुओं से माँग की थी कि वे बिना स्वार्थ के पूरा समर्थन 'खिलाफत आंदोलन' को दें। इसी अधिवेशन में अगला वार्षिक अधिवेशन नागपुर में करने की घोषणा भी कर दी गई थी। कांग्रेस की शक्ति बढ़ाने के लिए 1907 में हुए कांग्रेस अधिवेशन (सूरत) में हुए नरम-गरम दलों के भीषण झगड़े को दूर करने तथा 'गरम दल' को पुनः कांग्रेस में लाने के लिए लोकमान्य तिलक को नागपुर अधिवेशन का अध्यक्ष बनाने की बात भी प्रायः निश्चित हो गई थी।

अमृतसर से लौटकर नागपुर अधिवेशन की तैयारी में नेतागण जोर-शोर से जुट गए। कांग्रेस के नए अध्यक्ष के रूप में लोकप्रिय महापुरुष तिलक महाराज आ रहे हैं, यह बिजली फूँकनेवाला संदेश देने के लिए गठित स्वागत समिति की ओर से जो व्यापक दौरे नेताओं ने नगरों और ग्रामों में किए, उनमें जनता का अभूतपूर्व सहयोग व उत्साह दिखाई दे रहा था। 'राष्ट्रीय मंडल' के मराठी साप्ताहिक 'महाराष्ट्र' के उस काल के अंकों में इन कार्यक्रमों का विस्तृत विवरण प्रकाशित होता था। इन सभाओं में से अनेक की अध्यक्षता डॉ. केशवराव ने की थी। स्थान-स्थान पर हुए उनके भाषण भी अत्यंत प्रभावी रहे। साथ ही कांग्रेस अधिवेशन की सुव्यवस्था और बाद में कांग्रेस आदि राष्ट्रीय संस्थाओं के स्थान-स्थान पर होने वाले कार्यक्रमों में सहायता करने के उद्देश्य से 'भारत स्वयंसेवक मंडल' की स्थापना जनवरी 1920 में की गई, जिसके प्रमुख डॉ. ल.वा. परांजपे और सह-प्रमुख डॉ. केशवराव हेडगेवार बने।

लोकमान्य तिलक दिवंगत

अचानक ही इन उत्साहपूर्ण तैयारियों की प्रेरक आशा-आकांक्षाओं पर वज्रपात हुआ। 1 अगस्त को सूर्योदय से पूर्व ही लोकमान्य तिलक का देहांत हो गया। डॉ. केशवराव को अपने श्रद्धेय नेता की मृत्यु पर कैसा भीषण मानसिक आघात पहुँचा होगा, इसकी कल्पना करना भी कठिन है। कर्मवीर डॉक्टरजी ने लोकमान्य की मृत्यु के दसवें दिन नागपुर में हड़ताल, शोकयात्रा, सभा आदि कार्यक्रमों को सफलतापूर्वक संपन्न कराने में पूर्ण तत्परता दिखाई।

पांडिचेरी की यात्रा

इस बीच राजनीतिक-चक्र कुछ तेजी से घूमने लगा। 'खिलाफत समिति' द्वारा अंग्रेज सरकार के विरुद्ध घोषित आंदोलन पर कांग्रेस ने कलकत्ता में एक विशेष अधिवेशन बुलाकर अपनी स्वीकृति की मुहर लगा दी। दिसंबर 1920 में होनेवाले नागपुर-अधिवेशन के लिए उपयुक्त अध्यक्ष की खोज में तत्पर तिलक-अनुयायियों की ओर से उस समय डॉ. मुंजे और डॉ. केशवराव ने पांडिचेरी की यात्रा की। वहाँ श्रीअरविंद घोष अंग्रेज सरकार से निर्भय होकर फ्रांसीसी सरकार की छाया में आध्यात्मिक साधना कर रहे थे। सितंबर 1920 की 4-5 दिन की इस भेंट में मँजे हुए नेता डॉ. मुंजे और डॉ. केशवराव के आग्रह को श्रीअरविंद ने स्वीकार नहीं किया।

नागपुर का अधिवेशन

परिणाम यह हुआ कि 10 अक्तूबर को नागपुर में हुई स्वागत-समिति की बैठक में अधिवेशन की अध्यक्षता के लिए नरम दलीय श्री विजय राघवाचार्य का नाम स्वीकृत हो गया।

यहाँ यह उल्लेख्य है कि डॉ. केशवराव इस नाम पर सहमत नहीं थे, क्योंकि श्री विजय राघवाचार्य अंग्रेजों से भी साँठ-गाँठ बनाए रखते थे और अवसरवादी मनोवृत्ति का नेता कांग्रेस अध्यक्ष बने, यह उचित नहीं था। उन्होंने अपना मतभेद स्वागत-समिति के सामने प्रकट भी कर दिया। किंतु जब अखिल भारतीय कांग्रेस समिति द्वारा श्री विजय राघवाचार्य अंततः अध्यक्ष

बना ही दिए गए तो अनुशासित कार्यकर्ता के समान डॉ. केशवराव ने उस निर्णय को स्वीकार किया और स्वयंसेवकों के सहप्रमुख के रूप में निष्ठापूर्वक उत्कृष्ट कार्य किया।

डॉ. केशवराव ने इस अधिवेशन में दो प्रस्ताव पारित कराने की योजना बनाई, परंतु वे विफल रहे। नागपुर के 'व्यंकटेश नाट्य गृह' में अधिवेशन से पहले एक सभा करके उनकी 'नागपुर नेशनल यूनियन' ने यह प्रस्ताव पारित किया कि 'विशुद्ध स्वातंत्र्य ही हमारा उद्देश्य है और गांधीजी से प्रतिनिधिमंडल ने मिलकर यह प्रयत्न किया कि कांग्रेस भी ऐसा ही प्रस्ताव पारित करे। किंतु गांधीजी ने उस समय यह उत्तर दिया कि 'स्वराज्य' शब्द में 'विशुद्ध स्वातंत्र्य' आ जाता है। आज कहा जा सकता है कि महात्मा गांधीजी का यह कथन-दुराग्रह ठीक नहीं था, क्योंकि नौ वर्ष बाद लाहौर के अधिवेशन में स्वयं कांग्रेस ने 'पूर्ण स्वराज्य' को अपना उद्देश्य घोषित किया।

अधिवेशन की विषय-समिति में जाने के लिए स्वागत-समिति के एक उक्त प्रस्ताव को, जो नागपुर नेशनल यूनियन के डॉ. केशवराव, विश्वनाथ राव केलकर आदि नेताओं ने तैयार किया था, विषय-समिति ने उपहासपूर्वक अस्वीकृत कर दिया। प्रस्ताव इस प्रकार था—

'कांग्रेस का ध्येय हिंदुस्तान में गणतंत्र की स्थापना कर पूँजीवादी देशों के चंगुल से विश्व के देशों की मुक्ति है।'

बाद में इस प्रस्ताव की प्रशंसा तत्कालीन प्रसिद्ध अंग्रेजी मासिक 'मॉडर्न रिव्यू' (मार्च 1921) में की गई थी।

इस कांग्रेस-अधिवेशन में महात्मा गांधी तथा कांग्रेस की अखिल भारतीय कार्यसमिति की कार्य-शैली व विचार-शैली को डॉ. हेडगेवार ने बहुत समीप से देखा था।

अधिवेशन में 'खिलाफत समिति' के असहयोग आंदोलन को गांधीजी की इच्छानुसार कांग्रेस ने अपनाकर असहयोग का नौ सूत्री कार्यक्रम घोषित किया। इसको सफल बनाने से एक वर्ष में सन् 1921 का विराट् जन-आंदोलन हुआ भी, किंतु स्वराज नहीं मिला और चारों ओर निराशा फैल गई।

डॉक्टरजी ने उस समय भी तिलक व गांधी में अंतर समझ लिया था। लोकमान्य तिलक में तेजस्विता, दूरदर्शितापूर्ण आदर्शोन्मुख यथार्थ, राष्ट्र-चिंतन और क्रांतिकारियों के कार्य के साथ सहानुभूति स्पष्ट दिखाई देती थी। इसके विपरीत, महात्मा गांधी की कार्यपद्धति में मुसलिमों की अनुनय-विनय तथा हिंदू-हितों की उपेक्षा, सत्य-अहिंसा, सामाजिक सुधार कार्यक्रम आदि पर स्वतंत्रता से भी अधिक आग्रह, दूरगामी परिणामों की चिंता न करते हुए तात्कालिक उपयोग के कार्यक्रमों को महत्त्व देने एवं आध्यात्मिकता आदि का आडंबर रखने की विशेषताएँ स्पष्ट दिखाई दे रही थीं।

गांधी-नेतृत्व और डॉक्टरजी

लोकमान्य तिलक के अभाव में कांग्रेस के इस गांधी-नेतृत्व में देश भटक जाएगा, ऐसा अनेक विचारशील व्यक्तियों के समान डॉ. हेडगेवार ने भी समझ लिया था। उन्हें ऐसी स्पष्ट कल्पना थी कि 'खिलाफत आंदोलन' विफल होगा, किंतु उससे मुसलिमों की पृथकतावादी भावना बहुत बढ़ेगी और राष्ट्र-विरोधी प्रवृत्ति बढ़ने से उनका राष्ट्र-जीवन के साथ एक होना और भी कठिन हो जाएगा। उन्हें यह भी स्पष्ट दिखाई दिया कि 'एक वर्ष में स्वराज्य' गांधीजी का आकर्षक नारा मात्र है और कुटिल ब्रिटिश सत्ता इस समय तक और इस प्रकार से भारत नहीं छोड़ेगी। किंतु फिर भी इस आंदोलन से जन-जागृति होगी और स्वतंत्रता के लिए त्याग-बलिदान करने का वातावरण बनेगा, यह विचार ही उन जैसे कर्मठ राष्ट्रभक्तों के लिए अत्यंत प्रेरणादायक था। डॉ. केशवराव राष्ट्र के हजारों लोगों को स्वतंत्रता-संघर्ष में जूझते देखकर भी स्वयं खड़े रहनेवाले या वैचारिक मतभेद के नाम पर अपनी अकर्मण्यता को छिपानेवाले व्यक्ति नहीं थे। अतः डॉ. केशवराव हेडगेवार इस आंदोलन में जी-जान से जुट गए।

□

6

सहर्ष कारावास

(1921–1922 ई.)

जन-जागरण

सभा–सम्मेलनों के माध्यम से जन–जागरण सरल होता है, अतः डॉक्टरजी ने मध्य प्रांत के सैकड़ों ग्रामों, कस्बों व नगरों में जा–जाकर सभाओं और सम्मेलनों के आयोजन द्वारा 'असहयोग आंदोलन' के लिए जनता का आह्वान किया—विद्यार्थी सरकारी विद्यालयों को त्याग दें, जन–जन अंग्रेजी न्यायालयों का बहिष्कार करें, स्वदेशी का प्रयोग हो। ऐसे अनेक कार्यक्रमों का महत्त्व बताते हुए डॉ. केशवराव के आग उगलनेवाले भाषणों की रिपोर्टें मिलने के कारण जिलाधिकारी ने उन्हें 23 फरवरी, 1921 के आदेश द्वारा 4 से अधिक मनुष्यों के किसी एकत्रीकरण में न तो जाने और न किसी सार्वजनिक सभा में भाषण देने की आज्ञा दी।

राजद्रोह का मुकदमा

इस आज्ञा पर ध्यान न देने के कारण डॉक्टरजी पर 1 मई, 1921 को नागपुर में सरकार ने राजद्रोह का मुकदमा चला दिया। बचाव पक्ष में अनेक वकील काम करने आगे आए। किंतु न्यायाधीश स्मेली के दुर्व्यवहार के कारण उन्होंने उसके न्यायालय को छोड़ दिया। तब डॉक्टरजी ने अपनी ओर से बहस स्वयं की और पुलिस के झूठे गवाहों की कलई खोल दी।

उग्र वक्तव्य

अपना लिखित उत्तर भी उन्होंने स्वयं तैयार किया और उसके स्पष्टीकरण में भाषण भी दिया। अपने लिखित उत्तर में उन्होंने कहा था—

1. ''मेरे भाषण कायदे से प्रस्थापित ब्रिटिश राज्य के विरुद्ध असंतोष, द्वेष व द्रोह उत्पन्न करनेवाले तथा हिंदी और यूरोपीय लोगों के बीच शत्रु भाव पैदा करनेवाले हैं, मेरे ऊपर लगाए गए इस अभियोग का स्पष्टीकरण मुझसे माँगा गया है। एक भारतीय के किए की जाँच और न्यायदान के लिए एक परायी राजसत्ता बैठे, इसे मैं अपना तथा अपने महान् देश का अपमान समझता हूँ।''
2. ''हिंदुस्तान में न्यायाधिष्ठित कोई शासन है, ऐसा मुझे नहीं लगता तथा कोई यदि इस प्रकार की बात बताए तो मुझे आश्चर्य ही होगा। हमारे यहाँ आज जो कुछ है, वह तो पाशवी-शक्ति के बल पर लादा हुआ भय और आतंक का साम्राज्य है। कानून उसका दास तथा न्यायालय उसके खिलौने-मात्र हैं। विश्व के किसी भी भू-भाग में यदि किसी शासन को रहने का अधिकार है तो वह जनता के द्वारा, जनता के लिए तथा जनता की सरकार को है। इसके अतिरिक्त अन्य सभी शासन राष्ट्रों को लूटने के लिए धूर्त लोगों द्वारा योजनापूर्वक चलाए हुए धोखेबाजी के नमूने हैं।''
3. ''मैंने अपने देश-बांधवों में अपनी दीन-हीन मातृभूमि के प्रति उत्कट भक्तिभाव जगाने का प्रयत्न किया। मैंने उनके हृदय में यह अंकित करने का प्रयत्न किया कि भारत भारतवासियों का है। यदि एक भारतीय राजद्रोह किए बिना राष्ट्रभक्ति के ये तत्त्व प्रतिपादित नहीं कर सकता तथा भारतीय एवं यूरोपीय लोगों में शत्रु भाव जगाए बिना वह साफ सत्य नहीं बोल सकता, यदि स्थिति इस कोटि तक पहुँच गई है तो यूरोपीय तथा वे जो अपने को भारत सरकार कहते हैं, उन्हें सावधान हो जाना चाहिए कि अब उनके ससम्मान वापस चले जाने की घड़ी आ गई है।''

4. ''मेरे भाषण की टिप्पणियाँ पूरी तरह सही-सही नहीं ली गई हैं, यह स्पष्ट दिख रहा है तथा जो मैंने कहा, ऐसा बताया जा रहा है, वह मेरे भाषण का टूटा-फूटा, कुछ-का-कुछ तथा विपर्यस्त विवरण है। किंतु मुझे इसकी चिंता नहीं। राष्ट्र-राष्ट्र के संबंध जिन मूलभूत तत्त्वों से निर्धारित होते हैं, उसी आधार पर ग्रेट ब्रिटेन तथा यूरोपीय लोगों के प्रति मेरा बरताव है। मैंने जो-जो कहा, वह अपने देश-बंधुओं के अधिकार तथा स्वातंत्र्य की प्रस्थापना के लिए कहा और मैं अपने प्रत्येक शब्द का दायित्व लेने को तैयार हूँ। जो मेरे ऊपर आरोप है, उसके संबंध मैं यदि कुछ नहीं कह सकता तो मैं उसके एक-एक अक्षर का समर्थन करने के लिए तैयार हूँ तथा कहता हूँ कि वह सब न्यायोचित है।''

डॉ. केशवराव हेडगेवार के इस तेजस्वी वक्तव्य को सुनने के बाद न्यायाधीश स्मैली ने कहा था, ''इनके मूल भाषण की तुलना में तो यह वक्तव्य अधिक राजद्रोहपूर्ण है।''

स्पष्ट भाषण

इस वक्तव्य के बाद डॉक्टरजी ने एक छोटा सा भाषण भी स्पष्टीकरण के रूप में दिया, जिसमें अपने स्वतंत्रता-आंदोलन संबंधी भाषणों को वैध सिद्ध करने के लिए कहा गया था—''हिंदुस्तान तो हिंदुस्तान के लोगों का ही है, फिर बाहर से आकर हिंदुस्तान के लोगों को गुलाम बनाकर स्वयं मालिक बननेवाले अंग्रेजों के विरुद्ध स्वतंत्रता-आंदोलन हमारा स्वाभाविक कर्तव्य है। हमें पूर्ण स्वतंत्रता चाहिए तथा वह लिये बिना हम चुप नहीं बैठेंगे। हम अपने देश में स्वतंत्रता के साथ रहने की इच्छा करें, सरकार इस विचार को कुचलने के लिए नहीं, उसकी रक्षा के लिए होती है और यही उसका उद्देश्य भी होना चाहिए।''

जब-जब डॉक्टरजी का मुकदमा आरंभ होता, न्यायालय में दर्शकों की भीड़ लग जाती। प्राय: असहयोगी अभियुक्तों ने अपना बचाव नहीं दिया था, अत: उन्हें जल्दी ही सजा सुना दी जाती थी। किंतु डॉ. केशवराव का उद्देश्य

तो जन-जागरण करना था, अतः उन्होंने अपनी रीति-नीति से मुकदमे का भी पूरा लाभ उठाया।

कारावास का दंड

अंततः 19 अगस्त को न्यायाधीश ने निर्णय सुनाया। राजद्रोहपूर्ण भाषणों के आरोप में उन्हें 1000 रुपए की दो जमानतें, एक हजार रुपए का मुचलका लिखकर देने और एक वर्ष तक राजद्रोही भाषण न करने का वचन देने के लिए कहा गया। डॉक्टरजी ने वैसा करना अस्वीकार कर दिया। अतः उन्हें एक वर्ष का श्रमसहित कारावास दिया गया। डॉक्टरजी ने हँसते हुए इस दंड को स्वीकार किया और कारागृह जाने के लिए बाहर आए, जहाँ मित्रों और जनता की भीड़ जुड़ी हुई थी। नगर कांग्रेस की ओर से माला अर्पित किए जाने के पश्चात् श्री विश्वनाथ राव केलकर इत्यादि प्रमुख समाजसेवियों ने भी उन्हें माला पहनाईं। डॉक्टरजी ने विदा होने से पूर्व अपने परिवार के सदस्यों—आबाजी हेडगेवार, श्री सीताराम हेडगेवार तथा डॉ. मुंजे को नमस्कार किया और अपने अनेक राष्ट्रभक्त मित्रों—श्री समीउल्ला खाँ, बैरिस्टर मोरुभाई अभ्यंकर इत्यादि से प्रेमपूर्वक भेंट कर उपस्थित जनता के सामने एक संक्षिप्त भाषण भी दिया। इस भाषण में उन्होंने अनेक महत्त्वपूर्ण बातें कहीं। उन्होंने बताया कि जब सरकार राजद्रोह का मुकदमा चलाए तो अपना बचाव न करने की नीति आत्मघातक होती है और प्रतिपक्ष की नीचता सिद्ध करना भी देशसेवा है। देशभक्ति दिखाते हुए जेल जाने को सहर्ष तैयार रहना चाहिए, परंतु मरने से स्वतंत्रता मिलेगी, ऐसा भी नहीं मानना चाहिए। हिंदुस्तान को अब दास बनाकर नहीं रखा जा सकता, ऐसा मेरा विश्वास है और देश को पूर्ण स्वतंत्र बनाने का मेरा आंदोलन प्रारंभ होने का समय भी आ पहुँचा है। जेल न जाते हुए भी देश का बहुत सा कार्य किया जा सकता है, यह बात ध्यान में रखनी चाहिए, इत्यादि। जनता के 'वंदे मातरम्' के नारों और करतल ध्वनि के मध्य डॉक्टरजी पुलिस द्वारा लाए गए ताँगे में बैठकर सबको नमस्कार कर एक वर्ष के लिए कारागृह चले गए।

सर्वत्र प्रशंसा

शुक्रवार 19 अगस्त, 1921 को नागपुर नगर के टाउन हॉल मैदान में सायंकाल को ही उसी दिन जेल गए डॉक्टरजी की प्रशंसा करने के लिए एक विशाल जनसभा हुई, जिसमें डॉ. मुंजे, विश्वनाथराव केलकर, नारायण अलेकर इत्यादि नेताओं के मार्मिक भाषण हुए। बैरिस्टर गोविंदराव देशमुख ने इस कार्यक्रम की अध्यक्षता की। डॉक्टरजी की भारतवर्ष को पूर्ण स्वतंत्र कराने की संकल्पनिष्ठा की बहुत प्रशंसा सभी वक्ताओं ने की और विश्वनाथ केलकर ने डॉक्टरजी का वह संदेश भी, जो उन्होंने जेल जाते समय दिया था, जनता को बताया, ''देश-कार्य के लिए जेल जाना हो तो अवश्य जाइए, परंतु ध्येय देशसेवा का रहना चाहिए, जेल जाने का नहीं।'' इस दिन के भाषणों में श्री नारायण राव अलेकर का भाषण विशेष उल्लेखनीय है, जिसमें कहा गया था, ''अपनी ध्येय-निष्ठा तथा स्वार्थ-त्याग के कारण डॉ. हेडगेवार ही अगली पीढ़ी के नेता होंगे।''

24 अगस्त, 1921 के 'महाराष्ट्र' साप्ताहिक में संपादक श्री गोपालराव ओगले ने संपादकीय में डॉक्टरजी का अभिनंदन करते हुए लिखा था, ''जान-बूझकर जेल स्वीकार करनेवाले डॉ. हेडगेवार कारावास के स्वार्थ-त्याग से खरे तथा अधिक प्रदीप्त हो नागपुर की उदयोन्मुख पीढ़ी का नेतृत्व करने और अपने विशुद्ध स्वातंत्र्य के ध्येय का प्रतिपादन करने के लिए शीघ्र ही, कदाचित् एक वर्ष के पूर्व ही जेल से वापस आएँगे, ऐसी हमें आशा है।''

कारागृह में एक वर्ष

नागपुर की अजनी जेल में डॉक्टरजी ने 19 अगस्त, 1921 को प्रवेश किया था और उनकी मुक्ति 12 जुलाई, 1922 को हुई। इस बीच उनके जेल-जीवन की कुछ विशेष घटनाएँ उल्लेखनीय हैं। जेल में प्रवेश करते ही डॉक्टरजी से अपना यज्ञोपवीत उतारकर रखने के लिए कहा गया, क्योंकि उस समय यह जेल का नियम था। डॉक्टरजी ने इतनी दृढता से इसे मना कर दिया कि अधिकारियों को दुराग्रह करने का साहस ही नहीं हुआ। बाद में सत्याग्रहियों को राजनैतिक बंदी घोषित किए जाने पर यह नियम अपने आप

समाप्त हो गया।

जेल में डॉक्टरजी को हाथ से बने कागज को चिपकाने का काम दिया गया था, जिससे शीघ्र ही उनके हाथों में छाले पड़ गए। तब उन्हें कागज की लुगदी तैयार करने का काम मिला और अंततः पुस्तकों की जिल्द बाँधने का काम। इससे बचे समय में डॉक्टरजी तकली से सूत कातते थे या महाभारत का 'शांतिपर्व' पढ़ते थे।

जेल में कर्मवीर बापूजी (रघुनाथ रामचंद्र पाठक), पं. राधा मोहन गोकुलजी तथा बालवीर बाबूराव हरकरे का साथ डॉक्टरजी को मिला। इन चारों के साथ उत्तर प्रदेश का एक कट्टरपंथी मुसलमान युवक इनामुल्ला भी 'खिलाफत आंदोलन' में दंडित होकर रखा गया था और कुछ समय बाद पाँचों को ही पुस्तकों की जिल्द बाँधने का काम दे दिया गया था। इनामुल्ला कक्षा 11-12 का विद्यार्थी ही था, परंतु वह अपने साथियों को इसलाम की श्रेष्ठता बता-बताकर उन्हें मुसलमान बनाने के स्वप्न देखने लगा। पंडित राधामोहन गोकुलजी आर्यसमाजी होने के कारण और बालवीर हरकरे स्वभावतः उग्र होने के कारण उसकी कट्टरपंथी गतिविधियों से क्रुद्ध रहते थे, किंतु डॉक्टरजी हँसकर और कर्मवीर बापू शांति भाव बनाए रखते थे। किंतु इनामुल्ला (जिसे उसकी मानसिक जड़ता के कारण प्रायः 'उल्लू' कहा जाता था) की मतांध गतिविधियाँ असह्य हो उठीं। पहले तो वह सवेरे अँधेरे उठकर जोर-जोर से कुरान की आयतें पढ़ा करता था, मानो सोनेवालों की उसे बिल्कुल चिंता नहीं थी। धीरे-धीरे पढ़ने की सलाह को उसने नजरंदाज कर दिया और वह तभी ठीक हुआ, जब पं. राधामोहनजी भी उसी समय तुलसी कृत 'रामचरितमानस' की चौपाइयाँ उससे भी अधिक ऊँचे स्वर में पढ़ने लगे। 'जलियाँवाला कांड' की स्मृति में 'जलियाँवाला दिन' (13 अप्रैल) मनाए जाने पर भी उसकी वृत्ति यही थी कि उसका 'खिलाफत आंदोलन' से ही संबंध है, किसी राष्ट्रीय मुद्दे से नहीं। वह 'रामचरितमानस' पर स्वयं पैर रखकर खड़े होने के लिए जिल्द बाँधी गई पुस्तकों को दबाने का बहाना लेता था और 'कुरान' का अपमान तो उससे अधिक ऊँचे बैठने से भी हो जाता

था, ऐसा मानता था। वास्तव में वह खिलाफत आंदोलन के पीछे काम करनेवाली सामान्य मुसलिम मनोवृत्ति का (अर्थात् कट्टरपंथी मुल्ला प्रवृत्ति का) ही प्रतिनिधि था। एक दिन उसने हरकरे से कहा कि आप हमसे प्रार्थना करो कि 'गोहत्या मत करो' तो शायद हम न करें, परंतु जब आप गोहत्या बंदी पर जोर देंगे तो गौ काटना हमारा फर्ज हो जाता है। यह सुनकर हरकरे को बहुत क्रोध आया और उन्होंने इनामुल्ला की पिटाई कर दी। डॉक्टरजी ने आकर झगड़ा शांत किया, किंतु इनामुल्ला को अगले दिन दूसरी कोठरी में भेज दिया गया। डॉक्टरजी उसकी राष्ट्र-विरोधी मुसलिम प्रवृत्ति को पहचान गए थे, अत: वे इनामुल्ला को मनोरंजन का साधन ही मानते थे।

उस जेल के अधिकारियों के मन में उनके असाधारण व्यक्तित्व के कारण श्री डॉक्टरजी के प्रति आदरभाव रहा और डॉक्टरजी भी स्वभावत: उनके साथ मित्रतापूर्ण संबंध ही रखते थे। इसी कारण नए जेलर नियुक्त हुए डॉ. नीलकंठराव जठार उनसे इतने प्रभावित हुए कि डॉक्टरजी से वर्षों बाद तक भी मिलने के लिए उनके घर जाते रहते थे।

कारागृह से मुक्ति

प्रत्येक परिस्थिति में हँसते रहनेवाले डॉक्टरजी को जेल भी स्वास्थ्यवर्धक सिद्ध हुई और 11 महीने में उनका वजन 25 पौंड बढ़ गया था। डॉक्टरजी 12 जुलाई, 1922 को प्रात: कारागृह से बाहर आए तो भारी वर्षा हो रही थी। उनके स्वागतार्थ जेल के द्वार पर उपस्थित डॉ. मुंजे, डॉ. परांजपे, डॉ. नारायण भास्कर खरे इत्यादि ने उन्हें पुष्पमालाएँ पहनाकर स्वागत किया। घर जाते समय मार्ग में भी उनका स्थान-स्थान पर स्वागत हुआ। उस दिन के 'महाराष्ट्र' साप्ताहिक ने लिखा था, "डॉ. हेडगेवार की देशभक्ति, निस्स्वार्थ वृत्ति तथा उत्कटता के संबंध में किसी के भी मन में शंका नहीं थी। परंतु ये सब गुण स्वार्थ-त्याग की भट्ठी में से निखरकर बाहर निकल रहे हैं। उनके इन गुणों का आगे राष्ट्र-कार्य के लिए सौ गुना अधिक उपयोग हो, यही हमारी कामना है।"

पं. मोतीलाल नेहरू और हकीम अजमल खाँ द्वारा प्रशंसा

उसी दिन सायंकाल डॉक्टर केशवराव हेडगेवार के स्वागतार्थ जनसभा की घोषणा की गई। बाद में भारी वर्षा के कारण 'चिटनीस पार्क' के स्थान पर 'व्यंकटेश नाट्यगृह' में यह सभा हुई। डॉ. नारायण भास्कर खरे की अध्यक्षता में हुई इस सभा में पं. मोतीलाल नेहरू तथा हकीम अजमल खाँ के भाषण हुए। कांग्रेस कार्यकारिणी की बैठक उन दिनों नागपुर में ही हुई थी, इस कारण इस सभा में इन दो नेताओं के अतिरिक्त श्री विट्ठलभाई पटेल, डॉ. अंसारी, श्री कस्तूरी रंग आयंगार सदृश राष्ट्रीय नेता उपस्थित थे। नागरिकों से भरे सभा-भवन में, बार-बार बजती तालियों से जनता का डॉ. हेडगेवार के प्रति श्रद्धा-भाव सहज ही समझ में आ जाता था। अंत में डॉक्टरजी का संक्षिप्त भाषण हुआ। इस भाषण में उन्होंने पूर्ण स्वतंत्रता का ध्येय रखना चाहिए, स्वतंत्रता के संघर्ष के लिए मृत्यु की भी चिंता नहीं करनी चाहिए तथा यह संघर्ष उच्च ध्येय पर दृष्टि रखकर, परंतु दिमाग को ठंडा रखकर चलना चाहिए, इत्यादि अनेक सूत्र प्रतिपादित किए।

ग्राम-ग्राम में स्वागत

नागपुर में इस भव्य स्वागत के बाद अनेक स्थानों से डॉक्टरजी को निमंत्रण मिले। जुलूस, जनसभा, आरती, खादी के वस्त्रों की भेंट आदि के द्वारा स्थान-स्थान की जनता ने राष्ट्रभक्त डॉ. केशवराव का हृदय खोलकर स्वागत किया। यवतमाल के स्वागत-समारोह में लोकनायक बापूजी अणे ने अध्यक्षता की थी। वणी, आर्वी, वाठोणा, मोहोपा आदि कितने ही स्थानों पर वे गए। इन स्वागत-समारोहों के मध्य तैंतीस वर्षीय डॉक्टर केशवराव हेडगेवार अपने आगामी जीवन-पथ की खोज में व्यस्त थे—बहुत व्यस्त।

□

7

विचार-मंथन

(1922–1923 ई.)

आंदोलन बंद होने के बाद

5 फरवरी, 1922 को उत्तर प्रदेश के चौरी–चौरा स्थान पर क्रुद्ध जनता द्वारा पुलिस चौकी पर हमला करके वहाँ के सिपाहियों को मार डालने तथा चौकी को आग लगा देने की घटना घटित हुई। इस हिंसात्मक काररवाई से खिन्न होकर गांधीजी ने अपना असहयोग आंदोलन बंद करने की घोषणा की। इस घोषणा से भारत की देशभक्त जनता आश्चर्यचकित ही नहीं, निराश भी हो गई। एक वर्ष में स्वराज्य की घोषणा का ऐसा दु:खद अंत देखकर जनता का उत्साह ठंडा पड़ गया और विद्यार्थी, वकील आदि निराश होकर पूर्ववत् अपने कार्यों में व्यस्त हो गए।

राष्ट्रीयता-विरोधी मुसलिम गतिविधियाँ

डॉक्टर केशवराव हेडगेवार ने 12 जुलाई, 1922 को कारागार से छूटने के बाद देखा कि हिंदू–मुसलिम एकता का वातावरण समाप्त ही नहीं हो गया था, अपितु बहुत कुछ उलटा दिखाई दे रहा था। 'अल्ला–हो–अकबर' के नारों से गूँजनेवाली मुसलिम सभाओं में हिंदुओं के विरुद्ध जहर उगलनेवाले मुल्ला–मौलवी बड़े जोरों से हिंदुओं के इसलामीकरण व 'जिहाद' की भाषा बोल रहे थे। उस समय के शिक्षित मुसलमान भी मतांध मुसलमानों के सदृश

ही दिखाई पड़ने लगे थे। तुर्की टोपी का भी चलन बढ़ गया था। समीउल्ला खाँ नाम के प्रख्यात नेता भी खादी की सफेद टोपी न पहनकर तुर्की टोपी ही धारण करते थे, क्योंकि उनका विचार, जैसा उन्होंने डॉ. हेडगेवार से कहा भी था, ''मैं पहले मुसलमान हूँ और यह टोपी उसकी निशानी है। अत: इसे छोड़ने का तो प्रश्न ही नहीं पैदा होता।''

मई 1923 में मलाबार में मतांध मुसलमान मोपलाओं द्वारा हिंदुओं की हत्या, बलात् धर्म-परिवर्तन तथा हिंदू-संपत्ति की हानि की भीषण घटनाएँ हुईं। इस 'मोपला-कांड' पर गांधीजी और उनके अनुयायी कांग्रेसियों की प्रतिक्रिया मुसलमानों को प्रसन्न करनेवाली तथा तुष्टीकरण वाली ही थी। 'सर्वेंट्स ऑफ इंडिया सोसाइटी' की रिपोर्टें आदि के प्रकाशित होने तथा डॉ. मुंजे सदृश साहसी नेताओं द्वारा स्वयं मलाबार जाकर हिंदुओं की दुर्दशा देखने आदि के परिणामस्वरूप सच्ची स्थिति सामने आ ही गई। मुसलमानों की इस राष्ट्र विरोधी और हिंदू-विरोधी प्रवृत्ति के मूल में एक प्रमुख कारण हिंदुओं में संघटन की कमी है। यह बात उस समय समझ में आना कठिन नहीं था, किंतु गांधीजी और कांग्रेस ने इस ओर से आँखें मूँद ली थीं। वे यह भी जान-बूझकर अनदेखा कर रहे थे कि मुसलमान प्राय: 'वंदे मातरम्' नहीं कहते, भले ही हिंदू 'अल्ला-हो-अकबर' के नारे में उनका साथ दें। उस समय डॉक्टरजी अपनी जागरूक सूक्ष्म दृष्टि से मुसलमानों की आक्रामक मनोवृत्ति तथा हिंदुओं की कायरता व असंघटित व्यवस्था को देख रहे थे।

कांग्रेस में 'स्वयंसेवक' का अर्थ

सन् 1922 में मध्य प्रांत के प्रांतीय कांग्रेस के सदस्य निर्वाचित होने के पश्चात् वे उसके सहमंत्री भी बनाए गए। उस समय डॉक्टरजी ने कांग्रेस में अनुशासन की कमी को गंभीरता से अनुभव किया। उन्होंने प्रयत्न किया कि कांग्रेस के अंदर ही राष्ट्रभक्त, चरित्रवान् तथा सेवा भाववाले कर्तव्यपरायण स्वयंसेवकों का एक संघटन बनाया जाए, किंतु कांग्रेस के नेताओं को 'स्वयंसेवक' की यह कल्पना अनावश्यक ही लगती थी। उनकी दृष्टि में नेताओं की सेवा में तत्परता, मेज-कुरसी उठाना, दरी बिछाना आदि ही

'स्वयंसेवक' का कार्य हो सकता था। 1923 में हुए काकीनाडा के कांग्रेस अधिवेशन में 'हिंदुस्तानी सेवा दल' की स्थापना करनेवाले डॉ. ना.सु. हर्डीकर को भी कांग्रेसियों की विकृत धारणाओं के कारण विघ्न-बाधाएँ झेलनी पड़ी थीं। 'सेवा दल' को अनुशासन का प्रशिक्षण देने से वह 'सैनिक दल' बन जाएगा, यह विकृत धारणा भी 'अहिंसावाद' के नाम पर अनेक कांग्रेसी नेताओं के मस्तिष्क में जमी हुई थी। कभी-कभी ऐसी धारणाओं के कारण हास्यास्पद घटनाएँ भी सामने आती रहती थीं। उदाहरणार्थ, 1922-23 में शराबबंदी के विरुद्ध एक प्रदर्शन में जब डॉक्टरजी ने कुछ मित्रों द्वारा भेजे गए हृष्ट-पुष्ट युवक प्रदर्शनकारियों को तैयार किया, तो कुछ अहिंसावादी कांग्रेसी नेताओं को वे प्रदर्शनकारी पसंद नहीं आए, क्योंकि वे पुलिस की लाठी छीनकर पुलिस की पिटाई न कर दें, यह आशंका थी।

सभी क्रांतिकारियों की चिंता

इस समय डॉक्टरजी कांग्रेस-संघटन के पदाधिकारी भले ही थे, किंतु उनकी गतिविधियाँ अनेक दिशाओं में चल रही थीं। वे अभी भी क्रांतिकारी गतिविधियों के अंग थे। पंजाब व राजस्थान में भेजे गए क्रांतिकारियों को बुला लेने का कार्य समाप्त करते हुए प्रमुख क्रांतिकारी गंगाप्रसाद पांडेय को भी उन्होंने वापस बुला लिया था। डॉक्टरजी ने उन्हें वर्धा में नवस्थापित 'राष्ट्रीय मल्ल विद्याशाला' की संस्था में शिक्षक बनाकर रख दिया और इस शाला की देख-रेख के लिए एक 'विश्वस्त मंडल' गठित किया गया। इसके अध्यक्ष स्वयं डॉक्टरजी ही थे। इस मल्ल-विद्याशाला में क्रांतिकाल में उपलब्ध तरुणों को कुश्ती, मलखंभ आदि के व्यायाम से पुष्ट रखते हुए इकट्ठा रखना तथा वैसे ही नए युवकों को और जोड़ने को उद्देश्य मानकर डॉक्टरजी उस समय के 25-30 व्यक्तियों के भारी व्यय के लिए लगभग डेढ़ वर्ष तक धन जुटाते रहे। बाद में यह संस्था बंद करनी पड़ी, क्योंकि गंगाप्रसाद पांडेय पर सरकारी गुप्तचरों व पुलिस की दृष्टि पड़ गई थी। बाद में डॉक्टरजी ने वर्धा के अप्पाजी जोशी को गंगाप्रसाद पांडेय की व्यवस्था का भार सौंप दिया था।

विविध गतिविधियाँ

सन् 1922 की गणेश चतुर्थी के दिन से नागपुर में 'अनाथ विद्यार्थी-गृह' की स्थापना हुई। इसकी स्थापना में भी डॉक्टरजी का विशेष योगदान रहा। गोविंद गणेश चोलकर द्वारा स्थापित इस संस्था के कार्यकारी मंडल में भी डॉक्टरजी सदा रहे। एक बार सन् 1926 के लगभग इस संस्था के दो बालकों को एक ईसाई मिशनरी स्त्री भगाकर ले गई थी, जो डॉक्टरजी के बहुत प्रयत्नों के बाद ही वापस आ सके थे। डॉक्टरजी ने इस संस्था का उपयोग भूमिगत अनेक क्रांतिकारियों को समय-समय पर आश्रय देने तथा शस्त्रास्त्रों को छिपाकर रखने में भी किया था।

डॉ. मुंजे के 'राइफल एसोसिएशन' से भी वे संबद्ध थे। अपने मित्र भाऊ साहब टालाटुले के साथ शिकार करने भी वे कभी-कभी रुचिपूर्वक जाते थे। विविध स्वाध्याय-मंडलों के चर्चा-कार्यक्रमों और गणेशोत्सवों के आयोजनों में भी वे सक्रिय रहते। मंदिरों से भी वे संबद्ध थे। नागपुर के खंडोबा मंदिर में कवि परमानंद कृत 'शिव भारत' पर कुछ भाषण भी उन्होंने दिए थे, जिनमें राजनीतिक मार्गदर्शन की प्रमुखता थी।

खिलाफत आंदोलन के विषैले परिणामों तथा असहयोग आंदोलन की समाप्ति के पश्चात् राष्ट्र में व्याप्त निराशा व उदासीनता के वातावरण को देखकर डॉ. केशव राव हेडगेवार के हृदय एवं मस्तिष्क में भारी मंथन चल रहा था। किंतु वे केवल विचारक नहीं, महान् कर्मशील भी थे। साथ ही उनकी सक्रियता और भी बढ़ रही थी। इसी समय एक विशेष घटना घटी। 1923 ई. की इस घटना को 'दिंडी सत्याग्रह' कहा जाता है।

दिंडी सत्याग्रह

खिलाफत आंदोलन को अंतिम झटका स्वयं खलीफा के देश तुर्की में कमालपाशा ने दिया, जो तुर्की के नए नेता थे। उन्होंने खलीफा पद ही समाप्त कर दिया। भारत के मुसलमानों ने अपनी खीझ निर्दोष हिंदुओं की हत्या, लूटमार तथा धर्मांतरण द्वारा निकाली। 1923 में स्थान-स्थान पर मुसलिम दंगे इसी का परिणाम थे। अनेक हिंदू नेताओं ने खिलाफत आंदोलन को

हिंदू-मुसलिम एकता का विनाशक तथा मुसलिम दंगों की जड़ कहा है। इसी कारण डॉक्टरजी 'खिलाफत आंदोलन' को उपहासपूर्वक 'अखिल आफत आंदोलन' कहा करते थे। मुसलिम मनोवृत्ति को समझकर भाई परमानंद जैसे राष्ट्रीय नेता ने उस समय लाहौर में 'हिंदू संघ' नामक संस्था की स्थापना की थी। नागपुर में भी मुसलमानों की आक्रामक वृत्ति के विरोध में किया गया 'दिंडी सत्याग्रह' हिंदू जागृति की घोषणा जैसा ही सिद्ध हुआ।

इस सत्याग्रह की पृष्ठभूमि को समझने के लिए मुसलमानों द्वारा बनाई गई एक मसजिद का उल्लेख आवश्यक है। नागपुर में शुक्रवार तालाब के दक्षिण की 'गणेश पैठ' में गणेश मंडल के कार्यालय के सामने खुले स्थान में मुसलमानों ने पहले एक झोंपड़ी बना ली और फिर उसी स्थान पर एक मसजिद विकसित कर ली। हिंदुओं ने अपनी सहिष्णुता के कारण और 1921 के हिंदू-मुसलिम एकता के नारों के युग के कारण कोई आपत्ति नहीं की। किंतु 1923 में मुसलमानों ने जिलाधीश से यह आदेश जारी करवाया कि इस मसजिद के सामने से गणेश उत्सव का जुलूस निकालना, बाजे बजाना आदि निषिद्ध है। गणेशोत्सव के बीच में इस आदेश से हिंदुओं को बहुत धक्का लगा। अतः राजा लक्ष्मण राव भोंसले, डॉक्टर मुंजे, डॉ. हेडगेवार आदि हिंदू नेताओं के बल पर हिंदू जनता ने यह निर्णय लिया कि जब तक बाजा बजाते हुए जुलूस निकालने की अनुमति नहीं मिलेगी, तब तक गणेशजी का विसर्जन नहीं होगा। कांग्रेस और खिलाफत समिति की बातचीत चलती रही, परंतु सफलता न मिलने के कारण हिंदू-मुसलिम तनाव बढ़ता गया और गणेश-विसर्जन नहीं हो सका।

अक्तूबर में काकड-आरती की भजन-मंडली उसी मार्ग से प्रतिवर्ष के अनुसार जानेवाली थी। राजा लक्ष्मणराव भोंसले को मुसलमान नेताओं ने यह आश्वासन दिया कि वे काकड-आरती और पाँच मंजीरों की भजन-मंडली अर्थात् 'दिंडी' को निर्विघ्न जाने देंगे। 23 अक्तूबर को 'दिंडी' निर्विघ्न चली गई। 24 तारीख को मुसलमानों द्वारा बाधा डाली गई। फिर भी दिंडी चली गई। परंतु 25 अक्तूबर को पुलिसवालों ने दिंडी को रोक दिया और लोगों को

बंदी ना कर पुलिस चौकी ले गए तथा 10-10 रुपए की जमानत पर छोड़ा। 30 अक्तूबर को जिलाधीश ने भी उस मार्ग से दिंडी न ले जाने का आदेश दिया। इस बीच डॉ. हेडगेवार इत्यादि नेताओं ने कुछ सभाएँ कीं और घर-घर जन-संपर्क करके दिंडी में अधिक लोगों को भाग लेने के लिए प्रेरित किया। 30 अक्तूबर को एक विराट् सभा हुई, जिनमें राजा लक्ष्मण राव भोंसले, डॉ. मुंजे, डॉ. हेडगेवार आदि की एक समिति बनाई गई, जो हिंदू अधिकारों की रक्षा करे। डॉ. हेडगेवारजी उस समिति के मंत्री बनाए गए। 31 अक्तूबर से 'दिंडी सत्याग्रह' ने एक व्यापक आंदोलन का रूप लिया।

डॉ. हेडगेवारजी ने 8 नवंबर को अन्य 40 लोगों के साथ सत्याग्रह किया। जनता की भीड़ निरंतर बढ़ती ही जा रही थी और 11 नवंबर के सत्याग्रह में 40000 से अधिक संख्या थी। इसके फलस्वरूप मुसलमानों ने उसी दिन 5 व्यक्तियों को 'दिंडी' को मसजिद के सामने से ले जाने की सहमति प्रकट कर दी। 'जय-जय विट्ठल' के नारों से सारा नागपुर गूँज उठा और संघटित हिंदू शक्ति की इस सफलता को देखकर उस दिन सायंकाल एक बड़ी सभा हुई। इस सभा में दस हजार से भी अधिक लोग उपस्थित थे। इस सभा की अध्यक्षता डॉ. हेडगेवारजी ने की थी और इसमें 'हिंदू सभा' की स्थापना की घोषणा राजा लक्ष्मण राव भोंसले ने की। 'हिंदू सभा' के अध्यक्ष, उपाध्यक्ष तथा मंत्री के दायित्व क्रमशः राजा साहब, डॉ. मुंजे तथा डॉ. हेडगेवारजी को सौंपे गए और 'हिंदू सभा' के प्रचारक-मंडल में विश्वनाथ राव केलकर तथा डॉ. हेडगेवारजी दोनों को ही रखा गया था। इस सभा का उद्देश्य हिंदुस्तान में हिंदुओं को स्वाभिमानपूर्वक रहने तथा अपने हिंदू धर्म के पालन करने के अधिकार की रक्षा करना एवं हिंदुओं में इस भावना की जागृति था।

इस घटनाचक्र से चिढ़कर मुसलमानों ने 19 नवंबर को गणेश पेठ में एक वापस आती हुई दिंडी पर ईंट-पत्थर फेंके और लाठी-तलवार से भी आक्रमण किया। उस समय डॉ. हेडगेवार ने हिंदू समाज को जाग्रत् करने में और उन्हें अभय प्रदान करने में बहुत शक्ति लगाई। मुहल्लों में रात को पहरे

लगाए गए और इन सबके परिणामस्वरूप 21 नवंबर को जागोबा की यात्रा में हिंदुओं ने हाथ में भारी लाठियाँ लेकर उत्साहपूर्वक भाग लिया और 23 नवंबर की कार्तिकी पूर्णिमा को काकड आरती की समाप्ति तथा गणेश पेठ के गणेश विसर्जन का कार्य भी अनुपम उत्साह के साथ पूर्ण हुआ। इसके बाद कुछ दिन मुसलमानों द्वारा होनेवाले आक्रमणों और पथराव से क्षुब्ध हिंदू जनता ने मुसलमानों के बहिष्कार का निर्णय लिया। यहाँ यह उल्लेखनीय है कि इस संपूर्ण घटनाचक्र के मध्य डॉक्टरजी ने असीम साहस का परिचय दिया। कभी-कभी बाजेवालों को मसजिद के सामने बजाने से कतराने पर स्वयं डॉक्टरजी और उनके मित्र अपने-अपने गले में ढोल डालकर बजाना प्रारंभ कर देते थे। इस घटना से डॉक्टरजी को अपने निर्भीक और कुशल नेतृत्व के कारण बहुत यश मिला।

हिंदू-दुर्दशा के कारण की खोज

इस घटना ने डॉक्टरजी को यह सोचने की प्रेरणा दी कि मुसलमानों से सात गुने हिंदू होने पर भी हिंदुओं पर मुसलमानों द्वारा निष्ठुरतापूर्वक आक्रमण होने तथा हिंदुओं के भयभीत रहने का क्या कारण है! केवल मुसलमानों को कोसते रहना या आँखें बंद कर सहिष्णुता, मानवता-प्रेम आदि का कोरा उपदेश देना या केवल प्रतिक्रियात्मक रूप में विचार कर मुसलमानों के समान ही धर्म-कर्म, आचार-व्यवहार अपनाने की विधि अपनाना! इन सब मार्गों पर चलते लोगों से उनका विश्लेषण भिन्न प्रकार का था। उन्होंने यह निष्कर्ष निकाला कि हिंदुओं में स्वाभिमान की कमी और संगठन का अभाव ही उनकी दुर्दशा का कारण है। स्थिति को बदलने के लिए दूसरों को कोसना, उनसे ईर्ष्या-द्वेष करना या उनके हृदय-परिवर्तन की बाट जोहते हुए अन्याय को सदा सहते जाना या मुसलमानों की नकल करके अपनी जीवन-दृष्टि, समाज-रचना या रीति-नीति को बदलना उन्हें व्यर्थ प्रतीत हुआ। अपने हिंदू समाज के दोषों को दूर करने तथा समाज को स्वाभिमान, तेजस्विता तथा वीरता इत्यादि गुणों से युक्त कर जीवित-जाग्रत् समाज के रूप में खड़ा करना ही इस समस्या का समाधान है, ऐसा डॉक्टरजी की समझ में आया।

हिंदू-मुसलिम एकता की मृग-मरीचिका में भटक रहे तथा स्वयं को धोखा दे रहे नेतृत्व में चल रही कांग्रेस की गलत नीतियों के घातक परिणामों की कल्पना भी उन्होंने की। भारतीय इतिहास व परंपरा को अपनाने, माननेवाले, भारतीय संस्कृति की सहिष्णुता को न अपनानेवाले, स्वयं को अभी भी भारत के बाहर से आए विजेता आक्रमणकारी समझकर बादशाहत का स्वप्न देखनेवाले तथा भारत के हिंदुओं से 'हिंदू-मुसलिम भाई, भाई' नारे में भी सच्चा सहयोग न देकर अवसर पाते ही छुरा भोंकनेवालों के साथ एकता हुए बिना भारतीय स्वतंत्रता संग्राम सफल ही नहीं हो सकता, यह बात डॉक्टरजी को आत्मघात जैसी लगी।

'हिंदुत्व' का मंत्र

हिंदुओं द्वारा अपने इतिहास को भूलना ही उन्हें इसका मूल कारण लगा। विदेशियों द्वारा लिखी गई भारतीय इतिहास-पुस्तकों से भी यह आत्म-विस्मरण बढ़ा था। भारत के सच्चे स्वरूप को भूले हुए हिंदू समाज को 'हिंदुत्व' की सच्ची कल्पना देकर जगाना उन्हें राष्ट्र-जागरण के लिए अनिवार्य प्रतीत हुआ। उसी समय स्वातंत्र्य वीर सावरकर ने 'हिंदुत्व' पुस्तक की रचना की थी। इस ग्रंथ को उन्होंने बहुत उपयोगी पाया और वे उसके प्रशंसक ही नहीं, प्रचारक भी बन गए। सावरकरजी की राष्ट्रभक्ति, विद्वत्ता आदि के प्रति आदरशील तो वे पहले भी थे ही, अब उनका सम्मान भी बढ़ गया। उस समय कारागृह में पड़े सावरकर की मुक्ति को देश की माँग बनाने में डॉक्टरजी ने भी अपना पूर्ण सहयोग दिया। इस माँग को बल देने के लिए कांग्रेस द्वारा नागपुर में हुई 14 अक्तूबर, 1923 की जनसभा में डॉ. हेडगेवार का भाषण अधिक उग्र हो गया था।

□

8

संघ की स्थापना

(1923-1926 ई.)

कांग्रेस का भटकाव

असहयोग आंदोलन की विफलता के पश्चात् छाई निराशा में भी डॉ. केशवराव हेडगेवार के उत्साह और आशावाद में कमी नहीं आई थी। गांधीजी का कांग्रेस पर व्यापक प्रभाव होते हुए भी मराठी मध्य प्रदेश (नागपुर, वर्धा, भंडारा तथा चाँदा जिलों का कांग्रेस-संस्था द्वारा बनाया गया प्रदेश) स्वर्गीय लोकमान्य तिलक के अनुगामियों के हाथों में ही था। गांधीवादी कांग्रेसियों को 'गया अधिवेशन' के पहले हुए क्षेत्रीय निर्वाचन में भी इस क्षेत्र के तिलक-पंथी कार्यकर्ताओं से हार ही मिली थी। डॉ. केशवराव हेडगेवार, आप्पाजी जोशी आदि को डॉ. मुंजे, बैरिस्टर अभ्यंकर, बलवंतराव देशमुख (चाँदा निवासी) आदि वयोवृद्ध नेताओं का सहयोग प्राप्त था ही। उस समय खादी की टोपी, दुपट्टा आदि का प्रयोग डॉ. हेडगेवार करते ही थे तथा जब स्थान-स्थान पर उनको (स्वागत अभिनंदन या प्रवास आदि में) खादी के वस्त्र जनता द्वारा भेंट किए जाते थे तो वे उन्हें सहर्ष स्वीकार भी करते थे। फिर भी जैसे वे गांधीवादी नहीं थे, वैसे ही खादीवादी भी नहीं थे। स्वयं सूत कातकर खादी बनाना तो वे ठीक मानते थे, परंतु कांग्रेस में खादी की अनिवार्यता के नियम के कारण वोट डालते समय खादी के वस्त्रों को उधार माँगकर या

किराए पर लाकर पहनना आदि को वे ढोंग मानते थे। 'स्वदेशी वस्त्र' उन्हें अभीष्ट था और वे सदैव स्वदेशी वस्त्र ही पहनते थे, परंतु सदैव खादी नहीं, यथासंभव खादी।

कांग्रेस को कर्मकांडी संस्था बनाना, उसमें राष्ट्रभक्ति से बढ़कर अहिंसा, खादी आदि अन्य बातों को महत्त्व देना तथा मुसलमानों की नाराजगी के भय से हिंदू हितों की उपेक्षा करना, गोरक्षा आदि की बातों से कतराना उन्हें अनुचित और कायरतापूर्ण लगता था। इस संबंध में 5 अप्रैल, 1923 को दहेगाँव में हुई एक घटना का उल्लेख आवश्यक प्रतीत होता है। डॉ. हेडगेवार उन दिनों विविध स्थानों पर आयोजित परगना-परिषदों आदि में अध्यक्ष के रूप में जा रहे थे। दहेगाँव की परगना-परिषद् के अध्यक्ष के रूप में उन्होंने वहाँ के कार्यकर्ताओं द्वारा बनाए गए कार्यक्रम की रूपरेखा पर गांधीवादी नेता महात्मा भगवानदीन की आपत्ति सुनी कि सभा के प्रारंभ में गोपूजन तथा परिषद् में गोरक्षण का प्रस्ताव नहीं होना चाहिए, क्योंकि ये कांग्रेस के कार्यक्रम में नहीं हैं। भगवानदीनजी द्वारा सभा छोड़कर जाने की धमकी देने पर भी उन्होंने कार्यक्रम पूर्ववत् ही चलाया था और भगवानदीन को भी अपने विचारों को भाषण में प्रकट करने का अवसर दिया था। उनका लोकसंग्रही स्वभाव होने के कारण इस अवसर पर आई बाधा टल गई।

'स्वातंत्र्य' पत्र का संपादन

डॉ. हेडगेवार नया मार्ग खोज रहे थे, चिंतन कर रहे थे, फिर भी अकर्मण्य न रहने की नीति के विश्वासी थे, अतः वे इस समय अपनी 'नागपुर नेशनल यूनियन' द्वारा भी वैचारिक जागृति फैला रहे थे। गांधीजी की 'ब्रिटिश साम्राज्य के अंतर्गत स्वराज्य' से भिन्न 'पूर्ण स्वतंत्रता' का प्रचार इस संस्था तथा 'राष्ट्रीय उत्सव मंडल' आदि के वक्ताओं के भाषणों में अवश्य हो, इस पर उनका आग्रह रहता था। इसी उद्देश्य से 1923 के मध्य में उन्होंने अपने अनेक मित्रों के साथ 'स्वातंत्र्य' (हिंदी दैनिक) निकालने का निर्णय लिया और इसके लिए परिश्रमपूर्वक 'स्वातंत्र्य प्रकाशन मंडल' की स्थापना भी की। इस योजना में उनके अतिरिक्त सर्वश्री विश्वनाथ राव

केलकर, डॉ. नारायण भास्कर खरे, वासुदेव फड़नवीस, गोपालराव ओगले, बलवंत राव मंडलेकर आदि अनेक निष्ठावान तथा प्रतिष्ठित नागरिक थे। श्री विश्वनाथराव केलकर के संपादन में 1924 ई. के प्रारंभ में 'स्वातंत्र्य' दैनिक निकलना प्रारंभ हुआ। डॉ. हेडगेवार उस पत्र के संचालन में धन-संग्रह, लेखन आदि से सहयोग करते रहे। सोमवार की छुट्टी रखनेवाले इस दैनिक का प्रति अंक मूल्य 2 पैसे था (वार्षिक चंदा 12 रुपए आठ आना), सामग्री भी रोचक व विचारोत्तेजक होती थी, परंतु पहले से ही नागपुर व आसपास निकल रहे दैनिकों के प्रकाशन के कारण तथा अपना समाचार-पत्र खरीदकर पढ़ने का स्वभाव कम लोगों का होने के कारण यह पत्र धन के अभाव में एक वर्ष में ही बंद करना पड़ा। इस पत्र में प्रसिद्ध पत्रकार श्री अच्युतराव कोहटकर भी कुछ समय तक सह-संपादक रहे और कुछ समय श्री गोपालराव ओगले भी संपादक रहे। पत्र को बंद करने की घोषणा करने के लिए अंततः डॉ. केशवराव हेडगेवार संपादक बनकर आगे आए। 1925 के प्रारंभ में इस पत्र के बंद होने पर डॉक्टरजी को जब फिर समय अधिक मिलने लगा तो उन्होंने उसे तेजस्वी तरुणों से संपर्क बढ़ाने, स्थान-स्थान पर चल रहे विद्यार्थी मंडलों में सक्रिय सहयोग देने आदि में लगाया। वे अपने भाषणों में प्रचलित राजनीतिक विषयों पर तर्कसम्मत विचार रखते, शुद्ध राष्ट्रवाद का स्वरूप समझाते तथा राष्ट्रभक्ति का वातावरण बनाने का प्रयत्न करते थे।

बाबाराव सावरकर से मित्रता

इसी बीच उनके जो अनेक महत्त्वपूर्ण संपर्क हुए, उनमें श्री बाबाराव सावरकर का नाम बहुत महत्त्वपूर्ण है। वे स्वातंत्र्यवीर सावरकर के बड़े भाई थे। कालापानी की सजा भुगतते समय वे अपना स्वास्थ्य खो चुके थे और अपने मित्र विश्वनाथ राव केलकर के पास विश्राम के लिए नागपुर आकर रह रहे थे। वे भी हिंदुत्व के आग्रही, निष्ठावान और सशस्त्र क्रांति द्वारा स्वतंत्रता-प्राप्ति को श्रेष्ठ माननेवाले थे। अतः डॉ. हेडगेवार, विश्वनाथ राव केलकर और बाबाराव सावरकर की त्रयी महान् राष्ट्रभक्तों की त्रयी थी।

स्वातंत्र्यवीर सावरकर से भेंट

इनके तथा ऐसे ही अन्य महान् क्रांतिकारी राष्ट्रभक्त मित्रों भाऊजी कावरे, आप्पाजी जोशी आदि के साथ भारतवर्ष के पुनरुत्थान के लिए उनका विचार-विमर्श निरंतर चलता रहा। डॉक्टरजी के मस्तिष्क में हिंदू राष्ट्र-संघटन का जो स्वरूप उभर रहा था, उसे न तो कांग्रेस के गांधीवादी समझ सकते थे, न 'स्वराज्य पार्टी' आदि के लोग। हिंदू राष्ट्र के संघटन का विचार मन में सुनिश्चित करके वे मार्च 1925 में स्वातंत्र्यवीर सावरकर से मिलने गए, जो उस समय रत्नगिरि में सीमाबद्ध रह रहे थे और प्लेग के प्रकोप के कारण वे समीपस्थ शिरगाँव में थे। डॉक्टरजी के साथ डॉ. नारायण राव सावरकर तथा श्री विश्वनाथ राव केलकर भी थे और दो दिन तक विचार-विमर्श चलता रहा। इस संबंध में अंग्रेजी पुस्तक 'वीर सावरकर' (लेखक—धनंजय कीर) की निम्नलिखित पंक्तियाँ (द्वितीय संस्करण, पृ. 170-191) उल्लेखनीय हैं—

"Savarkar's stay in Ratnagiri attracted several pundits and patriots of all India fame. One of the early visitors to Savarkar in Ratnagiri was the great founder of the R.S.S.. Dr. K.B. Hedgewar. The interview took place in March 1925 at Shirgaon. Savarkar's monumental work. Hindutva giving ideas of the principles of Hindu Nationalism and Hindu state had just appeared on the seane and captivated many great brains and great hearts. Before starting the volunteer organisation kivion as The Rashtriya Swayamsevak Sangh, Dr. Hedgewar had along discussion with Savarkar over the faith form and future of organisation. A great Hindu leader and an ubending upright nationaist, Dr. Hedgewar wanted to conserve and direct the energy of Hindu youths towards all-round uplift of the Hindu Nation. After the collapse of Non-corperation Movement of Gandhi and the fiasco of the Khilafat Movement, the country lay prostrate and choose and confusion reigned in the student world. In the wake of this confusion and consultation with Savarkar and others, Hedgewar decided to build up a organisation to supply The Hindu society with power and pillars."

जीवन-कार्य की स्पष्टता

वापस आकर डॉ. हेडगेवार ने पुनः समाज पर दृष्टि डालकर अपने भावी कार्य की रूपरेखा को अपने मन में अधिक स्पष्ट किया। हिंदू-संघटन की आवश्यकता को अनुभव करनेवाले समाज में थे, किंतु संघटन के चिरंतन स्वरूप की धारणा, संघटन के माध्यम व विधि की कल्पना तथा कौशल उनके पास न थे। गांधीजी स्वयं उत्कृष्ट गुणों से युक्त व निष्ठावान् होते हुए भी राष्ट्र के हिंदू स्वरूप को अनदेखा कर रहे थे तथा उनके अनुयायी हिंदू-संघटन व हिंदुत्व को 'सांप्रदायिकता' कह रहे थे।

डॉ. केशवराव हेडगेवार ने इस कथन को कि 'यह राष्ट्र हिंदुस्थान में रहनेवाले सब लोगों का है' असत्य घोषित किया और 'हिंदुस्तान हिंदू राष्ट्र है' तथा 'हिंदुत्व ही राष्ट्रीयत्व है' की साहसपूर्ण घोषणा करना प्रारंभ कर दिया। उनके मन में अपने आगामी कार्य की कल्पना स्पष्ट हो गई थी। अब हिंदू-संघटन ही उनका सुनिश्चित जीवन-कार्य था। डॉक्टरजी ने संकल्प किया कि समाज के हर व्यक्ति में राष्ट्रभक्ति की भावना, राष्ट्र के स्वरूप का ज्ञान और अपनी शक्ति को अनुशासनपूर्वक राष्ट्रहित में लगाकर महान् राष्ट्र की विराट् संघ-शक्ति को साकार करने के लिए, कार्यशीलता को जगाने के लिए ही एक महान् 'संघ' की स्थापना करनी चाहिए। इसकी स्पष्ट कल्पना उनके मन पर अंकित हो गई थी। अतः उनकी प्रतिभा और कार्यकुशलता ने संघ-स्थापना की ओर पग बढ़ाए।

संघ की स्थापना

डॉ. केशवराव हेडगेवार को यह अनुभूति बहुत वर्षों से थी कि उनके हाथों राष्ट्र का मूलभूत रचनात्मक कार्य अवश्य होगा, जिससे संघटित, अनुशासनबद्ध और स्वतंत्र राष्ट्र के रूप में भारत 'जगद्गुरुत्व' को पुनः पाने के मार्ग पर चल पड़ेगा। परतंत्र और सुप्त चेतनावाले विशाल भारत को चैतन्ययुक्त करने, राष्ट्रभक्तिपूर्वक जीवन को जीकर दिखानेवाले नागरिकों को तेजस्वी बनाने और सर्वत्र छाए संगठित जीवन के अभाव को दूर करने के लिए उन्होंने यह आवश्यक समझा कि संगठित जीवन का आँखों से देखा

जा सकनेवाला स्वरूप समाज के सामने प्रस्तुत किया जाए और इसी उद्देश्य की पूर्ति के लिए उन्होंने विजयादशमी का शुभ दिन चुना, जो विजय-भावना का, विजीगीषा की प्रेरणा का प्रतीक है।

वह संवत् 1982 विक्रमी की विजयादशमी का पवित्र दिन था—27 सितंबर, 1925। इस दिन अपने घर में उन्होंने अपने हिंदुत्ववादी घनिष्ठ मित्रों तथा कुछ उत्साही राष्ट्रभक्त तरुणों की एक बैठक के प्रारंभ में ही संघ-स्थापना की घोषणा कर दी। इन 15-20 लोगों में श्री भाऊजी कावरे, श्री अण्णा सोहोनी, श्री विश्वनाथ राव केलकर, श्री देवघरे, श्री नारायणराव वैद्य, श्री बालाजी हुद्दार, श्री बापूराव भेदी श्री अण्णाजी वैद्य आदि थे। फिर उन्होंने संघ के क्या कार्यक्रम होने चाहिए, इस पर विचार आमंत्रित किए। अंत में उन्होंने यह स्पष्ट कह दिया कि संघ के द्वारा शारीरिक, सैनिक तथा राष्ट्रीय शिक्षा स्वयं लेना और दूसरों को देना, यही उसके सभासदों (अर्थात् सदस्यों) का कार्य है। शारीरिक शिक्षा के लिए किसी भी व्यायामशाला में जाकर उत्तम व्यायाम करना अनिवार्य रखा गया। रविवार को प्रात: 5 बजे इतवार दरवाजा प्राथमिक शाला के मैदान में एकत्रित होकर श्री मार्तंड राव जोग की योजनानुसार सैनिक शिक्षण प्राप्त करना कुछ दिनों बाद प्रारंभ हो गया और राष्ट्रीय विषयों पर ज्ञान-वृद्धि के लिए प्रति सप्ताह रविवार व बृहस्पतिवार को मार्गदर्शनात्मक भाषण होते थे। इनका स्थान बदलता रहता था, कभी डॉक्टरजी या श्री बडकस या श्री टालाटुले या श्री मार्तंड राव जोग का घर और कभी 'अनाथ विद्यार्थी गृह'। वक्ताओं में डॉ. हेडगेवारजी तथा श्री विश्वनाथ राव केलकर तो प्रमुख रूप से रहते ही थे, बालाजी हुद्दार, श्री दादाराव परमार्थ, श्री भैयाजी दामी आदि तरुणों को भी अवसर मिलता था। इन राष्ट्रीय भाषण-वर्गों को पहले 'राजकीय वर्ग' कहा जाता था, किंतु तीसरे वर्ष से उनके लिए 'बौद्धिक वर्ग' नाम प्रचलित हो गया था।

उन दिनों संपूर्ण देश में व्यायामशालाओं व अखाड़ों का चलन था। अत: संघ के सदस्यों को व्यायामशालाओं की कमी न थी, फिर भी डॉ. हेडगेवार के मित्र श्री अण्णा खोत की 'नागपुर व्यायामशाला' में सुव्यवस्था,

साधन-संपन्नता तथा डॉक्टरजी की विशेष उपस्थिति के कारण तरुणों की संख्या बढ़ती गई। अत: उसके एक शिक्षक श्री दत्तोपंत मारुलकर ने अपना 'प्रताप अखाड़ा' तथा 'महाराष्ट्र व्यायामशाला' अलग से प्रारंभ कर दिए और संघ के लोग वहाँ भी जाएँ, इसे डॉक्टरजी ने भी प्रोत्साहित किया। परंतु शीघ्र ही दोनों व्यायामशालाओं की परस्पर की प्रतिद्वंद्विता को देखकर तथा कुछ अन्य शिक्षण आवश्यक समझकर डॉक्टरजी की इच्छानुसार श्री अण्णा सोहोनी ने संघ का लाठी-प्रशिक्षण कार्यक्रम इतवार दरवाजा प्राथमिकशाला के मैदान में प्रारंभ कर दिया। तब भी व्यायामशालाओं तथा लाठी-प्रशिक्षण सभी से संघ के सभासद आकर अंत में संघ-प्रार्थना के लिए एकत्रित होते थे।

संघ का नामकरण

इस प्रकार 'संघ' प्रगति करता रहा। यह एक आश्चर्यजनक बात थी कि 6 महीने बीत जाने तक संघ का न अपना कोई निश्चित नाम था, न संविधान, न वेश इत्यादि। रामनवमी (अप्रैल 1926) के अवसर पर 'रामटेक' के मेले में संघ के लोग भी जाएँ और अपनी अनुशासित शक्ति द्वारा यात्रियों को सुंदर व्यवस्था दें तथा इसमें संघ के सदस्यों की संघनिष्ठा तथा आत्मविश्वास बढ़े और जनता में संघ के विषय में उत्सुकता तथा प्रेम बढ़े, इस उद्देश्य से डॉक्टरजी ने संघ का नाम निश्चित करने के लिए 17 अप्रैल, 1926 को अपने घर पर एक बैठक बुलाई। इस सभा में 26 सदस्य उपस्थित थे। संघ के लिए अनेक नाम सुझाए गए, जिनमें से अंतत: तीन नाम उभरकर सामने आए। विद्यार्थी (अब प्राध्यापक) पा.कृ. सावलापुरकर द्वारा सुझाया गया तथा भाषण द्वारा तर्कपूर्वक समर्थित नाम 'राष्ट्रीय स्वयंसेवक संघ' ही डॉक्टरजी द्वारा सबसे अधिक प्रशंसित व सर्वस्वीकृत हुआ। अन्य दो नाम 'जरी-पटका मंडल' तथा 'भारतोद्धारक मंडल' उतने सार्थक प्रतीत नहीं हुए। राष्ट्रीयता, स्वयंसेवकत्व तथा संघटन के संदेशवाहक युग-प्रवर्तक संघटन के लिए इससे अधिक सुंदर और सार्थक सांस्कृतिक नाम की कल्पना आज भी नहीं की जा सकती। इसी नाम के कारण अब संघ के सदस्य स्वयं को 'सभासद' के स्थान पर 'स्वयंसेवक' कहने लगे थे।

गणवेष

संघ के सभी स्वयंसेवकों के लिए एक सुनिश्चित वेष की आवश्यकता थी। नागपुर के कांग्रेस अधिवेशन में डॉ. परांजपे तथा डॉ. हेडगेवार के नेतृत्व में बने स्वयंसेवक दल 'भारत सेवक समाज' का जो वेष रखा गया था, उसे ही इस समय संघ के सदस्यों ने स्वीकार कर लिया—घुटनों तक का खाकी नेकर, खाकी कमीज और दो बटनोंवाली खाकी टोपी। यह वेष सभी संघ सदस्यों को अपने-अपने धन से ही बनवाना था।

रामटेक में सेवा-कार्य

रामटेक के मेले में स्वयंसेवकों ने अष्टमी की सायंकाल पहुँचकर प्रात:काल से अपने अनुशासन, व्यवस्था, सज्जनता और शक्ति से धर्म-प्रेमी यात्रियों की सेवा और सहायता की। भोले-भाले हिंदुओं से कब्रों पर पैसे चढ़ानेवाले मुसलमान फकीरों को भगा दिया तथा भीड़-भाड़ के कारण दर्शन कराने के लिए रिश्वत लेनेवाले पंडों को भी हताश कर दिया। संघ का यह कार्यक्रम अत्यंत लोकप्रिय हुआ और वर्षों तक चलता रहा।

□

9

बाल-सूर्य की तेजस्विता

(1926–1927 ई.)

मोहिते शाखा

लोकसंग्रही डॉ. केशवराव हेडगेवार के आकर्षक व्यक्तित्व तथा श्री अण्णा सोहोनी की अद्‍भुत शस्त्र-विद्या इत्यादि कारणों से संघ में आनेवाले तरुणों की संख्या बढ़ती चली गई। संघ में प्रवेश देने से पूर्व डॉक्टरजी प्रत्येक तरुण के गुणों और स्वभाव को परखने के लिए उससे विस्तारपूर्वक बातचीत करते एवं उसके अंदर का सुप्त राष्ट्रीय भाव जगाने का भी प्रयत्न करते। उनका प्रेमपूर्ण व्यवहार, हृदय से निकले स्नेहपूर्ण शब्द, राष्ट्रभक्ति से भरे हृदयस्पर्शी विचार, अत्यंत सरल, शुद्ध, त्यागी जीवन आदि के कारण तरुणों को उनके प्रति श्रद्धानत, आकर्षित और समर्पित होने की स्वाभाविक इच्छा होती थी। परिणाम यह हुआ कि यह संघ-स्थान छोटा पड़ने लगा और तब 'मोहिते का बाड़ा' पर दृष्टि गई। खँडहर पड़े इस स्थान का कुछ भाग संघ-स्थान के लिए साफ करने में कुदाल, फावड़ा तथा तसला लेकर स्वयं डॉक्टरजी जुट गए, तब अन्य स्वयंसेवक पीछे कैसे रह सकते थे! स्वयंसेवकत्व से रहित निरे नेतृत्व की कल्पना डॉक्टरजी को स्वीकार न थी, अत: वे केवल आदेश देनेवाले नेता नहीं बने रहे। इसी कारण उन्होंने जो परिश्रम और स्वावलंबन का पाठ स्वयंसेवकों को पढ़ाया, वह संघ में चिर-प्रेरणा का पाठ बन गया।

प्रथम संघ-प्रार्थना

28 मई, 1926 से संघ में लाठी-शिक्षा नियमित रूप से दी जाने लगी। अतः नई आज्ञाएँ बनानी पड़ीं। संस्कृत, हिंदी व मराठी से संघ के लिए आवश्यक आज्ञाएँ बनाई गईं और अन्यत्र प्रचलित अंग्रेजी आज्ञाओं का भी आवश्यकतानुसार प्रयोग किया जाता रहा। संघ की लाठी आदि की शिक्षा में श्री अण्णा सोहोनी के अनेक आविष्कार स्मरणीय हैं, विशेषतः शस्त्र चलाते हुए दोनों पैरों पर दबकर खड़े रहने का पैंतरा तथा 'युद्ध योग' की पढ़ाई।

उन दिनों प्रत्येक मास में पहले रविवार की बैठक में पिछले मास की संघ-गतिविधियों का प्रतिवेदन प्रस्तुत किया जाता था। इसके लिए एक पुस्तिका में नियमित रूप से लिखने का कार्य संघ का करता था। उस समय के संघ श्री रघुनाथ राव पांडे थे।

इसी समय शारीरिक कार्यक्रमों के अंत में होनेवाली प्रार्थना का स्वरूप भी निश्चित किया गया। इसमें प्रथम अंश मराठी का था (जो उस समय प्राथमिक पाठशालाओं में प्रचलित था) और दूसरा अंश हिंदी का था (जो आर्यसमाज में प्रचलित प्रार्थना का कुछ परिवर्तित रूप था)। प्रार्थना के साथ जयकारे भी निश्चित किए गए थे। कुल मिलाकर प्रार्थना का स्वरूप यह था—

नमो मातृभूमि जिए जन्मलो मी,
नमो हिंदुभूमि जिथे बाढलो मी!
नमो धर्मभूमि जियेच्याचकामीं,
पडो देह माझा सदा ती नमी मी॥

अर्थात् जहाँ मेरा जन्म हुआ, उस मातृभूमि को मेरा नमस्कार। जिसने मुझे बड़ा किया, उस हिंदुभूमि को मेरा नमस्कार। उस धर्मभूमि को मेरा नमस्कार। उसके कार्य के लिए ही मेरा शरीर गिरे। उस मातृभूमि को मेरा सदा नमस्कार।

हे गुरु श्री रामदूता शील हमको दीजिए।
शीघ्र सारे सद्गुणों से पूर्ण हिंदू कीजिए॥

लीजिए हमको शरण में रामपंथी हम बनें।
ब्रह्मचारी धर्मरक्षक वीरव्रतधारी बनें॥
समर्थ गुरु रामदास की जय!
भारतमाता की जय!!

रक्षाबंधन उत्सव

डॉक्टरजी ने अपने मौलिक चिंतन तथा प्रयोगशीलता के कारण संघ में रक्षाबंधन का उत्सव 1926 ई. से ही एक विशेष रीति से मनाना प्रारंभ किया। उन्होंने राष्ट्र की रक्षा का संकल्प लेने तथा समाज-बंधुओं को राखी बाँधने से राष्ट्र के प्रति आत्मीयता की वृद्धि करने के लिए उत्सव का उपयोग किया।

प्रथम रक्षाबंधन उत्सव तुलसी बाग में अपराह्न दो बजे बैठक के रूप में संपन्न हुआ था।

समाज को अभयदान

समाज में छाए भय को दूर करने के लिए संघ ने साहसपूर्वक अभयदान की घोषणा की। इस समय हिंदुओं की धार्मिक शोभायात्राओं को मसजिदों के सामने बाजे न बजाने के लिए बाध्य करनेवाले मुसलमानों की हठधर्मिता, दुष्टता व उच्छृंखलता से जुड़ गई थी। 1925 के प्रारंभ में पं. मोतीलाल नेहरू, मौलाना अबुलकलाम आजाद आदि की इसी जाँच समिति ने मुसलमानों के विवादों को शांत करनेवाला जो सर्वसम्मत निर्णय दिया था, उसे भी मुसलमान न मानकर उद्दंडता दिखाते थे। किंतु डॉ. हेडगेवारजी के निर्देशानुसार 'बाजा बजाओ' कहनेवाले साहसपूर्ण स्वयंसेवकों के कारण धार्मिक शोभायात्राओं में बाधा डालने की उद्दंडता अब अदृश्य होने लगी थी। हरितालिका पर्व के अवसर पर तुलसीबाग, शुक्रवार तालाब आदि स्थानों के आस-पास जानेवाली हिंदू स्त्रियों को छेड़ने की दुष्टता सामान्य मुसलिम-प्रवृत्ति थी। किंतु संघ बनने के अगले वर्ष ऐसे स्थानों पर जागरूक संघ-स्वयंसेवकों को यहाँ-वहाँ सर्वत्र खड़े देखा तो दुष्टों को अपना राक्षसी स्वभाव प्रकट करने का साहस नहीं हुआ। इसका उदाहरण देते हुए डॉक्टरजी ने

स्वयंसेवकों से एक बैठक में कहा था, "आज योजनापूर्वक स्थान-स्थान पर स्वयंसेवक खड़े करने पड़ते हैं। यह तो लज्जाजनक स्थिति है। यदि यह स्थिति बदलकर संपूर्ण समाज सजगता से चौबीसों घंटे अपना व्यवहार करने लगे तो स्त्रियों की ओर टेढ़ी नजर से देखने का साहस भी किसी को नहीं हो सकेगा। हमें तो ऐसी ही स्थिति बनानी चाहिए।"

संघ का प्रथम वार्षिकोत्सव

संघ-स्थापना का एक वर्ष पूर्ण हुआ तो डॉक्टरजी ने वार्षिकोत्सव अपने घर पर ही मनाया। उस समय संघ के स्वयंसेवकों के सामने श्री बापूराव आंबेकर ने अध्यक्षीय भाषण दिया था। इस अवसर पर डॉक्टरजी ने संघ के स्वयंसेवकों के लिए एक पुस्तकालय की स्थापना की घोषणा भी की थी, क्योंकि वे बौद्धिक जागरूकता के प्रबल पक्षधर थे।

सैनिक शिक्षण

दिसंबर 1926 से प्रत्येक रविवार को प्रातः सैनिक शिक्षण नियमित रूप ले दिया जाने लगा। संचलन का अभ्यास और गणवेष पर आग्रह होने से संघ का दृश्य सैनिक रंग दिखाने लगा, जिससे संघ की लोकप्रियता भी बढ़ी। श्री उपासनी नामक एक देशी सैनिक अधिकारी (ग्वालियर राज्य) जब कभी छुट्टी पर नागपुर आते तो संघ के स्वयंसेवकों को पथकों की विविध रचनाएँ तथा व्यूह रचनाएँ सरलता से सिखा देते थे। 'सरलता से' अर्थात् अपने कमरे में ही, दियासलाई की तीलियों का उपयोग करते हुए। इस प्रकार सैनिक शिक्षण चला तो बिगुल भी आवश्यक लगने लगा। निर्धन डॉक्टरजी के निर्धन संघ के निर्धन स्वयंसेवकों को परमात्मा ने धन भले ही न दिया हो, परंतु कल्पना व सूझ-बूझ के सभी धनी थे। अतः स्वयंसेवकों ने पैसा-पैसा बचाकर, श्राद्ध आदि में जगह-जगह ब्राह्मण स्वयंसेवकों ने जा-जाकर प्राप्त दक्षिणा का संग्रह करने इत्यादि अनेक विधियों से धन जोड़ा और उसी से प्रथम बिगुल खरीदा गया था। संघ के प्रसिद्ध घोष-विभाग का यह प्रथम वाद्ययंत्र 1926 में ही आ गया था।

आर्वी का संघर्ष

1926 के विजयादशमी का उत्सव आर्वी में सरकारी प्रतिबंध के कारण समय पर नहीं मनाया जा सका। अत: उसके एक महीना बाद विजयादशमी का सार्वजनिक उत्सव मनाते समय नागपुर के डॉ. मुंजे, डॉ. नारायण भास्कर खरे, बैरिस्टर गोविंद राव देशमुख तथा डॉ. हेडगेवार वक्ता के रूप में विशेषत: निमंत्रित किए गए। वे सभा समाप्त करके नागपुर लौटे ही थे कि आर्वी सांप्रदायिक दंगा होने तथा कुछ मुसलमानों की मृत्यु का समाचार भी आ गया। उस घटना में पुलिस ने 14 हिंदू नेताओं को बंदी बनाया। उनपर मुकदमा चला और डॉ. हेडगेवारजी के बहुत प्रयत्नों के बाद भी डॉ. स.नी. मोहरीर को बचाया नहीं जा सका तथा उन्हें आजीवन कारावास का दंड मिला (13 दिसंबर, 1926), कुछ अन्य नेताओं को कारावास मिला तथा कुछ लोग मुक्त कर दिए गए। मुकदमे के बीच और बाद में डॉ. मोहरीर के मुक्त होने (1934) तक डॉ. हेडगेवारजी समय-समय पर उनसे मिलने जाते रहे। निरंतर संपर्क कर उन्हें धैर्य देते रहे। जो लोग मुक्त होकर आए, डॉक्टरजी के निर्देशानुसार उनका उत्साहपूर्ण सार्वजनिक अभिनंदन भी किया गया।

वर्धा में संघ-शाखा

वर्धा के श्री अप्पाजी जोशी डॉ. हेडगेवारजी के अनन्य मित्र थे। संघ-स्थापना के दिन (27 सितंबर, 1925) वे नागपुर में उपस्थित नहीं हो सके, क्योंकि विजयादशमी पर अपने घर में देवी के नवरात्र की पूजा आदि में वे व्यस्त थे। परंतु अक्तूबर में जोशीजी नागपुर जाकर डॉ. हेडगेवारजी के घर पर संघ-बैठक में उपस्थित हुए थे। 18 फरवरी, 1926 को डॉ. हेडगेवारजी ने स्वयं वर्धा में संघ-कार्य प्रारंभ कराया था। यह नागपुर में उपजे संघ-वृक्ष की प्रथम शाखा थी। तभी से स्वयंसेवकों में 'संघ-शाखा' या 'शाखा' शब्द प्रचलित हो गया और संघ-कार्यक्रम को 'शाखा-कार्यक्रम' भी कहा जाने लगा।

मोहिते बाड़ा शाखा के प्रारंभिक स्वयंसेवक

वर्ष 1927 आते-आते संघ का मोहिते के बाड़े में रूप बहुत निखर उठा। अब शिशुओं से प्रौढ़ों तक के अनेक पथक (गण) वहाँ चलते दिखाई देते थे। इन पथकों के नाम शिशु से प्रौढ़ तक क्रमशः लव, चिलया, कुश, ध्रुव, प्रह्लाद, अभिमन्यु, भीम तथा भीष्म रखे गए थे। उदाहरणार्थ 'लव' और 'चिलया' में 10 वर्ष से कम के शिशु थे और 'भीम' में बड़े तरुण तथा 'भीष्म' में प्रौढ़ थे। उस समय के प्रारंभिक स्वयंसेवकों में से अनेक बाद में बहुत चमके। उदाहरणार्थ श्री एकनाथ रानडे, श्री बालासाहब देवरस आदि, जो आगे चलकर संघ के महान् प्रचारक-प्रसारक बने, जो 'कुश' पथक के ही बाल स्वयंसेवक थे।

नागपुर का मुसलिम-दंगा

1927 ई. की एक उल्लेखनीय घटना नागपुर का मुसलिम-दंगा है। दुष्ट और उद्दंड मुसलमानों ने गणेशोत्सव में महालक्ष्मी तथा गौरी के प्रसाद के दिन उन्होंने भीषण दंगा करने की योजना बनाई। डॉ. हेडगेवार तथा डॉ. मुंजे को पहले से ही मुसलमानों द्वारा हत्या की धमकियों से भरे अनेक पत्र एवं अफवाहें सुनने को मिल रही थीं। डॉ. हेडगेवारजी के निर्देशानुसार स्वयंसेवक भी भीषणतम परिस्थितियों का सामना करने के लिए तैयार थे। श्री अण्णा सोहोनी के नेतृत्व में सौ से अधिक स्वयंसेवकों ने उत्तम व्यूह-रचना की थी। 4 सितंबर को दोपहर बाद शस्त्रास्त्र सहित मुसलमानों का उन्मत्ततापूर्ण जुलूस निकलता हुआ 'दीन-दीन' के नारे लगाता जैसे ही वाईकर की गली में हिंदुओं से झगड़े व मार-पीट करता आगे बढ़ा, तो स्वयंसेवकों के प्रहार प्रारंभ हो गए। छिन्न-भिन्न होकर भागते मुसलमानों का जगह-जगह अन्य हिंदुओं ने भी यथोचित् 'स्वागत' करने का साहस दिखाया। यह रविवार की बात थी। हिंदुओं की देवी पर चढ़े अलंकारों को लूटने के लालची मुसलमानों को लक्ष्मी के स्थान पर काली देवी का दर्शन करना पड़ा। सोमवार से बुधवार तक मुसलमानों ने फिर कुछ स्थानों पर आक्रमण किए। प्रतिरोध भी हुआ। स्वयंसेवकों को भी चोटें आईं। फिर सरकार ने सेना

बुला ली और अंग्रेज सैनिकों ने मशीनगनों के साथ मोरचे लगा दिए।

डॉक्टरजी दंगे के समय नागपुर में नहीं थे, क्योंकि वे गणेशोत्सव में भाषण देने के लिए चाँदा आदि स्थानों पर गए हुए थे। वापस आने पर उन्होंने अपने घर पर किए हुए पथराव को भी देखा। फिर विपत्तिग्रस्त स्वयंसेवकों व अन्य बंधुओं की सेवा में जुट गए। डॉ. मुंजे, राजा लक्ष्मणराव भोंसले तथा डॉ. हेडगेवार के नेतृत्व में बनी हिंदू सभा की समिति ने आगे के मुकदमे, धनसंग्रह आदि का भार उठाया। नागपुर के दंगे में हिंदुओं द्वारा आत्मगौरव प्रकट करने पर हिंदू पत्रिकाओं ने उत्साहवर्धक लेख व टिप्पणियाँ लिखीं। निस्संदेह संघ-स्वयंसेवकों के ये प्रहार इतने शुभ रहे कि 1927 के इस दंगे के बाद नागपुर में मुसलिम दंगों का कभी नाम भी सुनाई नहीं पड़ा।

इसका एक शुभ परिणाम यह भी हुआ कि 'राष्ट्रीय स्वयंसेवक संघ' का नाम नागपुर के कोने-कोने में और प्रांत में दूर-दूर तक फैल गया। अपने रक्षक डॉ. केशवराव बलिराम हेडगेवार के प्रति हिंदुओं की श्रद्धा और भी बढ़ी तथा इसके स्वयंसेवकों की संख्या 1000 तक जा पहुँची।

डॉ. हेडगेवारजी इन सबके बीच निर्विकार भाव से यह सोच रहे थे कि स्वयंसेवकों को इस घटना के कारण अहंकार छूने भी न पाए तथा समाज को यह न लगे कि केवल मुसलमानों का प्रतिकार करने के लिए ही संघ की आवश्यकता है। अहंकारहीन सेवावृत्तिवाले समाजनिष्ठ स्वयंसेवकों से बना, प्रतिक्रियात्मकता से रहित हिंदू-संगठन,' यही उनका लक्ष्य था, यही स्वप्न! इसी स्वप्न को चरितार्थ करने के लिए राष्ट्रीय स्वयंसेवक संघ को प्रगति के अगले सोपानों पर वे क्रमशः बढ़ाते जा रहे थे।

हिंदू महासभा अधिवेशन में संघ का परिचय

वर्ष 1927 ई. की दो और भी घटनाएँ उल्लेखनीय हैं—प्रथम है, 'जनरल' मंचरशा आवारी का शस्त्रास्त्र रखने का अधिकार-संबंधी आंदोलन, जो सरकार के हथियारबंदी कानून के विरोध में था। इस अवसर पर महात्मा गांधी ने आवारीजी को उपहास भरी दृष्टि से देखा था, किंतु डॉ. हेडगेवारजी ने इस आंदोलन को कुछ उपयोगी पाकर अपना सहयोग व सहानुभूति दी। दूसरी

घटना है, अखिल भारतीय हिंदू महासभा के कर्णावती (अहमदाबाद) में होनेवाले अधिवेशन में संघ का परिचय। जब अधिवेशन में अनेक प्रतिनिधि अपने-अपने प्रांत के मुसलमानों द्वारा हिंदुओं के उत्पीड़न का वर्णन कर चुके थे, तब डॉ. हेडगेवार के प्रतिनिधि के रूप में गए हुए गणवेशधारी सात स्वयंसेवकों का नेतृत्व कर रहे श्री बालाजी हुद्दार को अध्यक्ष डॉक्टर मुंजे ने मध्यप्रांत के प्रतिनिधि के रूप में विवरण देने के लिए कहा। श्री हुद्दार ने अपने भाषण में कहा, "मैं उस प्रांत से आया हूँ, जहाँ के हिंदुओं ने मुसलमानों की उद्दंडता को पंगु बना दिया है। अपने समाज की अत्यंत दयनीय दशा को दूर करने का यह जादू डॉ. केशव बलिराम हेडगेवार के नेतृत्व में खड़े संगठन 'संघ' के द्वारा हुआ है।" 1927 के दंगों में मुसलमानों की दुर्गति करनेवाले संघ तथा संघ के नेता का भव्य उल्लेख होने से वातावरण मैं फैली निराशा कम हो गई। संघ के प्रतिनिधि की असाधारण तेजस्विता और आत्मविश्वास ने सभी प्रतिनिधियों के मन में डॉ. हेडगेवार तथा संघ के प्रति उत्सुकता व आदर-भाव उत्पन्न कर दिया। संघ के बाल-सूर्य की तेजस्वी किरणों द्वारा अंधकार-नाश का प्रारंभ हो गया है, हिंदुत्व का विजय-पर्व फिर प्रारंभ हो रहा है, इन विचारों से प्रतिनिधियों के हृदय उल्लास से भर उठे।

□

10

संघ के विकास-सूत्र और सरसंघचालकत्व

(1928–1929 ई.)

यक्ष-प्रश्न

वर्ष 1928 ई. आते-जाते राष्ट्रीय स्वयंसेवक संघ की शाखाओं व संख्या में तेजी से वृद्धि होने लगी थी। समाज पर संघ की धाक भी बढ़ रही थी। डॉ. हेडगेवारजी की इससे प्रसन्नता तो स्वाभाविक ही थी, परंतु साथ ही उनके मन में एक प्रश्न भी चल रहा था। वह प्रश्न था—संघ के स्वयंसेवकों को जीवन भर संघ-कार्य करने की प्रेरणा कैसे मिले? डॉक्टरजी जानते थे कि किसी नए सामाजिक कार्य में उत्साह दिखाना मनुष्य की सहज प्रवृत्ति है, परंतु थोड़े दिनों में भावना का आवेश और कार्य के नएपन का आकर्षण समाप्त होने पर उसे छोड़ बैठना भी मनुष्य-स्वभाव है। अतः संघ के स्वयंसेवकों में आजीवन चलनेवाली संघनिष्ठा और राष्ट्रभक्ति का निर्माण कैसे हो, यह यक्ष-प्रश्न डॉक्टरजी के मन में था। और इसके समाधान के लिए उन्होंने संघ-रचना में शरीर, हृदय और बुद्धि तीनों को पुष्ट करनेवाले कार्यक्रमों को संतुलित स्थान दिया।

कार्यक्रमों का उद्देश्य

शारीरिक कार्यक्रमों और बौद्धिक कार्यक्रमों के साथ ही उन्होंने

आत्मीयतापूर्ण व्यक्तिगत बातचीत के महत्त्व की प्रतिष्ठा भी की। संघ-स्थापना के दो वर्ष बाद ही डॉक्टरजी ने स्वयंसेवकों से घनिष्ठ संबंध बनाने में बाधक अपनी सार्वजनिक व्यस्तता को भी बहुत कम कर दिया। इसका लाभ यह हुआ कि स्वयंसेवकों के मन में वे यह सूत्र जमा सके कि न तो संघ किसी व्यक्ति विशेष का अखाड़ा जैसा है और न उसका लक्ष्य लाठी-शिक्षा या सैनिक शिक्षा है, अपितु समाज को संघटित करने तथा व्यक्ति-व्यक्ति में वीरता और पौरुष जगाने के लिए विभिन्न कार्यक्रम तो साधन मात्र हैं।

प्रतिज्ञा-कार्यक्रम

संघ के महान् लक्ष्य के अनुरूप डॉ. हेडगेवारजी ने एक और महत्त्वपूर्ण कार्यक्रम भी प्रारंभ किया था, जिसका संस्कार गहरा होता था। डॉक्टरजी कहीं संघशाखा प्रारंभ करने जाते तो वहाँ के प्रमुख नागरिकों की एक बैठक किसी प्रतिष्ठित नागरिक के माध्यम से बुलाते। उसमें हिंदू समाज की विद्यमान दुर्दशा तथा देश की परतंत्रता का हृदयस्पर्शी वर्णन करने के पश्चात् इन सबको बदलने का एक ही उपाय है—'हिंदू-संघटन', यह प्रतिपादन करते और तब नागपुर में स्थापित संघ के स्वरूप तथा कार्य का परिचय देते। फिर वे लोगों के प्रश्नों का समाधान भी करते। तत्पश्चात् वे संकल्प-स्वरूप संघ की प्रतिज्ञा लेने के लिए उपस्थित लोगों का आह्वान करते और जो इसके लिए तैयार होते, उनकी प्रतिज्ञा का कार्यक्रम अपने साथ रहे भगवा ध्वज को वहीं फहराकर करा देते थे। डॉ. हेडगेवारजी ने संघ की चल रही शाखाओं के उत्कृष्ट स्वयंसेवकों के लिए भी इस गंभीर प्रतिज्ञा-कार्यक्रम को प्रारंभ किया और इसका प्रथम आयोजन मार्च 1928 में नागपुर-अमरावती मार्ग पर नागपुर से लगभग 6 किलोमीटर दूर एक पहाड़ी (स्टार्की पॉइंट) पर भगवा ध्वज की छाया में पूर्ण कराया। यहाँ यह उल्लेखनीय है कि जिन चुने हुए 99 स्वयंसेवकों ने इस कार्यक्रम में भाग लिया था, उन ध्येयवादी तरुणों ने संघ-विस्तार में महत्त्वपूर्ण कार्य किया।

एक महत्त्वपूर्ण वर्ष

वर्ष 1928 में संघ-विकास की दृष्टि से उसके प्रथम सैनिक शिविर का अपना महत्त्वपूर्ण स्थान है, जिसका भव्य दृश्य देखने के लिए विशेष रूप से अनेक नागरिक आए थे। इसी वर्ष आषाढ़ पूर्णिमा (व्यास पूर्णिमा) को होनेवाले 'गुरु-पूजन' के दिन संघ-स्वयंसेवकों द्वारा अपने गुरु स्थानीय 'भगवाध्वज' का सुमनों से पूजन तथा दक्षिणा-अर्पण अर्थात् 'गुरु-दक्षिणा कार्यक्रम' का शुभारंभ हुआ और इसी वर्ष से संघ का नागपुर में विजयादशमी उत्सव के अवसर पर प्रथम पथ-संचलन कार्यक्रम हुआ। इसी वर्ष संघ के योग्य स्वयंसेवकों को आगे की पढ़ाई करने के लिए नागपुर के बाहर सुदूर विश्वविद्यालयों आदि में प्रवेश लेने की नीति प्रारंभ हुई, जिससे संघ की अनेक शाखाएँ सुदूर स्थानों में प्रारंभ हो सकीं।

संघ-शाखा पर दो महान् अतिथि

डॉक्टरजी की नीति थी कि साहित्य, राजनीति, शिक्षा, धर्म आदि विविध क्षेत्रों के प्रतिष्ठित नेताओं को संघ-कार्य और संघ के स्वरूप से उत्तम रीति से परिचित कराके उनका आशीर्वाद तथा सहयोग संघ को प्राप्त कराया जाए। अक्तूबर 1928 में इस दृष्टि से दो अत्यंत प्रतिष्ठित विभूतियों श्री विट्ठलभाई पटेल तथा 'मराठी ज्ञानकोश' के रचयिता डॉ. श्रीधर व्यंकटेश केलकर को अलग-अलग तिथियों पर मोहिते बाड़ा संघ-स्थान पर ले गए। श्री पटेल का शाखा पर आगमन डॉ. मुंजे के साथ हुआ था और हिंदुत्वपूर्ण संघ की कल्पना उन्हें दे दी गई थी। विजयादशमी कार्यक्रम की तैयारी के लिए चल रहे स्वयंसेवकों के सैनिक पद्धति के संचालन आदि कार्यक्रमों में शक्ति का प्रत्यक्ष दर्शन कर श्री पटेल को बहुत आनंद मिला और उन्होंने स्वयंसेवकों के बीच में जो भाषण दिया, उसमें शक्ति की उपासना, निर्भयता, संघनिष्ठा और ईश्वर पर विश्वास रखकर संघ कार्य को बढ़ाने का संदेश था।

उस वर्ष 23 अक्तूबर के विजयादशमी के अवसर पर 500 गणवेषधारी स्वयंसवेकों के पथ-संचलन का (जिसके पीछे सैकड़ों 'संघ-हितैषी नागरिक' भी सादा वेष में चल रहे थे।) संघ-कार्यक्रम बहुत प्रभावी रहा। उससे तीन

वर्षों में संघ द्वारा किए गए हिंदू-संगठन की समाज पर अच्छी छाप पड़ी।

गोमाता की शोभायात्रा में सहयोग

समाज के श्रेष्ठ कार्यों में आवश्यकतानुसार सहयोग देने के लिए संघ सदैव तत्पर रहता है, ऐसा विश्वास समाज को रहे, यह डॉक्टरजी की योजना थी। इसका एक उत्तम उदाहरण 'गोरक्षण सभा' की उस वर्ष की शोभायात्रा के अवसर पर भी मिला। मुसलमानों द्वारा उपद्रव होने की खबरें मिलने के कारण गौ माता की शोभायात्रा निर्विघ्न निकल सके, इसके लिए नागपुर के चौंडे महाराज ने डॉक्टरजी से बातचीत की। डॉक्टरजी की सूचना पहुँचते ही एक घंटे के अंदर हजारों स्वयंसेवक शोभायात्रा में भाग लेने पहुँचे और डॉक्टरजी का चौंडे महाराज को दिया गया यह आश्वासन पूरा हुआ—"हिंदुस्तान में गोमाता के कार्य में विघ्न कैसे हो सकता है?"

संघ-प्रचारक विद्यार्थी

नागपुर भाग में 1928 ई. के दिसंबर तक संघ की 18 शाखाएँ हो चुकी थीं। अनेक स्वयंसेवकों को डॉक्टरजी ने कक्षा दस उत्तीर्ण कर लेने पर कॉलेज में प्रवेश लेकर कम-से-कम बी.ए. आदि (और हो सके तो एम.ए. आदि भी) करने की प्रेरणा दी, क्योंकि उनका विश्वास था कि संघ के सुशिक्षित कार्यकर्ता समाज की दृष्टि में सहज ही आदरणीय बन सकते हैं। जो स्वयंसेवक आर्थिक सुविधा होने के कारण बाहर भी पढ़ने जा सकते थे, उन्हें डॉक्टरजी ने दूसरे प्रदेशों के विश्वविद्यालयों में प्रवेश लेने की प्रेरणा दी, ताकि वे संघ के विस्तार में प्रभावी कार्यक्रम कर सकें। इसी नीति का परिणाम यह हुआ कि श्री भैयाजी दाणी, श्री बाबूराव तेलंग, श्री तात्या तेलंग आदि स्वयंसेवक वाराणसी के हिंदू विश्वविद्यालय में पढ़ने गए और उनके रूप में संघ ने 'मध्य प्रांत व विदर्भ प्रांत' के बाहर प्रथम पग रखा।

क्रांतिकारी की पिस्तौल

प्रथम विश्वयुद्ध का लाभ उठाकर क्रांति करने की योजना युद्ध समाप्त

हो जाने पर विफल हो गई थी। अतः उसके पश्चात् डॉक्टरजी ने जगह-जगह पर भेजे गए शस्त्रों को पंजाब, मध्य प्रांत आदि क्षेत्रों से चुपचाप और सावधानीपूर्वक नागपुर वापस मँगाया और क्रांतिकारियों को भी वापस बुलाकर उनके घर वापस भेजने आदि की व्यवस्था की। उस समय पंजाब से वापस आए एक क्रांतिकारी डॉ. गंगाप्रसाद पांडेय साधुवेष में वर्धा में रह रहे थे। डॉक्टरजी के सहयोगी और मध्य प्रांत कांग्रेस के मंत्री तथा अखिल भारतीय कांग्रेस कार्यकारिणी के सदस्य वर्धा निवासी डॉ. आप्पाजी जोशी उनके संरक्षक थे। पांडेयजी अपनी गेरुआ कफनी में भी पिस्तौल व कारतूस छिपाए रहते थे। उन दिनों हिंगणघाट स्टेशन के पास हुई डकैती के बाद पुलिस के गुप्तचरों की दृष्टि किन पर है, यह जानकारी प्राप्त होते ही डॉक्टरजी ने वर्धा जाकर आप्पाजी जोशी को साथ लेकर बहुत साहसपूर्वक गुप्तचरों के सामने ही उस पिस्तौल को प्राप्त कर ठिकाने लगवाया। पुलिस सब जानकर भी हाथ मलती रह गई।

कलकत्ता के कांगेस अधिवेशन में

कांग्रेस के कलकत्ता अधिवेशन (1928 ई.) में मध्य प्रांत कांग्रेस की कार्यकारिणी के सदस्य के रूप में डॉ. हेडगेवारजी भी गए थे और वहाँ उनका श्री सुभाषचंद्र बोस से श्री बाबाराव सावरकर की उपस्थिति में देश की तत्कालीन परिस्थिति तथा संघ के विषय में विचार-विमर्श भी हुआ। कलकत्ता अधिवेशन में कांग्रेस के कुल 3000 स्वयंसेवकों पर हुए 65000 रुपए का व्यय और स्वयंसेवकों की अनुशासनहीनता तथा उनके कारण हो रही अव्यवस्था का उल्लेख डॉक्टरजी की अपनी दैनंदिनी में मिलता है। उनका ऐसा निरीक्षण अपने संघ के स्वयंसेवकों को इन दोषों से दूर रखने की उनकी सूक्ष्म दृष्टि का परिचायक है।

खड्गपुर में संघ-संदेश

कलकत्ता से लौटते हुए 6 जनवरी, 1929 को डॉ. हेडगेवारजी खड्गपुर रुके। वहाँ उन्होंने कुछ प्रतिष्ठित नागरिकों की बैठक में संघ के संबंध में

परिचय दिया और वहाँ की 'हिंदी नवयुवक राष्ट्रीय संघ' नामक संस्था के तरुण सदस्यों की बैठक में भी संघ-विचार रखा।

क्रांतिकारी राजगुरु की सहायता

वहाँ से नागपुर आने पर एक दिन उन्हें क्रांतिकारी राजगुरु आकर मिले। क्रांतिकारी भगतसिंह के साथ राजगुरु लाहौर में सांडर्स-वध करके फरार हो गए थे। पुलिस उनकी खोज कर रही थी, अत: उन्हें कहीं सुरक्षित आश्रय नहीं मिल रहा था। वे डॉक्टरजी से सुपरिचित थे, क्योंकि नागपुर की भोंसले वेदशाला में विद्यार्थी रहते समय (1927-28) वे संघ की मोहिते बाड़ा शाखा के स्वयंसेवक रहे थे। डॉक्टरजी ने उमरेड में श्री भैयाजी दाणी के एक खेत पर उनकी भूमिगत रहने की व्यवस्था कर दी और उन्हें यह चेतावनी भी दे दी कि वे अपने ग्राम क्षेड़ (अब राजगुरुनगर) अर्थात् पूना की ओर कभी न जाएँ, क्योंकि पुलिस उन्हें वहाँ अवश्य खोजेगी। दुर्भाग्यवश, श्री राजगुरु कुछ समय बाद डॉक्टरजी की चेतावनी को न मानकर पूना चले गए और वहीं पकड़े गए, अंतत: फाँसी पाकर शहीद हो गए।

अकोला का तरुण हिंदू-अधिवेशन

डॉक्टरजी की नीति यह थी कि संघ के अतिरिक्त राष्ट्रसेवा कर रहे अन्य देशभक्तों के कार्यों में भी यथासंभव सहयोग दिया जाए। अत: 20 अप्रैल, 1929 को अकोला में हुए 'अखिल महाराष्ट्र तरुण हिंदू अधिवेशन' में उन्होंने भाग लिया और वहाँ आए हुए अनेक नेताओं से संघ के संबंध में गंभीर विचार-विमर्श की। श्री मसूरकर महाराज, श्री पाँचलेगाँवकर महाराज, लोकनायक अणे, डॉ. शिवाजीराव पटवर्धन आदि से उनकी इस अवसर पर जो बातचीत हुई, उससे संघ के प्रति इन नेताओं की आत्मीयता के दूरगामी परिणाम हुए। उदाहरणार्थ, श्री पाँचलेगाँवकर महाराज ने पाँच वर्ष बाद अपने 'मुक्तेश्वर दल' को राष्ट्रीय स्वयंसेवक संघ में विलीन कर दिया।

सरकारी तीक्ष्ण दृष्टि से संघ-रक्षा

जैसे-जैसे संघ की शक्ति बढ़ती जा रही थी, वैसे-वैसे सरकार की संघ

पर पड़ती दृष्टि भी अधिक तीक्ष्ण हो रही थी। परंतु डॉक्टरजी बड़ी कुशलता से संघ को सरकारी कोपभाजन बनने से बचाते रहे। इस विषय में संघ के महान् प्रचारक श्री भाऊराव देवरस की निम्नलिखित पंक्तियों (केशव स्मराभि सदा, पृ. 14-15) का उल्लेख आवश्यक प्रतीत होता है—

''बढ़ते संघ-कार्य पर ब्रिटिश सरकार की भी दृष्टि थी, क्योंकि संघ डॉ. हेडगेवार ने प्रारंभ किया था। उनके संबंध में गुप्तचर विभाग की रिपोर्ट के अनुसार वे क्रांतिकारी और प्रखर देशभक्त थे। ऐसी अवस्था में सरकार की ओर से संघ-कार्य में कोई बाधा न आए, सरकार संघ के बारे में क्या सोचती है, सरकार के पास संघ की ठीक रिपोर्ट पहुँचे, डॉक्टरजी इस प्रकार का प्रयास करते रहते थे। उन दिनों मेरे एक बड़े भाई सरकार के गुप्तचर विभाग में इंस्पेक्टर थे। वे डॉक्टरजी से आयु में छोटे थे, डॉक्टरजी का नागपुर में अनेक लोगों से संबंध रहता था। इस प्रकार की मित्रमंडली का खान-पान के लिए एक क्लब भी बना था, जो 'खादाड़ क्लब' नाम से जाना जाता था। क्लब के सदस्य महीने में एक बार किसी सदस्य के घर पर भोजन के लिए एकत्र होते थे। विचारों से विरोधी होने के बाद भी हँसी-विनोद, बातचीत आनंद से चलती थी। मेरे भाई इस क्लब के सदस्य थे। इसलिए डॉक्टरजी मित्रमंडली के साथ हमारे घर पर भोजन करने जाते थे। हमें तो पता नहीं था कि वे हमारे भाई के पास आकर रात को उनसे मिलकर सरकार के पास संघ का ठीक वृत्त पहुँचे, ऐसा प्रयास करते थे। यद्यपि सरकार ने थोड़ी-बहुत बाधा पहुँचाने का प्रयत्न किया, परंतु इन्हीं संबंधों के कारण संघ पर कोई बड़ी आपत्ति नहीं आई।

''प्रारंभिक काल में संघ को बचाने का उनका और भी एक प्रयास रहता था, संघ के सार्वजनिक उत्सवों में सरकार द्वारा मान्य किसी व्यक्ति को अध्यक्ष के नाते बुलाना और उनके द्वारा संघ-कार्य की प्रशंसा करवाना। ऐसे अध्यक्षों को देखकर हम लोग तो दुःखी होते थे, परंतु इसी प्रकार के उपायों से उन्होंने राष्ट्रीय स्वयंसेवक संघ को सरकारी कोपभाजन बनने से बचाया।

''उनके सार्वजनिक भाषण का विषय 'हिंदू समाज को संगठित करना

है' हुआ करता था। इसी में से 'संघ संगठन छोड़कर कुछ नहीं करना चाहता,' 'संघ संगठन के लिए' आदि वाद-विवाद संघ के कार्यकर्ताओं में होते थे। संघ प्रारंभ करने के बाद उनके भाषण वैचारिक दृष्टि से सौम्य शब्दों में और स्वयंसेवकों के आवश्यक गुण, चारित्र्य, लोक-संग्रह आदि पर आधारित होते थे। भाषणों में उग्रता नहीं होती थी। इसी कारण प्रारंभिक अवस्था में सरकार का कोपभाजन होने से वे संघ को बचा सके।''

विरोध का उत्तर

एक और समस्या भी संघ के सामने आ रही थी। दलगत भावना के कारण कुछ क्षुद्र कांग्रेसी या 'हिंदुस्तानी सेवादल' आदि के लोग कहीं-कहीं पर संघ के विरुद्ध विष उगलने लगे थे। जब कोई संघ का कार्यकर्ता डॉ. हेडगेवार को इस विषय में कहता या पत्र लिखता था तो वे उन्हें यही समझाते थे कि देश की स्वतंत्रता के लिए काम करनेवाली सभी शक्तियों को परस्पर मिलकर ही चलना चाहिए और इसके लिए संघ के स्वयंसेवकों को भी हार्दिक प्रयत्न करना चाहिए। फिर भी यदि कोई विरोध करता है तो उस विरोध को भी शांतिपूर्वक सहन करके अपना काम दृढता से करते रहना चाहिए।

इंदौर की यात्रा

अगस्त 1929 ई. के लगभग डॉ. हेडगेवारजी अपने चाचाजी (श्री आबाजी हेडगेवार) तथा चचेरी बहन सौ. भीमाबाई के साथ अपनी बीमार चाची सौ. गंगूबाई को लेकर चिकित्सा के लिए इंदौर गए थे और वहाँ एक मास रहे भी। इस अवधि में उन्होंने इंदौर और देवास रियासतों में संघ-दृष्टि से अनेक महत्त्वपूर्ण परिचय किए और दोनों स्थानों पर संघ-कार्य प्रारंभ करा दिया। गंगूबाई का स्वास्थ्य नहीं सुधर सका। अतः उन्हें सितंबर मध्य में नागपुर वापस ले आया गया, जहाँ एक वर्ष पश्चात् उनकी मृत्यु हो गई।

सरसंघचालक घोषित

डॉ. हेडगेवारजी द्वारा भेजे गए एक परिपत्र (दिनांक 19 अक्तूबर) के अनुसार कुछ चुने हुए कार्यकर्ताओं की संघ-बैठक 9-20 नवंबर, 1929 को नागपुर में डोके महाराज के मठ में हुई। इसमें देश की तत्कालीन परिस्थिति और संघ-कार्य के विषय में मुक्त हृदय से हुई चर्चा महत्त्वपूर्ण रही। इस बैठक में श्री विश्वनाथ राव केलकर, श्री बालाजी हुद्दार, श्री आप्पाजी जोशी, श्री मार्तंडराव जोग, श्री कृष्णराव मोहरीर, श्री बाबा साहब कोलते, श्री बापूराव मुढाल, श्री देवईकर, श्री तात्याजी कालीकर आदि ने भाग लिया। इस बैठक में ही संघ का स्वरूप एक चालकानुवर्ती रखने का निश्चय किया गया था, किंतु उपयुक्त सरसंघचालक के विषय में निश्चय नहीं हुआ था।

10 नवंबर सायंकाल मोहिते संघ स्थान पर बैठक के लिए आए कार्यकर्ताओं और नागपुर के स्वयंसेवकों के एकत्रीकरण में श्री आप्पाजी जोशी ने सभी कार्यकर्ताओं से निश्चित हुई योजना के अनुसार चुपचाप पहले से सभी को सूचना देकर डॉ. हेडगेवारजी को 'सरसंघचालक' के रूप में प्रतिष्ठित करते हुए उन्हें 'सरसंघचालक प्रणाम' दिए जाने के लिए उच्च स्वर में आज्ञा दी। निस्संदेह डॉक्टरजी इस घोषणा से आश्चर्यचकित रह गए थे। प्रणाम दिए जाने के बाद श्री विश्वनाथराव केलकर ने अपने भाषण में 'एकचालकानुवर्तित्व' के विचार को स्पष्ट रीति से समझाया।

संघ के प्रथम सरसंघचालक के रूप में डॉ. केशवराव हेडगेवार की घोषणा इस प्रकार हो जाने के दिन ही उनकी सहायतार्थ सरकार्यवाह के पद पर श्री बालाजी हुद्दार तथा सरसेनापति के पद पर श्री मार्तंडराव जोग इत्यादि कुछ की नियुक्ति की घोषणा भी बैठक में हुए निर्णय के अनुसार कर दी गई। शाखा के पश्चात् डॉ. हेडगेवारजी ने आप्पाजी जोशी से अपना क्रोध प्रकट किया और कहा, "मेरी अपेक्षा बड़े और आदरणीय सहयोगियों से मैं प्रणाम लूँ, यह ठीक नहीं।" किंतु श्री आप्पाजी जोशी ने उन्हें सभी संघचालकों आदि की सहमति और कार्य की आवश्यकता का तर्क देकर निरुत्तर कर दिया।

सरसंघचालक का 'स्वतंत्रता दिवस' परिपत्रक

सरसंघचालक बनने के बाद डॉ. हेडगेवारजी द्वारा भेजा गया प्रथम परिपत्र भी ऐतिहासिक महत्त्व का है। 1929 के कांग्रेस अधिवेशन के एक प्रस्ताव में 'पूर्ण स्वतंत्रता' को अपना लक्ष्य घोषित किए जाने के उपलक्ष्य में कांग्रेस कार्यकारिणी ने (रविवार, 26 जनवरी, 1930 को) सारे हिंदुस्तान में 'स्वतंत्रता दिवस' के रूप में मनाने का अनुरोध किया था। डॉक्टरजी के परिपत्र के अनुसार सभी संघशाखाओं ने 26 जनवरी, 1930 को सायं 6 बजे अपने संघ-स्थान पर सभी स्वयंसेवकों की सभा करके राष्ट्रीय ध्वज अर्थात् भगवा ध्वज की वंदना की थी। इस अवसर पर स्वयंसेवकों की स्वतंत्रता की कल्पना तथा सदैव स्वतंत्रता का ध्येय अपने सामने क्यों रखना चाहिए, इन विषयों पर मार्गदर्शन करनेवाले तथा कांग्रेस द्वारा पूर्ण स्वतंत्रता-प्राप्ति के लक्ष्य की घोषणा का अभिनंदन करनेवाले भाषण भी हुए थे।

निस्संदेह प्रथम सरसंघचालकजी का प्रथम परिपत्र भी संघ के राष्ट्रीय दृष्टिकोण को स्पष्ट करनेवाला एक महत्त्वपूर्ण दस्तावेज है।

□

11

द्वितीय कारावास और संघ-विस्तार

(1930–1931 ई.)

वर्ष 1930 के प्रारंभ से ही यह स्पष्ट होने लगा था कि सरकार के विरुद्ध महात्मा गांधी अर्थात् कांग्रेस द्वारा कोई बड़ा आंदोलन प्रारंभ होगा। यह आंदोलन 'सविनय अवज्ञा आंदोलन' के रूप में प्रसिद्ध हुआ।

महात्मा गांधी की दांडी-यात्रा

12 मार्च, 1930 को महात्मा गांधी ने अपने साबरमती आश्रम से 79 सत्याग्रहियों के साथ 300 किलोमीटर से अधिक की दांडी–यात्रा पैदल प्रारंभ की और 5 अप्रैल को यात्रा पूर्ण कर 6 अप्रैल को दांडी में समुद्र में स्नान करने के बाद नमक बनाकर 'नमक कानून' तोड़कर सत्याग्रह प्रारंभ किया। उसी दिन देश भर में 5000 से अधिक जन–सभाओं में लगभग 50 लाख लोगों ने 'नमक कानून' को तोड़ा। देश भर में 'नहीं रखनी, नहीं रखनी, सरकार जालिम नहीं रखनी' के नारे गूँजने लगे। पुलिस ने गैर–कानूनी बनाए गए नमक को छीनने, सभाओं और जुलूसों पर पाबंदी लगाने, लाठी–प्रहार, जुरमाने, घर की नाजायज तलाशियों तथा 1910 के प्रेस कानून को पुनः लागू करने आदि के द्वारा दमन–चक्र भी जोरों से चलाया। महामना मालवीयजी ने 2 अप्रैल, 1930 को केंद्रीय असेंबली से त्यागपत्र दिया, जवाहरलाल नेहरू

14 अप्रैल को बंदी हुए और गांधीजी 5 मई, 1930 को बंदी बनाए गए। देश में उत्तर से दक्षिण तक और पूर्व से पश्चिम तक गांधीजी के 'सविनय अवज्ञा आंदोलन' की धूम मच गई।

संघ-कार्य पर बल

इस संपूर्ण स्थिति पर डॉक्टरजी की सजग दृष्टि थी और उन्हें इस बात का हर्ष था कि स्वतंत्रता के लिए जन-जागृति करनेवाला आंदोलन प्रारंभ हुआ है। किंतु वे भावनाशील होते हुए भी भावना के आवेश में न आकर नित्य और अनित्य का विवेक करने में समर्थ धीर पुरुष थे। राष्ट्र के शाश्वत कल्याण की कल्पना से दूरगामी योजना लेकर चलनेवाले संगठन-कार्य की आवश्यकता एक ओर थी और राष्ट्र का एक तात्कालिक महत्त्व का राजनीतिक आंदोलन दूसरी ओर।

उस समय संघ के स्वयंसेवकों में अपनी देशभक्ति के अनुरूप ही इस आंदोलन में भाग लेने की उत्सुकता भी थी। अतः डॉ. हेडगेवारजी ने एक परिपत्र भेजकर सबको सूचित किया कि 'संघ इस आंदोलन में अपने स्वयंसेवकों को व्यक्तिशः भाग लेने देगा, परंतु संघ उसमें संघशः भाग नहीं लेगा।' समीप आ रहे मई-जून के अधिकारी शिक्षण-वर्ग या ओ.टी.सी. (Officers' Training Camp) को सफल बनाने के लिए अपना पूर्ण ध्यान लगाने को भी उन्होंने स्वयंसेवकों को प्रेरित किया। संगठित राष्ट्र की महाशक्ति को प्रकट करने के लिए चल रहे संगठन-कार्य को तात्कालिक राजनीतिक आंदोलन की अपेक्षा अधिक महत्त्व देने की दूरदर्शिता उन्होंने ठीक ही दिखाई। उसी का परिणाम यह हुआ कि 1930 का यह वर्ग अधिक संख्या में आए शिक्षार्थियों के साथ निर्विघ्न समाप्त हुआ। अब संघ के अनेक स्वयंसेवक क्रमशः प्राप्त तीन वर्षों के शिक्षण के कारण आत्मनिर्भर होकर भी संघ-कार्य करने योग्य बनते हुए दिखाई दिए। साथ ही इन प्रशिक्षित स्वयंसेवकों के कारण संघ-विस्तार की गति भी बढ़ी।

अधिकारी शिक्षण-वर्ग समाप्त होने के पश्चात् संघ के सैकड़ों स्वयंसेवकों को उन्होंने सत्याग्रह में भाग लेने की अनुमति दे दी। साथ ही उन्हें यह

समझाने का प्रयत्न भी किया कि जेल जाने के पीछे भावावेश या यह अहंकार रखना कि 'हमने भी देश के लिए कुछ किया है', ठीक नहीं है। उन्होंने बताया कि स्वयंसेवक में अहंकार नहीं, स्थायी राष्ट्र-हित की सही दृष्टि ही होनी चाहिए।

यहाँ पर यह उल्लेखनीय है कि डॉक्टरजी ने एक चिकित्सकीय 'शुश्रूषा-पथक' नागपुर में तैयार कराया था, जिसमें 100 स्वयंसेवक थे। ऐसे पथक वर्धा, भंडारा, बिलासपुर, चाँदा, आंजी, अलीपुर, आर्वी आदि में भी तैयार करने की योजना उन्होंने बनाई थी। इस योजना का उद्देश्य संघ के पथ-संचलनों तथा बड़े कार्यक्रमों के अवसर पर अस्वस्थ हुए या घायल हुए स्वयंसेवकों के व्यवस्थित रूप से प्रथम उपचार की तैयारी रखना था। इसकी प्रेरणा उन्हें 'अंग्रेजो' की ऐसी ही व्यवस्था से मिली थी।

जंगल-सत्याग्रह की तैयारी

संघ का शिक्षण-वर्ग समाप्त होने के बाद डॉ. हेडगेवारजी ने गांधीजी के 'सविनय अवज्ञा आंदोलन' में स्वयं भाग लेने की योजना अपने घनिष्ठ सहयोगियों को बताई। अनेक दृष्टियों से विचारकर डॉक्टरजी ने अपने सत्याग्रह के स्वरूप एवं स्थान को निश्चित किया। समुद्र से लगभग 1000 किलोमीटर दूर नागपुर में नमक बनाने के लिए समुद्र-तट पर जाने की अपेक्षा उन्होंने विदर्भ के नेता लोकनायक अणे के चलाए हुए जंगल-कानून के सत्याग्रह में विदर्भ क्षेत्र से भाग लेना अधिक उपयुक्त समझा। 1917 ई. से मध्य प्रांत की सरकार ने पशु-चारण के लिए उपयोगी जंगलों को भी 'सुरक्षित' घोषित कर दिया था। अब न वहाँ पशु चर सकते थे, न निर्धन किसान को घास-फूस-लकड़ी मुफ्त या कम मूल्य पर मिल सकती थी। लोकमान्य तिलक के अनुयायी अणे 1917 से ही इस प्रश्न पर सरकार से विरोध प्रकट कर रहे थे और इस समय उन्होंने 'जंगल सत्याग्रह' के नाम से आंदोलन प्रारंभ कर दिया था। इसमें भाग लेने से डॉ. हेडगेवार ने यह लाभ भी देखा था कि विदर्भ के देशभक्तों उनका कारावास में सहज परिचय होगा तथा उसका यथासमय उपयोग भी संघ-हित में हो सकेगा।

सरसंघचालक पद सौंप दिया

संघ-हित का पूर्ण विचार करते हुए ही डॉ. हेडगेवारजी ने 12 जुलाई, 1930 के 'गुरु-दक्षिणा महोत्सव' के अवसर पर सरसंघचालक पद को त्यागकर डॉ. ल.वा. परांजपे को (जो इस उत्सव के अध्यक्ष बनाए गए थे) यह पद सौंप दिया। इसी के साथ श्री बाबासाहब आप्टे व श्री बापूराव भेदी को नागपुर का कार्य सौंपने की घोषणा भी कर दी। उस अवसर पर डॉ. परांजपे ने अपने भाषण में संघ-दृष्टि को इस प्रकार प्रस्तुत किया था—

"वर्तमान आंदोलन राष्ट्र को आगे ले जानेवाला है, परंतु वह स्वतंत्रता के मार्ग पर पहली सीढ़ी मात्र है। राष्ट्र की स्वतंत्रता के लिए अपनी संपूर्ण आयु लगा देनेवाले मनुष्य संघटित करना ही वास्तविक कार्य है।"

इस अवसर पर डॉ. हेडगेवारजी ने सत्याग्रह में भाग लेने की अपनी विचार-दृष्टि स्वयंसेवकों के सामने रखते हुए अनेक स्थायी महत्त्व के विचार-सूत्र भी प्रस्तुत कर दिए थे। डॉ. परांजपे को सरसंघचालक पद स्वीकार करने के लिए धन्यवाद देते हुए डॉ. हेडगेवारजी ने कहा था—

"हम लोग जो इस आंदोलन में भाग ले रहे हैं, सब अपनी व्यक्तिगत जिम्मेदारी पर ऐसा कर रहे हैं। संघ की विचारधारा और कार्य-पद्धति में किसी भी प्रकार का परिवर्तन नहीं हुआ है और हमारी उनपर से श्रद्धा भी नहीं डिगी है। देश में जितने आंदोलन चले, उनका अंतर्बाह्य ज्ञान प्राप्त करना तथा उनका उपयोग अपने कार्य के लिए कर लेना, देश की स्वतंत्रता के लिए प्रयत्नशील किसी भी संस्था का कर्तव्य है। संघ के जो लोग आज तक इस संग्राम में कूदे हैं और जो आज हम लोग जा रहे हैं, सब इसी हेतु से अग्रसर हुए हैं।"

इसके साथ ही आंदोलनात्मक गतिविधियों की अपेक्षा स्वातंत्र्योन्मुख समाज-संगठन की श्रेष्ठता बताते हुए देश के लिए जीना भी सीखने का महत्त्व प्रतिपादित किया था। देश के लिए मरने को तैयार रहते हुए भी देश के लिए जीने की वृत्ति तरुणों में उत्पन्न करना तथा उनका संगठन करना, यही संघ का ध्येय है। यह भी उन्होंने स्पष्ट कर दिया था।

हार्दिक विदाई

इस भाषण के पश्चात् संघ के सरसेनापति श्री मार्तंडराव जोग ने उन्हें पुष्पमाला पहनाई और उनके साथ जानेवाले अन्य स्वयंसेवकों का भी पुष्पमाला से सम्मान किया। 14 जुलाई को सायंकाल नागपुर स्टेशन से वर्धा जा रहे डॉक्टरजी और उनके साथियों को हार्दिक विदाई दी गई। इस अवसर पर डॉक्टरजी ने एक संक्षिप्त भाषण भी दिया, जिसमें उन्होंने कहा था—

''वर्तमान आंदोलन ही स्वतंत्रता की अंतिम लड़ाई है तथा इससे आजादी मिल जाएगी, इस भ्रम में मत रहिए। इसके आगे असली लड़ाई लड़नी है तथा उसमें सर्वस्व की बाजी लगाकर कूदने की तैयारी करो। हम लोगों तथा दूसरों ने इस लड़ाई में भाग लिया, उसका कारण यही है कि हमें भरोसा है कि यह अपने कदम स्वतंत्रता के मार्ग पर आगे ले जाएगी।''

वर्धा में उनके सम्मान में शोभायात्रा निकली और मालार्पण, आरती आदि से जनता ने अपनी श्रद्धा प्रकट की। वहाँ से वर्धा स्टेशन पर रेलगाड़ी में आगे जानेवाले डॉ. हेडगेवारजी को विदा देने आए आर्वी के श्री नारायण राव देशपांडे तथा श्री त्र्यंबकराव देशपांडे भी डॉक्टरजी के विनोदपूर्वक 'चलिए' कहते ही सत्याग्रही दल में सम्मिलित हो गए। वर्धा के पश्चात् अनेक स्थानों पर स्वागत-समारोहों के साथ आगे बढ़ता यह सत्याग्रही दल पुसद पहुँचा, जहाँ उन्हें 21 जुलाई को यवतमाल से सत्याग्रह करने के लिए सत्याग्रह के केंद्र-संचालक ने कहा। इस बीच समय का लाभ उठाते हुए डॉ. हेडगेवारजी व उनके साथी कुछ समय दारह्वा-पुसद क्षेत्र में प्रचारार्थ भ्रमण करते रहे। 17 जुलाई के लगभग पुसद में जान की बाजी लगाकर उनकी रक्षा की, जिससे सारा पुसद प्रभावित हुआ और सायंकाल को सार्वजनिक सभा में अध्यक्ष बने श्री कानडे शास्त्री ने डॉ. हेडगेवारजी की बहुत प्रशंसा की तथा उनका क्रांतिकारी रूप में परिचय दिया। श्री आप्पाजी जोशी और श्री दादाराव परमार्थ के भी भाषण हुए और अंत में डॉ. हेडगेवारजी ने अपने भाषणों में स्वतंत्रता प्राप्ति के लिए शांति-पथ, अहिंसा-पथ, संगठन आदि साधनों की अनेकता की आवश्यकता पर प्रकाश डाला।

सत्याग्रह और दंड

पुसद से यवतमाल आकर 21 जुलाई को प्रातः डॉ. हेडगेवारजी का सत्याग्रही दल शोभायात्रा के साथ नगर-भवन के मैदान में पहुँचा। ध्वज-वंदन के बाद उन्हें घास काटने के लिए हँसिए दिए गए। दल-प्रमुख के रूप में डॉ. हेडगेवारजी को चाँदी का हँसिया दिया गया। फिर शोभायात्रा आगे बढ़ी। सत्याग्रह का स्थान यवतमाल से लगभग 10 किलोमीटर पर स्थित लोहारा जंगल में घामण गाँव मार्ग पर था, जहाँ 10,000 लोग सत्याग्रह देखने पहुँचे थे। पुलिस और वन-विभाग के अधिकारी भी थे। उन्हें वन की घास काटने से अधिकारियों ने रोका, बाद में घास काटने पर सबको बंदी बनाकर यवतमाल कारागृह में श्री मरुचा के न्यायालय में दंड मिला—डॉ. हेडगेवारजी को 9 मास का सश्रम कारावास तथा शेष ग्यारह को 4 महीने का सश्रम कारावास। मित्र होने के नाते यवतमाल के पुलिस सब-इंस्पेक्टर श्री घोंगड़े और सिविल सर्जन श्री सम्मानवार ने इन बंदियों को अच्छा जलपान कराया। उसी दिन शाम को सभी बंदियों को अकोला जेल के लिए रेलगाड़ी द्वारा भेज दिया गया। मार्ग में प्रायः सभी स्टेशनों पर इनके दर्शनार्थ जनता उमड़ती रही। दारव्हा में रेलगाड़ी अधिक देर न रुकने के कारण प्लेटफार्म पर बने मंच पर डॉक्टरजी का भाषण भी कराया गया और फल-मिठाई की टोकरियाँ भी डिब्बे में भेंटस्वरूप रख दी गईं। 'वंदे मातरम्' के जयघोषों से विदाई लेकर डॉक्टरजी का दल मुर्तिजापुर में गाड़ी बदलकर अर्धरात्रि में अकोला स्टेशन पहुँचकर सरकारी मोटर से अकोला-कारागार में जा पहुँचा।

इस समय डॉक्टरजी के नेतृत्व में निम्नलिखित 11 सत्याग्रही थे—

1. श्री आप्पाजी जोशी (वर्धा),
2. श्री बालासाहब ढवले (बाद में 'महाराष्ट्र' के संपादक),
3. श्री दादाराव परमार्थ (बाद में संघ के महान् प्रचारक),
4. श्री विट्ठलराव देव,
5. श्री वेखंडे,
6. श्री घरोटे,

7. श्री भैयाजी कुंभलवार,
8. श्री मारुतराव पालेवार (चाँदा),
9. श्री त्र्यंबकराव देशपांडे,
10. श्री नारायण राव देशपांडे तथा
11. श्री अंबाडे (आर्वी)।

अकोला कारागार में संघ-कार्य

डॉक्टरजी ने प्रसन्नतापूर्वक यह दूसरा कारावास स्वीकार किया। पहले उनको ही 'बी' श्रेणी मिली थी, परंतु बाद में पहली जेलयात्रा में (नागपुर में) उनके मित्र बन गए श्री फोर्ड (भारत के स्वतंत्रता-संग्राम के हितैषी, आयरलैंड निवासी) की सहायता से 'बी' श्रेणी में 35 सत्याग्रही हो गए थे। डॉ. हेडगेवारजी का कमरा विशाल था (सौ फीट लंबा और 30 फीट चौड़ा)। उसमें वे प्रथम सप्ताह में अकेले ही रहे। बाद में स्थान-स्थान से आए श्री स.इ. बल्लाल, श्री राजेश्वरराव देशमुख, श्री दादा साहब सोमण, डॉ. ठोसर, श्री दाजी साहब बेदरकर आदि अनेक महत्त्वपूर्ण व्यक्तियों से डॉक्टरजी के घनिष्ठ संबंध शीघ्र ही स्थापित हो गए। श्री आप्पाजी जोशी ने 'बी' श्रेणी के लिए हठपूर्वक प्रार्थना-पत्र नहीं भेजा। अत: उनका स्वास्थ्य गिरता गया और अंत में श्री फोर्ड ने स्वयं ही उन्हें 'बी' श्रेणी में भेज दिया। श्री दादाराव परमार्थ भी 'सी' श्रेणी में थे। उनका स्वास्थ्य गिरता गया और अंत में वे क्षय रोग से ग्रस्त हो गए। तब डॉ. हेडगेवारजी श्री फोर्ड और कारागृह-प्रमुख श्री पांडेय से अपनी मित्रता के आधार पर उन्हें 'बी' श्रेणी में ले आए और उनकी उत्तम चिकित्सा 'अ' श्रेणी के डॉ. नेने के निरीक्षण में करने के साथ ही ऐसी आत्मीयता से सेवा की कि उन्हें मृत्यु के मुख से निकाल लाए।

कारावास में डॉ. हेडगेवारजी के विविध गुणों, जैसे सेवा-परायणता, आत्मीयता, कष्ट-सहिष्णुता, अहंकारहीनता, स्वावलंबन, गंभीरता, विनोदप्रियता, नक्षत्रों का ज्ञान आदि से उनके अधिकांश जेल-साथी प्रभावित हुए। उनके साथ रहनेवालों में संघ-स्वयंसेवकों तथा संघ-हितैषियों के अतिरिक्त संघ-विरोधी और संघ के प्रति उदासीन लोग भी थे। वे उन सभी से खुले

हृदय से विचार-विमर्श करते थे। मानव-मनोविज्ञान के उत्तम पारखी होने के कारण डॉक्टरजी ने अनेक नए मित्र बनाए। डॉ. हेडगेवार व श्री आप्पाजी जोशी ने हिंदुत्व, हिंदू राष्ट्र तथा संघ आदि विषयों पर विदर्भ के इन देशभक्तों से विचार-विमर्श प्रारंभ किया। संघ की उत्कृष्ट जीवन-पद्धति व कार्यक्रमों के प्रति अनेक लोगों का आकर्षण जाग जाने के बाद नित्य प्रातःकाल संघ-पद्धति से खड़े होकर प्रार्थना करना भी 1930 ई. की विजयादशमी से प्रारंभ करा दिया।

धीरे-धीरे अकोला-जेल में अनेक नए संघ-स्वयंसेवक बन गए और जेल से मुक्त होकर जानेवाले ये स्वयंसेवक डॉक्टरजी को अकोला, यवतमाल, बुलढाना आदि विदर्भ-क्षेत्रों में जेल से छूटने के बाद आने के लिए उन्हें निमंत्रित करते हुए और संघ-शाखा प्रारंभ करने का आश्वासन भी देते गए।

कारागार के बाहर के संघ-समाचार

डॉ. हेडगेवारजी को कारागार में रहते हुए भी बाहर के जानने योग्य समाचार, विशेषतः संघ की प्रगति के समाचार समय-समय पर देते रहने के लिए डॉ. ल.वा. परांजपे अथवा श्री भाऊराव कुलकर्णी उनसे मिलने आते रहते थे। 21 जुलाई को हेडगेवारजी ने सत्याग्रह किया था और 22 जुलाई, 1930 को नागपुर के सभी स्वयंसेवकों का संघ-स्थान पर एकत्रीकरण करके एक विशेष कार्यक्रम में एक स्वयंसेवक द्वारा सत्याग्रह का लिखित विवरण पढ़ने के बाद, डॉ. हेडगेवारजी द्वारा काटी गई घास सबको दिखाकर ध्वज को अर्पित की गई थी। अंत में डॉ. बालकृष्ण मुंजे ने अपने ओजस्वी भाषण में कहा था कि डॉ. हेडगेवारजी के समान ही साहस का प्रदर्शन हिंदू समाज और हिंदू राष्ट्र की रक्षा के लिए आगामी संघर्षों में सभी स्वयंसेवकों को करना चाहिए।

बुलढाना के लोणार नामक तीर्थस्थान पर मुसलमानों द्वारा दंगे तथा ब्राह्मण-अब्राह्मण विवाद के बढ़ने पर विभाजित हिंदुओं के नगर-ग्राम, घर-दुकान, खेत-खलिहान, सभी की लूटपाट तथा स्त्रियों पर अत्याचार में मुसलमानों और अंग्रेज अधिकारियों की साँठ-गाँठ का समाचार भी डॉ.

हेडगेवार को कारागार में ही मिला। यह भी ज्ञात हुआ कि मेहकर के संघ-कार्यकर्ता श्री रामाधार अवस्थी द्वारा वाइसराय तक इस षड्यंत्र के विरुद्ध भेजे गए पत्र, तार आदि के कारण ही परिस्थिति ठीक हुई। उस समय डॉ. हेडगेवारजी को बहुत दिनों तक बहुत मानसिक कष्ट रहा और उन्होंने मित्रों से कहा कि अंग्रेजों तथा मुसलमानों का गठबंधन होने से पहले ही हिंदू समाज संघटित नहीं हुआ तो हिंदुओं की क्या दुर्गति होगी, इसकी कल्पना इस घटना से की जा सकती है। उनका विश्वास था कि बड़ी-से-बड़ी विपत्ति में भी हिंदू समाज की रक्षा संघ द्वारा तैयार संगठित और अनुशासनबद्ध शक्ति ही कर सकती है और अवश्य कर सकती है।

डॉ. हेडगेवारजी के सत्याग्रह के कुछ समय बाद ही संघ के सरसेनापति श्री मार्तंडराव जोग, नागपुर के जिला संघचालक श्री आप्पाजी हलदे, श्री रामभाऊ बखरे, श्री विट्ठल राव गाडगे आदि ने भी सत्याग्रह किया था। संघ के 'शुश्रूषा-पथक' का कार्य लोकप्रिय हो रहा था। संघ के गणवेशधारी (खाकी कमीज के स्थान पर सफेद कमीज पहने) तथा भुजा पर सांस्कृतिक प्रतीक 'स्वास्तिक' लगाए सौ स्वयंसेवकों के 'शुश्रूषा-पथक' ने लाठी या बेंत आदि से घायल नागपुर के सत्याग्रहियों की जो चिकित्सा समय-समय पर की थी, उसकी सर्वत्र प्रशंसा हो रही थी।

उन दिनों संघ के कार्यालय में भी, जो वॉकर रोड पर दशोत्तर के बाड़े में था, चरखा और तकली से सूत कातते स्वयंसेवक राष्ट्र की परिस्थितियों, संघ-विस्तार की योजनाओं आदि पर परस्पर चर्चा करते दिखाई देते थे। शाखाएँ बढ़ रही थीं, क्योंकि स्वयंसेवकों की इच्छा थी कि डॉक्टरजी कारावास से आकर बढ़ा हुआ संघ-कार्य देखें। रक्षाबंधन के दिन डॉ. परांजपेजी ने डॉ. हेडगेवारजी को अपनी राखी बाँधकर अनेक राखियाँ जेल के अंदर के स्वयंसेवकों के लिए दी थीं।

इस समय एक महत्त्वपूर्ण घटना यह भी हुई कि मोहिते बाड़ा का संघ-स्थान कार्यक्रमों के लिए उस धनपति ने देने से मना कर दिया, जिसे अब उस पर कानूनी अधिकार मिल गया था। तब नागपुर के राजा लक्ष्मण राव

भोंसले ने हिंदुत्व प्रेम तथा डॉक्टरजी से प्रेम के कारण अपने हाथीखाना, तुलसीबाग आदि को संघ-कार्यक्रमों के लिए उपयोग में लाने की अनुमति दी और हाथीखाना में संघ की शाखा लगने लगी थी। नागपुर में संवत् 1987 विक्रमी (1930 ई.) के विजयादशमी-उत्सव पर उन्होंने ही कार्यक्रम की अध्यक्षता भी की। विजयादशमी के पथ-संचलन में स्वयंसेवकों ने नागपुर कारागृह तथा नागपुर के स्वातंत्र्य-सेनानी नरकेसरी अभ्यंकर (श्री मोरेश्वर वासुदेव अभ्यंकर) के निवास-स्थान की मान-वंदना भी की थी।

डॉ. हेडगेवारजी को इसी समय दो उल्लेखनीय समाचार और भी मिले। प्रथम, डॉ. मुंजे आदि की गोलमेज परिषद् में उपस्थिति, किंतु वहाँ मुसलमान नेताओं द्वारा राष्ट्र विरोधी परकीयतापूर्ण पृथकतावादी प्रवृत्ति का प्रदर्शन। द्वितीय, संघ के तत्कालीन सरकार्यवाह श्री बालाजी हुद्दार का 'बालाघाट राजनीतिक डकैती कांड' में बंदी होना (जनवरी 1931)। इस घटना से डॉक्टरजी सबसे अधिक चिंतित हुए, क्योंकि इससे सरकार को संघ पर प्रहार करने का मौका मिल सकता था। इस चिंता से डॉक्टरजी का स्वास्थ्य तेजी से गिरने लगा। जेल से छूटने के बाद डॉ. हेडगेवारजी ने शीघ्र ही क्रांतिकारी-काल में एकत्र किए गए शस्त्रास्त्रों को सदा के लिए नष्ट करवा दिया, ताकि संघ को उनके साथ सरकार कभी न जोड़ सके।

मुक्ति के पश्चात् अभिनंदन

21 जुलाई, 1930 को डॉ. हेडगेवारजी बंदी बनाए गए थे और जनवरी तक उनके अनेकानेक जेल-साथी मुक्त भी हो गए थे। अकस्मात् ही 14 फरवरी, 1931 को डॉ. हेडगेवारजी भी अकोला जेल से मुक्त कर दिए गए। अकोला व वर्धा की जनता व मित्रों द्वारा प्रदर्शित प्रेमपूर्ण सम्मान ग्रहण करते हुए डॉ. हेडगेवारजी 17 फरवरी, 1931 ई. सायंकाल को नागपुर स्टेशन पर पहुँचे, जहाँ उनका भव्य स्वागत हुआ। उत्साहपूर्वक चलती शोभायात्रा हाथीखाने के मैदान पर समाप्त हुई, जहाँ डॉ. परांजपे ने उनके स्वागत में संक्षिप्त भाषण देकर डॉ. हेडगेवारजी को 'सरसंघचालक' पद की धरोहर सादर सौंप दी।

श्री बाबाराव सावरकर का ध्येयवाद

डॉ. हेडगेवारजी ने उसी क्षण से संघ-कार्य पुनः प्रारंभ कर दिया और कुछ दिन नागपुर रहकर उन्होंने इस मध्य संघ के स्वयंसेवकों में हुए विकास तथा संघ-कार्य का सूक्ष्म निरीक्षण किया, इससे उन्हें बहुत प्रसन्नता हुई। फिर वे बंबई चले गए, जहाँ श्री बाबाराव सावरकर तथा डॉ. नारायणराव सावरकर से महाराष्ट्र में संघ-कार्य का विस्तार करने के विषय में उन्होंने विचार-विमर्श किया। श्री बाबाराव सावरकर के साथ ही डॉ. हेडगेवारजी ने वियना में चिकित्सार्थ जा रहे श्री विट्ठलभाई पटेल से भी एक चिकित्सालय में गुप्त रूप से एवं अंतिम भेंट की।

कुछ दिन बाद श्री बाबाराव सावरकर अपने स्वास्थ्य-लाभ के लिए वाराणसी चले गए। वहाँ मुसलिमों से त्रस्त हिंदुओं को देखकर उस समय की परिस्थिति में संघ-स्थापना को आवश्यक समझकर श्री बाबाराव सावरकर ने डॉक्टरजी को शीघ्र आने का संदेश भेजा। 11 मार्च, 1931 को डॉक्टरजी वाराणसी पहुँचे और 1 अप्रैल तक वहाँ रहे। इस बीच वहाँ वाराणसी नगर और हिंदू विश्वविद्यालय में एक-एक शाखा उन्होंने प्रारंभ करा दी। महामना मदनमोहन मालवीय तथा अन्य अनेक प्रतिष्ठित नागरिकों को डॉक्टरजी ने इस अवधि में प्रभावित किया। इसी अवधि में एक दिन श्री बाबाराव सावरकर ने अपने 'तरुण हिंदू महासभा' नामक संगठन को भी संघ में विलीन कर दिया तथा संघ के विस्तार में ही अपना शेष जीवन समर्पित करने का संकल्प लिया। श्री बाबाराव सावरकर अपनी ध्येयवादी प्रवृत्ति के कारण ही इतना महान् संकल्प कर सके, इसमें कोई संदेह नहीं। डॉ. हेडगेवार क्रांतिवीर बाबाराव की इस उदारता और महानता पर सदा के लिए मुग्ध हो गए।

क्रांतिकारियों का बलिदान

डॉ. हेडगेवारजी ने 23 मार्च, 1931 को लाहौर जेल में तीन महाक्रांतिकारियों—सरदार भगतसिंह, सुखदेव तथा राजगुरु को फाँसी दिए जाने का समाचार पाया, तो वे बहुत दुःखी हुए। इनमें से श्री राजगुरु तो स्वयंसेवक भी थे। ऐसे महान् त्यागी, विरागी, कर्मशील, साहसी, वीर, राष्ट्रभक्त

तथा राष्ट्र समर्पित तरुणों के ऐसे अमूल्य बलिदान गुलाम राष्ट्र में क्षणिक चैतन्य जगा सकते हैं, परंतु स्थायी चैतन्य के लिए तो ऐसे तरुणों की उत्कृष्ट परंपरा होना ही आवश्यक है।

राष्ट्रध्वज का प्रश्न

इसी समय डॉक्टरजी को पता चला कि कांग्रेस में राष्ट्रध्वज के स्वरूप को निश्चित करने का विचार चल रहा है। कांग्रेस ने राष्ट्रध्वज के विषय में निर्णय करनेवाली समिति में सात सदस्य रखे थे—

1. सरदार वल्लभभाई पटेल, 2. पं. जवाहरलाल नेहरू, 3. डॉ. पट्टाभि सीतारमैया, 4. डॉ. ना.सु. हर्डीकर, 5. आचार्य काका कालेलकर, 6. मास्टर तारासिंह, 7. मौलाना अबुलकलाम आजाद।

इस 'ध्वज समिति' के प्रतिवेदन में कहा गया था कि भारत का राष्ट्रीय झंडा एक रंग का केसरिया रहे, जिस पर नीले रंग में चरखा अंकित हो। यह प्रतिवेदन प्रकाशित होते ही डॉक्टरजी यवतमाल में लोकनायक अणे से मिले और इस प्रतिवेदन को कांग्रेस कार्यसमिति से स्वीकार कराने के लिए पूर्ण प्रयत्न करने के लिए उन्हें प्रेरित किया। कार्यसमिति के कुछ अन्य सदस्यों से मिलने के लिए डॉ. हेडगेवारजी दिल्ली भी गए तथा लोकनायक अणे के पास ही ठहरे। डॉ. हेडगेवारजी को भय था कि गांधीजी केसरिया रंग के स्थान पर पहले बने तिरंगे ध्वज को ही अपना समर्थन देंगे। और वास्तव में हुआ भी यही। बंबई में कांग्रेस समिति ने 'ध्वज समिति' के प्रतिवेदन पर विचार किया तो महात्मा गांधी ने अपनी इच्छा को सब पर थोपकर कुछ परिवर्तनों के साथ तिरंगा ध्वज ही राष्ट्रध्वज के रूप में कांग्रेस से मान्य करा दिया।

डॉ. मुंजे का स्वागत

16 अप्रैल, 1931 को लंदन से लौटे डॉ. मुंजे का डॉक्टरजी ने नागपुर स्टेशन पर स्वागत किया तथा सायंकाल शाखा पर उनके भाषण के पूर्व उनके स्वागतार्थ एक संक्षिप्त परंतु प्रेरक भाषण दिया। डॉ. मुंजे ने 'गोलमेज परिषद्' पर 90 मिनट भाषण दिया था।

डॉ. हेडगेवारजी ने इन्हीं दिनों 'शुद्धि-कार्य' में जुटे मसूरकर महाराज के बर्डी विभाग में हो रहे प्रवचनों को भी सुना और उनसे विचार-विमर्श भी किया। जुलाई 1931 में 'शुद्धि समारोहों' में भी डॉ. हेडगेवारजी ने उत्साहपूर्वक भाग लिया था।

विदर्भ में संघ-विस्तार

इस बीच संघ-कार्य का विदर्भ में विस्तार करने की ओर भी डॉ. हेडगेवारजी का ध्यान था। 8-9 अगस्त, 1931 को अकोला में 'हिंदू महासभा' के अधिवेशन की घोषणा होते ही उन्होंने अकोला जाकर वहाँ की संघ-शाखा को प्रयत्नपूर्वक तेजस्वी तथा प्रभावी बनाया। अधिवेशन के अध्यक्षजी विजय राघवाचार्य की शोभायात्रा पर मसजिद से पथराव की विपत्ति आने पर भी संघ के स्वयंसेवकों के व्यवहार से संघ के प्रति हिंदुत्व प्रेमी जनता का आकर्षण बढ़ा। स्थान-स्थान से आए अनेक नेताओं को डॉ. हेडगेवारजी ने संघ की शाखाएँ दिखाईं तथा संघ का तात्त्विक परिचय दिया। अधिवेशन के पश्चात् डॉक्टरजी ने अगस्त-सितंबर में लगभग एक मास तक विदर्भ के अनेक स्थानों—वणी, यवतमाल, दारह्वा, उमरखेड, खामगाँव, अकोट, वाशिम, पुसद आदि का दौरा करके वहाँ नई-नई शाखाएँ प्रारंभ कर दीं।

छत्तीसगढ़ में कार्य

गणेशोत्सव पर वे नागपुर आए और विजयादशमी तक नागपुर में रहे। विजयादशमी पर संघ का पथ-संचलन कार्यक्रम बहुत प्रभावी रहा। उस समय तक संघ की 60 शाखाएँ स्थापित हो चुकी थीं। नवंबर 1931 में डॉ. हेडगेवारजी ने छत्तीसगढ़ आदि हिंदी-भाषी क्षेत्रों में संघ-विस्तार करने के लिए व्यापक दौरा किया और छत्तीसगढ़ विभाग के सभी जिला स्थानों पर शाखाएँ स्थापित कर दीं।

अखंड परिश्रम का परिणाम

इस प्रकार संघ को अपने अखंड परिश्रम से निरंतर आगे बढ़ाने में

डॉक्टरजी सफल हो रहे थे। किंतु साथ-ही-साथ उनका स्वास्थ्य बिगड़ता जा रहा था। परिश्रम, चिंता, धन का अभाव, स्थान-स्थान पर संघ-कार्य में आनेवाली बाधाएँ, राष्ट्र भर की संघ-शाखाओं को कुछ ही वर्षों में व्याप्त कर देने की उनकी व्याकुलता आदि के कारण उनका वज्र-तुल्य शरीर अब प्राय: अस्वस्थ दिखाई पड़ता था।

प्रात: से अर्ध रात्रि के बाद तक वे काम में जुटे रहते थे। उसके बाद भी चिंताग्रस्त रहने के कारण वे अच्छी तरह सो नहीं पाते थे। दिन में घोर परिश्रम, धन के अभाव में प्रात: से दोपहर बाद तक यहाँ-वहाँ पैदल घूमना, भीषण गरमी में पसीने से लथ-पथ घर लौटना और स्नान व भोजन करने के बाद बिना विश्राम किए फिर से बैठक, पत्र-व्यवहार, शाखा, संपर्क आदि का क्रम। प्राय: उनकी यही दिनचर्या रहती।

किंतु उनके स्वास्थ्य के विषय में कोई पूछताछ भी करता तो वे हँसकर बातचीत का विषय बदल देते थे। वे निस्संदेह राष्ट्र के लिए तिल-तिल जलनेवाले, गलनेवाले नव दधीचि थे।

□

डॉ. केशवराव बलिराम हेडगेवार (01 अप्रैल, 1889–21 जून, 1940)

चित्रों में हमारे हेडगेवारजी

(पूना स्थानक पर सत्कार)
बाएँ से—(1) गणपतराव नलावडे, (2) डॉ. हेडगेवार,
(3) छात्र जगद्‌गुरु, (4) अण्णासाहब भोपटकर, (5) तात्यासाहब करंदीकर।

चित्रों में हमारे हेडगेवारजी

(सरस्वती सिनेटोन, पूना में स्वागत)

कुरसी पर बैठे हुए (बाएँ से)—(1)भाऊराव अभ्यंकर, (2) दादा साहब तोरणे, (3) डॉ. हेडगेवार, (4) माधव गोलवलकर, (5) नाना साहब तेलंग।

चित्रों में हमारे हेडगेवारजी

डॉ. हेडगेवार हिंदू युवक परिषद् में भाषण करते हुए।

(तिलक स्मारक मंदिर में प्रवेश करते समय)

बाएँ से—(1) बाबा सावरकर, (2) डॉ. बा.शि. मुंजे, (3) क्षात्र जगद्गुरु, (4) डॉ. हेडगेवार, (5) गणपतराव नलावड़े।

चित्रों में हमारे हेडगेवारजी

(दि आइडियल डेमोक्रेटिक इंश्योरेंस कंपनी लि., नागपुर) बैठे हुए (बाएँ से)—
(1) दत्तोपंत परांजपे, (2) दामुपंत देशमुख, (3) शेषराव पाँढरीपांडे, (4) दादासाहब खापर्डे, (5) नाना साहब तेलंग, (6) डॉ. हेडगेवार, (7) डी.डी. देशपांडे।

(जंगल सत्याग्रह) कुरसी पर बैठे (बाएँ से)—
(1) विट्ठलराव देव, (2) दादाराव परमार्थ, (3) डॉ. हेडगेवार, (4) भैयाजी कुंबलवार, (5) आप्पाजी जोशी।

चित्रों में हमारे हेडगेवारजी

* श्री न.गो. देशपांडे के घर, आर्वी में दत्तविधान समारोह में बैठे हुए (बाएँ से)— सीतारामपंत हेडगेवार, (मध्य में) श्री न.गो. देशपांडे, पत्नी तथा दत्तक पुत्र, कोट, टोपी पहने हुए डॉ. हेडगेवारजी।

कुरसी पर बैठे हुए (बाएँ से) सीतारामपंत हेडगेवार तथा उनका कुटुंब। खड़े हुए (दाईं ओर)— डॉ. हेडगेवार

चित्रों में हमारे हेडगेवारजी

कुरसी पर बैठे हुए (बाएँ से)—
(1) डॉ. शंकरराव नाईक, मुर्तिजापुर, (2) श्री अण्णासाहब खापर्डे, अमरावती।

बैठे हुए (बाएँ से)—(1) डॉ. इंगले, अमरावती, (2) डॉ. बी.आर. कानिटकर अक्लूज, (3) डॉ. लूले, उमरेड।

चित्रों में हमारे हेडगेवारजी

हिंदू युवक परिषद्, पूना स्थानक पर।

चित्रों में हमारे हेडगेवारजी

चित्रों में हमारे हेडगेवारजी

चित्रों में हमारे हेडगेवारजी

चित्रों में हमारे हेडगेवारजी

चित्रों में हमारे हेडगेवारजी

चित्रों में हमारे हेडगेवारजी

चित्रों में हमारे हेडगेवारजी

चित्रों में हमारे हेडगेवारजी

(शुद्धि-समारोह)

बैठे हुए (बाएँ से)—(2) दाजीसाहब बुटी, (4) डॉ. हेडगेवार, (7) डॉ. कुर्तकोटी, (8) राजा लक्ष्मणराव भोंसले, (10) डॉ. मुंजे।

बलवान् और सुसंगठित हिंदू समाज ही सत्य और अहिंसा को धारण करने में समर्थ हो सकता है। सत्य और अहिंसा पर असंतुलित बल देने से हिंदू समाज आत्म-संरक्षण नहीं कर सकेगा।

यहाँ यह उल्लेखनीय है कि साँगली के इस संघ-कार्यक्रम में ही डॉक्टरजी का एक सुंदर फोटो श्री काशीनाथराव लिमये के आग्रह पर खींचा जा सका था, जो बाद में बहुत लोकप्रिय हुआ।

महाराष्ट्र से लौटते समय डॉ. हेडगेवारजी हिंदुत्व के प्रचारक मसूरकर महाराज के दर्शन करने के लिए चांदूर के पश्चात् अकोला के ग्रीष्मकालीन संघ-शिक्षक-वर्ग में, जिसके सर्वाधिकारी श्री माधवराव गोलवलकर थे, में जाकर चल रहे कार्य को देखकर उन्होंने बहुत संतोष प्रकट किया।

प्रचार-योजना

इस समय देश के विविध प्रांतों में हिंदू संगठन प्रारंभ करने के लिए उनके प्रवास की माँग सब ओर से संघ-प्रेमियों के द्वारा की जा रही थी। अतः डॉ. हेडगेवारजी ने एक नई योजना की कल्पना की। उन्होंने कुछ तेजस्वी एवं कार्यकुशल स्वयंसेवकों को अपनी पढ़ाई के लिए दूसरे प्रांतों के विद्यालयों, कॉलेजों या विश्वविद्यालयों में प्रवेश लेने तथा वहाँ संघ-कार्य का प्रसार करने की योजना बनाई।

इसके लिए उन्होंने विविध भाषाएँ सीखने की ओर भी अनेक स्वयंसेवकों को प्रवृत्त किया। नागपुर में मराठी और हिंदी दोनों ही बोली जाती हैं, किंतु मराठी-भाषी स्वयंसेवकों ने प्रयत्नपूर्वक अच्छी हिंदी बोलने के नए अभ्यासी स्वयंसेवकों को उत्साहित किया। उन्होंने आंध्र में कार्य-प्रसार करने की दृष्टि से कुछ स्वयंसेवकों को तेलुगू भाषा सीखने की भी प्रेरणा दी। इन सबका परिणाम बहुत अच्छा हुआ। उदाहरणार्थ, हिंदी-भाषी महाकौशल क्षेत्र में संघ-प्रचार के लिए जानेवाले अनेक कार्यकर्ताओं को भाषा की कठिनाई नहीं रही।

यहाँ यह उल्लेखनीय है कि ग्रीष्मावकाश आदि छुट्टी के दिनों में संघ की शाखाएँ लगाने, चलाने और बढ़ाने के लिए अनेक कार्यकर्ता अपना पूर्ण

समय देते थे। इस समय प्रचार-योजना को डॉक्टरजी ने स्वयंसेवकों के बीच लोकप्रिय बनाया। कालांतर में इसी से संघ की प्रचारक-योजना का विकास हुआ। यह भी स्मरणीय है कि श्री बाबा साहब आपटे तथा श्री दादाराव परमार्थ तो प्रारंभ से ही संघ समर्पित प्रचारक के रूप में कार्य कर रहे थे। वर्ष 1935 में दादाराव परमार्थ तथा श्री बाबा साहब आपटे के समान ही अनेक नए कार्यकर्ता खानदेश तथा महाकौशल में संघ-प्रसार के लिए भेजे गए। उनकी योजनानुसार उत्साही राष्ट्रभक्त श्री आबाजी हेडगेवार ने (सत्तर वर्ष की अवस्था में) खानदेश में दो मास तक प्रवास किया तथा मुसावल, धुलिया, परोका, शिरपुर आदि अनेक स्थानों पर जाकर संघ-दृष्टि से व्यापक संपर्क किया।

सिंदी में विचार-विमर्श

संघ-कार्य में कागज और लेखनी का कम ही प्रयोग करने के इच्छुक डॉ. हेडगेवारजी ने 1927 में जो नियम, कार्यपद्धति, आचार-पद्धति आदि निश्चित की थी, उनपर पुनर्विचार करते हुए आवश्यक संशोधन करने के लिए उन्होंने (अक्तूबर 1935 ई. में) श्री आप्पाजी जोशी, श्री दादा साहब देव तथा श्री कृष्णराव मोहरील के साथ सिंदी में एक सप्ताह से अधिक व्यतीत किया। उनके मित्र श्री नानासाहब टालाटुले के घर पर यह कार्यक्रम संपन्न हुआ। इस समय डॉक्टरजी को मिले शारीरिक विश्राम और पीठ के दर्द के लिए मालिश से भी स्वास्थ्य को कुछ लाभ हुआ।

हिंदू महासभा अधिवेशन

29 दिसंबर, 1935 को पुणे में 'हिंदू महासभा' के अधिवेशन की अध्यक्षता करने के लिए महामना मदनमोहन मालवीय वहाँ पहुँचे। वहाँ के कार्यकर्ताओं की इच्छा होने के कारण, अपनी अस्वस्थता तथा पैर के घाव के कारण चलना-फिरना अत्यंत कष्टप्रद होने पर भी, डॉक्टरजी स्वयं भी 28 दिसंबर को पुणे पहुँच गए। इस अवसर पर पुणे के 500 गणवेशधारी स्वयंसेवकों के भव्य संचलन तथा मानवंदना कार्यक्रम को देखकर दर्शकों ने संघ की बहुत

प्रशंसा की। डॉ. बालकृष्ण मुंजे तथा श्री पद्मराज जैन ने संघ की महत्ता तथा विशेषताओं पर भी अपने भाषणों में प्रकाश डाला। देशभर के विविध स्थानों के प्रतिनिधियों ने अपने-अपने क्षेत्रों में संघ-शाखाएँ प्रारंभ करने का डॉक्टरजी से अनुरोध किया। परंतु प्रचारक कार्यकर्ताओं की उतनी बड़ी संख्या शीघ्र तैयार न हो सकती थी, अतः डॉक्टरजी की चिंता स्वाभाविक ही थी।

'राष्ट्र सेनापति' की पदवी

इस समय संघ-कार्य तथा डॉक्टरजी की महानता के प्रति हिंदुत्वनिष्ठ व्यक्तियों का आदरभाव भी सतत बढ़ता जा रहा था। नासिक के शंकराचार्य (डॉ. कुर्तकोटि) द्वारा आद्य शंकराचार्य जयंती (वैशाख शुक्ल पंचमी) के अवसर पर मई 1936 में डॉ. हेडगेवारजी को 'राष्ट्र सेनापति' की पदवी प्रदान करने की घोषणा हुई। किंतु डॉ. हेडगेवारजी को यह समाचार अच्छा नहीं लगा। कुछ मित्रों व स्वयंसेवकों द्वारा उनके पते में 'राष्ट्र सेनापति' पदवी का उपयोग होते ही उन्होंने सभी संबंधितों को इस पदवी का उपयोग न करने की सूचना आग्रहपूर्वक दी। कर्मठता की मूर्ति डॉक्टरजी को हिंदू समाज के दुर्बल रहते हुए 'राष्ट्र सेनापति' की पदवी व्यवहारोपयोगी न लगे, यह स्वाभाविक ही था।

अस्वस्थता

पूना के 'हिंदू महासभा' अधिवेशन के बाद डॉक्टरजी बंबई आदि स्थानों पर होते हुए नागपुर लौटे। इस प्रवास में पैर का घाव और भी कष्टदायक हो गया था। नागपुर आने के पश्चात् उसे ठीक होने में दो महीने लगे। उनका स्वास्थ्य निरंतर गिर रहा था। उनके अनेक हितैषी उन्हें अपने यहाँ निमंत्रित कर विश्राम देना चाहते थे। किंतु संघ-कार्य के शीघ्रातिशीघ्र विस्तार, उत्कृष्ट कार्यकर्ता निर्माण तथा संघ-कार्य के लिए धन-संग्रह करने की चिंता उन्हें स्वास्थ्य की चिंता नहीं करने दे रही थी।

संघ-स्थापना विधि

24 मार्च, 1936 को उन्होंने एक सूचनात्मक परिपत्र लिखा, जिसका

शीर्षक 'संघ-स्थापना' विधि था। इसमें स्वयंसेवक के गुणों के संबंध में उन्होंने अपनी कल्पना स्पष्ट की थी। यह पत्रक उन्होंने श्री कृष्णराव वडेकर को लिखकर दिया था, क्योंकि वे प्रचारक बनकर धुलिया, जलगाँव विभाग में जा रहे थे।

पूना में डॉक्टरजी

उसके बाद ही अप्रैल 1936 में डॉक्टरजी पूना के अधिकारी शिक्षण-वर्ग के लिए चले गए। उसी काल में पुणे के सोन्या मारुति मंदिर का घंटा बजने से पास की मसजिद की नमाज में बाधा पड़ती है, यह शिकायत मुसलमानों ने सरकारी अधिकारियों से की। मुसलमानों ने दंगा करने का भी प्रयत्न किया, किंतु संघटित हिंदू शक्ति के कारण अंत में उन्हें पराजित होना पड़ा। इस समय डॉक्टरजी के भाषणों तथा बातचीत में इस बात पर बल रहता था कि हिंदुओं को परकीयों के अन्यायों का संगठित रूप से विरोध करना चाहिए। विशेषत: मुसलमानों की परकीय जैसी दृष्टि तथा उससे उत्पन्न पाकिस्तान की माँग आदि को वे भावी संकटों की सूचना मानते थे।

श्रीगुरुजी का गृह-त्याग

अक्तूबर 1936 में डॉक्टरजी यह जानकर आश्चर्यचकित रह गए कि श्री माधवराव गोलवलकर (श्रीगुरुजी) डेढ़ वर्ष वकालत करने के बाद संसार से विरक्त होकर किसी आश्रम में चले गए हैं। बहुत बाद में यह ज्ञात हुआ कि वे स्वामी विवेकानंद के गुरुभाई स्वामी अखंडानंद का शिष्यत्व ग्रहण करने के लिए बंगाल में सारगाछी आश्रम में थे और मार्च 1937 में उनके नागपुर वापस आने तक डॉक्टरजी श्री माधवराव गोलवलकरजी के विषय में चिंतित रहे।

पंजाब में संघ-प्रचारक

पंजाब प्रांत में संघ-कार्य प्रारंभ करने की माँग बढ़ती जा रही थी। अत: डॉक्टरजी ने 1936 में अनेक कार्यकर्ताओं को पंजाब के विभिन्न स्थानों पर भेजा। उनमें श्री जनार्दन चिंचालकर, श्री राजाभाऊ पातुरकर, श्री नारायण

पुराणिक आदि उल्लेखनीय हैं। इन कार्यकर्ताओं के मार्गदर्शन के लिए डॉक्टरजी नियमित पत्र-व्यवहार तो करते ही थे, श्री बाबा साहब आपटे और श्री दादाराव परमार्थ को भी समय-समय पर पंजाब भेजते रहे।

सैनिक विद्यालय

डॉ. बालकृष्ण मुंजे ने जो 'भोंसले सैनिक विद्यालय' कालांतर में स्थापित किया, उसकी संस्थापिका संस्था की संचालन समिति में भी उन्होंने डॉ. हेड्गेवारजी को बहुत आग्रह के साथ रखा था। उसकी बैठक बंबई में अगस्त 1936 में हुई थी, जिसमें डॉक्टरजी उपस्थित थे। उसके पश्चात् उन्होंने ठाणे, पूना, नगर, जुन्नर, नासिक, भुसावल, अकोला, मुर्तिजापुर, वर्धा आदि अनेक शाखाओं का निरीक्षण किया।

दो घटनाएँ

2 सितंबर से 12 नवंबर, 1936 तक वे नागपुर में रहे। इस काल में दो महत्त्वपूर्ण घटनाएँ घटित हुईं—प्रथम, संघ के विचार-दर्शन और व्यवहार पर डॉक्टरजी के दस भाषण अधिकारी वर्ग के सामने नागपुर में हुए। द्वितीय, 25 अक्तूबर, 1936 को श्रीमती लक्ष्मीबाई केलकर ने 'राष्ट्र सेविका समिति' की स्थापना की। हिंदू स्त्रियों को हिंदुत्वनिष्ठ तथा अपनी रक्षा में समर्थ बनाने के उद्देश्य से इस समिति की स्थापना करने के लिए डॉक्टरजी से कई बार उन्होंने विचार-विमर्श किया था। श्रीमती केलकर का पुत्र संघ का कार्यकर्ता था। फिर भी डॉक्टरजी ने श्रीमती केलकर के दृढनिश्चय को परखने के पश्चात् ही समिति-स्थापना के लिए सहमति दी और सहयोग किया। डॉक्टरजी ने श्रीमती लक्ष्मीबाई केलकर को यह स्पष्ट बता दिया था कि राष्ट्रीय स्वयंसेवक संघ से 'राष्ट्र सेविका समिति' को पृथक् और समानांतर कार्य करना चाहिए और स्त्री-संघटन में आनेवाली विविध समस्याओं की पूर्व कल्पना करके ही समिति की स्थापना की जानी चाहिए। यहाँ यह उल्लेखनीय है कि डॉक्टरजी समय-समय पर समिति की शाखाओं में भाषणार्थ निमंत्रित किए जाते थे और उनका मार्गदर्शन बहुत माननीय होता था।

अस्वस्थता में तूफानी दौरा

13 नवंबर,1936 से डॉक्टरजी ने अपना प्रवास कार्यक्रम प्रारंभ किया। नवंबर प्रारंभ से उन्हें फिर बुखार रहने लगा था और कभी-कभी खाँसी बढ़ जाती थी। फिर भी, पूर्व निर्धारित कार्यक्रमों को करने के लिए वे नागपुर से काटोल तहसील के प्रवास पर 13 से 23 नवंबर तक रहे। उसके बाद 24 नवंबर से 6 दिसंबर तक उन्होंने विदर्भ में 21 स्थानों का प्रवास किया। यह तूफानी दौरा जिस कार से हुआ, वह अपनी विशेषताओं के कारण विनोद में 'स्टेट कार' कहलाती थी। इस दौरे में उनके साथ श्री गोपाल राव चितले, श्री तात्या साहब सोहनी, श्री दादाराव परमार्थ तथा श्रावणे मास्टर भी थे। इस व्यस्त दौरे में सायंकालीन शाखा अर्धरात्रि तक चलनेवाली रात्रिकालीन बैठक के बाद की अनौपचारिक बातचीत में प्रातःकाल के 3 बज जाते थे। दिन का अधिकांश समय लोगों से मिलने-जुलने में चला जाता था। इस प्रवास का लाभ यह हुआ कि प्रत्येक जिले में जिला संघचालक नियुक्त हो गए और श्री बापू साहब सोहनी ने विदर्भ-प्रांत-संघचालक का दायित्व सँभाल लिया।

निस्संदेह उनके स्वास्थ्य में इस प्रवास से बहुत गिरावट आई और उन्होंने ज्वर, सिरदर्द, दुर्बलता आदि का अनुभव किया। अपने स्वास्थ्य को क्षण-क्षण होम करते हुए वे राष्ट्रीय स्वयंसेवक संघ को विकसित कर लोकसंग्रह का एक महान् आदर्श उपस्थित कर रहे थे।

शिविरों में मार्गदर्शन

दिसंबर 1936 में डॉ. हेडगेवारजी ने नागपुर और चाँदा के संघ-शिविरों में जाकर मार्गदर्शन किया तथा वीरव्रतधारी स्वयंसेवकों का आह्वान किया। उस समय संघ की स्वयंसेवक संख्या 25000 से अधिक चल रही थी।

इन शिविरों को समाप्त कर डॉक्टरजी 1 जनवरी, 1937 को पूना गए और वहाँ के संघ-शिविर में दो दिन रहे। महाराष्ट्र का यह प्रथम शीत-शिविर था और उसका वातावरण बहुत उत्साहपूर्ण था। शिविर के पश्चात् डॉक्टरजी पंढरपुर और शोलापुर होकर साँगली पहुँचे। साँगली से महाराष्ट्र प्रांत संघचालक श्री काशीनाथ राव लिमये को साथ लेकर उन्होंने मिरज,

कोल्हापुर, चिपलूण, सातारा आदि 26 स्थानों की शाखाओं का निरीक्षण किया तथा जनवरी 1937 के अंत तक नागपुर वापस लौट आए।

कोल्हापुर-यात्रा

कोल्हापुर में देशी रियासत होने के कारण तथा वहाँ के नरेश छत्रपति राजाराम भोंसले के राष्ट्रीय स्वयंसेवक संघ पर प्रतिबंध के कारण वहाँ संघ का कार्य 'राजाराम स्वयंसेवक संघ' के नाम से चलता था। वहाँ के सुप्रसिद्ध अंबाबाई के मंदिर के प्रांगण में लगभग 300 लोगों के बीच डॉक्टरजी का प्रेरक भाषण हुआ। कोल्हापुर में अनेक प्रतिष्ठित नागरिकों को उन्होंने प्रथम भेंट में ही प्रभावित किया। इनमें महाराष्ट्र के प्रसिद्ध सिनेमा निदेशक श्री भालजी पेंढारकर का नाम विशेष उल्लेखनीय है। कोल्हापुर के प्रवास में वहाँ के डॉक्टरों की समिति की ओर से भी डॉक्टरजी के सम्मान में एक कार्यक्रम रखा गया। इस कार्यक्रम में भी डॉक्टरजी ने संघ के विषय में अपने संक्षिप्त विचार रखकर प्रश्नोत्तर आदि के द्वारा खुली चर्चा की, जिसका अच्छा परिणाम हुआ।

दर्शन और मार्गदर्शन

सातारा आदि का यह प्रवास भी तूफानी था। प्रतिदिन दोपहर दो बजे भोजन और रात्रि को दो बजे तक जागरण तथा सायंकालीन शाखा के कारण विश्राम दुर्लभ था। किंतु सभी शाखाओं में, विशेषतः तरुण स्वयंसेवकों में राष्ट्रभक्ति, संघनिष्ठा तथा उत्साह देखकर डॉक्टरजी को बहुत आनंद मिलता था। इसी प्रकार अपने श्रद्धेय सरसंघचालक के दर्शन तथा प्रत्यक्ष मार्गदर्शन से स्वयंसेवकों के मानस में उठी आनंद की अनंत लहरें उनकी कर्मशीलता का अभिषेक किया करती थीं।

□

14

नवीन उपलब्धियाँ

(1937–1938 ई.)

डॉ. केशवराव हेडगेवार की बहुविध गतिविधियाँ भी संघ-कार्य के साथ चलती रहती थीं। उन्हीं के अंतर्गत डॉ. बालकृष्ण मुंजे की सैनिक विद्यालय संबंधी योजना में सहयोग देना भी शामिल था। अत: डॉ. मुंजे की 'सेंट्रल मिलिटरी एजुकेशन सोसाइटी' की कार्यकारिणी की बैठक में भाग लेने के लिए डॉ. हेडगेवारजी 21-22 मार्च, 1937 को नासिक में रहे। इस अवसर पर सैनिक विद्यालय के लिए खरीदे गए स्थान का निरीक्षण करने भी वे डॉ. मुंजे तथा श्री प्रताप सेठ के साथ गए थे। विद्यालय के पाठ्यक्रम आदि के निर्धारण में भी उनका महत्त्वपूर्ण योगदान रहा।

एक स्वयंसेवक का अभिनंदन

नासिक की संघ-शाखा को भी उनका मार्गदर्शन मिला। नासिक से वापस आते समय धुलिया, अमलनेर, जलगाँव आदि अनेक स्थानों में भी उन्होंने प्रवास कर शाखाओं का निरीक्षण किया। यहाँ यह उल्लेखनीय है कि धुलिया की देवपुर शाखा में उन्होंने शिवपुर शाखा के श्री किशनसिंह नामक स्वयंसेवक को बुलाकर उनका अभिनंदन किया था, क्योंकि दिसंबर 1936 के कांग्रेस अधिवेशन में ध्वजारोहण में आई बाधा को उन्होंने बड़ी कुशलता

से दूर कर दिया था और उनके अभिनंदन की सार्वजनिक घोषणा करके भी कांग्रेस ने बाद में अभिनंदन नहीं किया था। इस अवसर पर उन्होंने संघ-शाखा पर दिए भाषण में स्वयंसेवकों को यह महत्त्वपूर्ण विचार दिया था कि दल का विचार न करते हुए देशहित के हर कार्य में स्वयंसेवकों को सहयोग देना चाहिए।

प्रौढ़ स्वयंसेवक सम्मेलन

अकोला के प्रौढ़ स्वयंसेवकों के सम्मेलन में भी उन्होंने भाग लिया। यहाँ दिए भाषण में (28 मार्च) उन्होंने संघ स्थापना का इतिहास विस्तारपूर्वक बताते हुए संघ के उद्‌देश्य की विशालता और उसके लिए विराट् संघ-शक्ति के निर्माण के लिए विचारशील हिंदुओं का आह्वान किया।

क्रांतिवीर बाबाराव सावरकर की सेवा

प्रवास से नागपुर आने के कुछ दिन बाद ही (अप्रैल 1937 में) डॉ. हेडगेवारजी पूना के 'अधिकारी शिक्षण-वर्ग' के लिए श्रीकृष्ण पुराणिक को साथ लेकर चले गए। पहले वे किसी कार्यवश बंबई गए। वहाँ संघचालक श्री दादासाहब नाईक के घर ठहरे तथा इन्फ्लुएंजा के कारण उन्हें एक सप्ताह वहीं रुकना पड़ा। वहाँ से पूना आकर वे 'अधिकारी शिक्षण-वर्ग' के कार्य में व्यस्त हो गए। इस मध्य पूना में 'उपहार-गृह' में ठहरे हुए तथा अधिक अस्वस्थ श्री बाबाराव सावरकर को वे वर्ग के 'वसतिगृह' में ले गए। उन्होंने उनकी पूरी देखभाल की व्यवस्था की तथा स्वयं उनकी प्रेमपूर्वक सेवा भी की। उनकी इस प्रकार की आत्मीयता की गहरी छाप सभी संबंधितों पर स्वाभाविक रूप से पड़ती थी और उससे उनके प्रति लोकश्रद्धा गहरी हो जाती थी।

सोन्या मारुति सत्याग्रह

उन दिनों पूना के प्रसिद्ध 'सोन्या मारुति मंदिर' में घंटा बजने से मुसलमानों की समीपस्थ मसजिद की नमाज में बाधा न पड़े, इसके लिए 24 अप्रैल से 14 मई तक मूर्खतापूर्ण एवं अपमानजनक सरकारी प्रतिबंध लगाया गया था।

उसके विरुद्ध हिंदुओं ने 'सोन्या मारुति सत्याग्रह' प्रारंभ कर दिया था। पूना के संघ को भी सत्याग्रह में तत्काल भाग लेना चाहिए था, यह जनधारणा सर्वत्र बातचीत में प्रकट होती थी। अनेक स्वयंसेवकों ने स्वयं उत्साहपूर्वक इस सत्याग्रह में भाग भी लिया था, किंतु वे अलग से संघ के हैं, ऐसी कोई पहचान उन्होंने नहीं रखी थी, और यही संघ की नीति भी थी। शिक्षण-वर्ग की विधिवत् समाप्ति होने पर 13 मई को डॉक्टरजी ने स्वयं 'सोन्या मारुति सत्याग्रह' में भाग लिया। उनके सत्याग्रह दल में इतिहास-मर्मज्ञ श्री दत्तात्रेय आपटे (जो यवतमाल में डॉक्टरजी के शिक्षक रहे थे) इत्यादि अनेक महत्त्वपूर्ण लोग थे। सत्याग्रहियों को पुलिस ने बंदी किया, परंतु चालान करके उन्हें मुक्त कर दिया। अगले दिन मुकदमा प्रारंभ हुआ। डॉक्टरजी की ओर से वकील बने श्री न.गो. अभ्यंकर ने डॉक्टरजी को 'धर्मगुरु का सम्मान दिलाते हुए' न्यायालय में जाने की आवश्यकता से मुक्त करा दिया। अंततः 17 मई के निर्णय में डॉक्टरजी पर 25 रुपए जुरमाना घोषित किया गया।

दिल्ली तथा वाराणसी की यात्रा

मई 1937 में नागपुर के अधिकारी शिक्षण-वर्ग के पश्चात् डॉ. हेडगेवारजी ने स्वयं दिल्ली की यात्रा की। दिल्ली में सेठ जुगलकिशोर बिरला आदि अनेक प्रतिष्ठित नागरिकों से संपर्क तथा स्वयंसेवकों का प्रत्यक्ष मार्गदर्शन करने के पश्चात् वे वाराणसी चले गए। वहाँ वे लगभग तीन सप्ताह रहे। वहाँ की विश्वविद्यालय शाखा की प्रगति से चिढ़े कम्युनिस्टों ने (जो तब स्वयं को 'समाजवादी' कहते थे) संघ के विरुद्ध एक पत्रक बाँटकर यह मिथ्या तथा हास्यास्पद प्रचार करने का प्रयत्न किया कि संघ पूँजीपतियों के हितों का रक्षक है तथा उन्हीं के धन से चलता है। ऐसे पत्रकों के प्रति पूर्ण दुर्लक्ष्य करने की संघ-नीति को ही इस बार भी डॉक्टरजी सफलतापूर्वक व्यवहार में लाए। उनका यह प्रवास बहुत सफल रहा। वाराणसी की नगर-शाखा को भी उनका मार्गदर्शन मिला। इस अवसर पर महामना मदनमोहन मालवीय से भी उनकी प्रेमपूर्ण भेंट हुई।

विजयादशमी उत्सव

वाराणसी से चलकर प्रयाग, होशंगाबाद, बैतूल आदि शाखाओं का निरीक्षण करते हुए डॉक्टरजी विजयादशमी से पूर्व ही नागपुर वापस आ गए। विजयादशमी के अवसर पर संघ का विशेष उत्सव-कार्यक्रम तो भव्य हुआ ही, पथ-संचलन कार्यक्रम भी बहुत प्रभावी हुआ। उसकी प्रशंसा करते हुए 'सावधान' साप्ताहिक ने संघ के स्वयंसेवकों की पदताल तथा घोष-पथक की बिगुल-ध्वनि के विषय में लिखा था—

"तटस्थों के हृदय में कुतूहल, मित्रों के हृदय में अभिमान तथा शत्रुओं के हृदय में भय उत्पन्न करनेवाली यह ध्वनि है। यह आशा का आह्वान है, पराक्रम की हुँकार है, विजगीषु वृत्ति का नाद है। उज्ज्वल भविष्य के पड़नेवाले पगों की वह आहट है तथा उज्ज्वलतर परंपरा का अमूल्य आशीर्वचन है।"

वीर सावरकर का दौरा

1937 ई. में स्वातंत्र्यवीर विनायक दामोदर सावरकर को सरकार ने रत्नागिरि जिले की स्थानबद्धता से मुक्त कर दिया। जून-जुलाई में महाराष्ट्र में उनके स्वागत-कार्यक्रमों की बाढ़ सी आ गई थी। उनकी मुक्ति से डॉ. हेडगेवारजी को विशेष आनंद होना स्वाभाविक था। उन्होंने अपने अनेक कार्यकर्ताओं को ऐसे महान् राष्ट्रभक्त के दर्शन करने, साथ रहने तथा उनसे विचार-विमर्श करने के लिए प्रेरित किया। यही नहीं, दिसंबर 1937 में वीर सावरकर के साथ विदर्भ प्रांत के प्रवास में भंडारा, अकोला आदि स्थानों की यात्रा की तथा संघ-कार्य की आवश्यकता व उसकी सफलता की कामना और हिंदुत्व के प्रचार-प्रसार के लिए उद्‌बोधन, ये ही प्रमुख विषय थे। संघ की अनेक शाखाओं पर वीर सावरकरजी को ले जाने तथा उनकी मानवंदना आदि के कार्यक्रमों की व्यवस्था के लिए डॉक्टरजी ने कुछ अन्य प्रमुख कार्यकर्ताओं को दायित्व भी सौंपा था।

कांग्रेस नेताओं का विरोध

संघ की प्रगति में स्थान-स्थान पर राष्ट्रभक्त तथा हिंदुत्व प्रेमी कांग्रेसियों

का भी सहयोग मिल रहा था। साथ ही अनेक स्थानों पर दलगत भावना से भरे तथा हिंदुत्व-द्वेषी कांग्रेसियों द्वारा संघ का प्रबल विरोध, स्वयंसेवकों से झगड़े तथा मार-पीट के समाचार भी डॉक्टरजी को मिल रहे थे। तत्कालीन कांग्रेसियों में दलगत संकुचितता बढ़ती जा रही थी और मुसलिम-तुष्टीकरण तथा हिंदुत्व की उपेक्षा की प्रवृत्ति भी बढ़ रही थी। लोकमान्य तिलक और महात्मा गांधी के नेतृत्व में कांग्रेस की स्थितियों में आकाश-पाताल का अंतर दिखाई दे रहा था। महाराष्ट्र, विदर्भ और मध्य प्रांत में, जहाँ लोकमान्य तिलक का अनुयायी वर्ग विशाल संख्या में था, यह अंतर बहुत चुभनेवाला प्रतीत होता था। डॉ. हेडगेवारजी कांग्रेस के प्रति अपने आदरपूर्ण तथा राष्ट्रीय दृष्टिकोण के कारण संघ को विरोध से बचाकर आगे ले जाना चाहते थे। सभी भारतीय दलों के प्रति यथासंभव सहयोग की उनकी धारणा के कारण भी वे शांत व उदार थे। इस बीच एक विचित्र घटना घटित हुई कि 10 नवंबर, 1937 को मध्य प्रांत कांग्रेस की ओर से डॉक्टरजी को एक पत्र प्राप्त हुआ, जिसमें संघ के उद्देश्य, कार्यक्रम आदि के संबंध में जानकारी माँगी गई थी, ताकि कांग्रेस संघ के प्रति नीति निश्चित कर सके। डॉक्टरजी ने एक संक्षिप्त उत्तर भेज दिया। फिर भी कांग्रेस के मंत्री के तीन पत्र क्रमशः आए और एक लंबी प्रश्नावली भी। डॉक्टरजी ने अपने सहयोगियों से परामर्श करके जो उत्तर लिखा, उसमें स्पष्टवादिता तथा तीक्ष्णता के साथ यह स्पष्ट किया गया था कि संघ कांग्रेस-विरोधी नहीं है, किंतु कांग्रेस के कुछ कार्यकर्ता और कांग्रेस के मुखपत्र कहलानेवाले कुछ समाचार-पत्र अवश्य संघ का विरोध करते हैं। उन्होंने दोनों संस्थाओं को अपने-अपने क्षेत्र में सात्त्विक अंतःकरण के साथ, परस्पर द्वेष व विरोध न करते हुए, आनंदपूर्वक काम करने की नीति पर चलने की रीति को ही उत्तम प्रतिपादित किया। इस पत्र-व्यवहार से उनकी अविरोध की नीति स्पष्ट दिखाई देती है।

भव्य बाल-शिविर

दिसंबर 1937 के अंतिम दिनों में लगनेवाले संघ के शीत-शिविरों में से काटोल, नागपुर, वर्धा, चाँदा और यवतमाल में डॉक्टरजी स्वयं उपस्थित रहे।

नागपुर में एक हजार बाल स्वयंसेवकों का शीत-शिविर इन सबमें अपना अलग ही महत्त्व रखता है। उसका उद्घाटन औंध-नरेश के द्वारा हुआ था। इतने भव्य दृश्य को देखकर हिंदुत्व-प्रेमी महाराज को बहुत प्रसन्नता हुई और उनके आदेशानुसार उनके साथ फोटोग्राफर ने फोटो खींचना प्रारंभ कर दिया। ध्वज फहराने के कुछ क्षणों के पश्चात् ही डॉक्टरजी की सूक्ष्म दृष्टि कैमरे पर पड़ी। उन्होंने इसे संघ नियमों के प्रतिकूल कहकर फोटो खींचना रुकवा दिया।

श्रीगुरुजी संघ में पुनः सक्रिय

1937 ई. की एक विशेष घटना यह भी रही कि फरवरी मास के अंत में श्री माधवराव गोलवलकर (श्रीगुरुजी) सारगाछी आश्रम से वापस आ गए थे। उनके गुरुदेव स्वामी अखंडानंद उन्हें दीक्षा देकर कलकत्ता में समाधिस्थ हो चुके थे (7 फरवरी, 1937) और श्री गोलवलकर का भाग्य उन्हें नागपुर वापस ले आया था। उनके माता-पिता ने अपने पुत्र की वैराग्यपूर्ण वृत्ति तथा विवाह करने की अनिच्छा को भाग्य-विधान मानकर स्वीकार लिया था। मार्च में श्री गोलवलकर ने स्वामी विवेकानंद के शिकागो के व्याख्यानों का मराठी में अनुवाद प्रारंभ किया और 8 मार्च, 1937 को अपने गुरुदेव के मासिक श्राद्ध के दिन उसे पूर्ण भी कर दिया, मानो यह गुरु-दक्षिणा समर्पण हो! इन दिनों राष्ट्रीय स्वयंसेवक संघ से पुराना संबंध होने पर भी उन्हें संघ-कार्य की ओर प्रवृत्ति नहीं जागी। वकालत करने की ओर भी उनका ध्यान नहीं था। इस समय डॉ. हेडगेवारजी के विषय में आदर होने पर भी वे एकांत, आध्यात्मिक और अध्ययनशील जीवन की ओर ही आकर्षित थे। उनके मन में एक उदासीनता थी या भावी जीवन के विषय में कुछ चिंतन चल रहा था, कुछ नहीं कहा जा सकता। यह स्थिति 1937 में चलती ही रही। गंभीर चिंतन के परिणामस्वरूप जागी प्रेरणा से उन्होंने 1938 के प्रारंभ में ही संघ तथा डॉ. हेडगेवारजी से अपना संबंध पुनः जोड़ लिया। यह संबंध घनिष्ठ होता गया और जीवन भर बना रहा। शीघ्र ही उन्होंने संघ की प्रतिज्ञा भी ग्रहण की। प्रतिज्ञा-विधि स्वयं डॉ. हेडगेवारजी ने अपने घर पर संपन्न

कराई। इसके पश्चात् तो श्री माधवराव का मन संघ में रमता ही चला गया। नागपुर की उपशाखाओं पर तथा नागपुर के बाहर की शाखाओं पर भी आना-जाना तथा स्वयंसेवकों से संपर्क उनकी दिनचर्या का अंग बन गया। संघ के विविध कार्यक्रमों और बैठकों में डॉ. हेडगेवारजी के व्यक्तित्व तथा कार्य-पद्धति को बहुत समीप से देखने का अवसर भी उन्हें मिल रहा था।

अखंड परिश्रम

डॉ. हेडगेवारजी संघ के शीघ्रातिशीघ्र भारत-व्यापी विस्तार के लिए दिन-रात परिश्रम कर रहे थे। नए-नए कार्यकर्ताओं का निर्माण, उन्हें नए-नए क्षेत्रों में भेजना, विविध प्रांतों में प्रतिष्ठित नागरिकों को संघ के संपर्क में लाने का प्रयत्न, बाहर भेजे गए कार्यकर्ताओं का पत्र-व्यवहार द्वारा या प्रत्यक्ष संपर्क द्वारा मार्गदर्शन व उत्साहवर्धन आदि कितने ही कामों के कारण यदि उन्हें दिन-रात के चौबीस घंटे भी कम लगते थे, तो इसमें क्या आश्चर्य!

वे कहीं भी जाते या किसी से भी मिलते, तो संघ-दृष्टि अवश्य विद्यमान रहती थी। 16 जनवरी, 1938 को डॉ. हेडगेवारजी नासिक के भोंसले सैनिक विद्यालय गए थे। लौटते समय धुलिया, भुसावल, अकोला आदि शाखाओं का निरीक्षण करते हुए वे 21 जनवरी को नागपुर आ गए। 12 फरवरी, 1938 को उन्होंने नागपुर के प्रमुख अधिकारियों की बैठक में नागपुर के प्रसिद्ध वकील श्री बाबासाहब पाध्ये (श्री रामचंद्र नारायण पाध्ये) को प्रांत संघचालक नियुक्त किया। फिर 17 फरवरी को नागपुर, विदर्भ तथा महाराष्ट्र के प्रांत संघचालकों की बैठक में संघ-विस्तार की दृष्टि से विचार-विमर्श किया गया।

मार्च 1938 के प्रारंभ में ही वे महाकोशल प्रांत के प्रवास पर गए। इस अवसर पर उन्होंने सिवनी, नरसिंहपुर, सागर, दमोह आदि स्थानों की शाखाओं का निरीक्षण किया। 25 मार्च को वे नासिक गए, जहाँ डॉ. बालकृष्ण मुंजे के 'भोंसला सैनिक विद्यालय' का उद्घाटन ग्वालियर-नरेश द्वारा संपन्न होना था। नागपुर से नासिक जानेवाली रेलगाड़ी के तृतीय श्रेणी के डिब्बे में खूब भीड़ थी, अत: कार्यकर्ताओं ने उनसे द्वितीय श्रेणी के डिब्बे में बैठने का

आग्रह किया, किंतु उन्होंने द्वितीय श्रेणी में यात्रा करना स्वीकार नहीं किया और घंटों खड़े रहकर कष्टमय यात्रा की। उनके जीवन के ऐसे प्रसंगों से उनके साथी यह सीख गए कि सार्वजनिक धन का उपयोग करने में कितना आत्मसंयम तथा कठोरता आवश्यक है! संघ के विकास में इसका दूरगामी परिणाम हुआ।

हिंदू युवक परिषद् की अध्यक्षता

नासिक से 2 अप्रैल, 1938 को डॉक्टरजी नागपुर वापस लौटे तो उन्हें श्री ल.ब. भोपटकर का पत्र मिला, जिसमें मई में होनेवाली 'अखिल महाराष्ट्र हिंदू युवक परिषद्' की अध्यक्षता स्वीकार करने के लिए उनसे अनुरोध किया गया था। वीर सावरकर का तार भी उन्हें इस पद को स्वीकार करने के लिए मिला। डॉक्टरजी ने संघ-दृष्टि से इस सुयोग का लाभ उठाने के विचार से अपनी स्वीकृति भेज दी। फिर बंबई जाकर वहाँ की तथा उपनगर की शाखाओं का निरीक्षण कर वे नागपुर आए और अधिकारी शिक्षण-वर्ग की तैयारियों के लिए मार्गदर्शन करते हुए उन्होंने श्री माधवराव गोलवलकर को वर्ग सर्वाधिकारी नियुक्त कर दिया। फिर 30 अप्रैल को वे पूना की ओर चल दिए। मार्ग में तलेगाँव तथा लोणावला की शाखाओं का निरीक्षण भी उन्होंने किया। इस अवसर पर लोणावला में प्रतिष्ठित नागरिकों की बैठक उल्लेखनीय रही। इस बैठक में कुछ प्रश्नकर्ताओं ने वाद-विवाद की दृष्टि को ही अपना लिया था तथा उनकी क्षुद्र मनोवृत्ति उनकी क्षुद्र भाषा से प्रकट हो रही थी। किंतु डॉक्टरजी ने अपने मानसिक संतुलन का उत्तम परिचय दिया और बैठक के बाद अपने सहज विनोद से कार्यकर्ताओं की खिन्नता भी दूर कर दी।

30 अप्रैल को प्रातःकाल डॉक्टरजी पूना पहुँचे। स्टेशन पर उनका हार्दिक स्वागत करने के लिए सैकड़ों हिंदू युवकों का नेतृत्व करते श्री गणपतराव नलावडे, श्री ज.स. करंदीकर (केसरी संपादक), श्री ल.ब. भोपटकर, आचार्य प्र.के. अत्रे, श्री रामभाऊ राजवाड़े आदि प्रतिष्ठित महानुभाव उपस्थित थे। डॉक्टरजी का जय-जयकार तथा हिंदू धर्म का जयघोष करते हुए उन्हें पुष्पहारों

से लादकर उनका भव्य स्वागत किया गया। फिर महान् साहित्यकार आचार्य प्र.के. अत्रे के घर पर उन्हें ले जाया गया। वहाँ जलपान आदि के पश्चात् प्रात: 8 बजे से समर्थ मंदिर से डॉ. हेडगेवारजी की शोभायात्रा प्रारंभ हुई। एक भव्य रथ में डॉक्टरजी स्वागताध्यक्ष श्रीक्षात्रजगद्गुरु के साथ बैठे। लगभग 12,000 की भीड़ के साथ चलती हुई यह शोभायात्रा पूना नगर के प्रमुख मार्गों से होकर निकाली गई। स्थान-स्थान पर उन्हें सैकड़ों व्यक्तियों द्वारा पुष्प हार पहनाने तथा हजारों हाथों से हो रही पुष्पवर्षा का दृश्य बहुत सुंदर नजारा था। 11 बजे के लगभग यह शोभायात्रा 'लोकमान्य तिलक स्मारक मंदिर' प्रांगण में पहुँची, तब ध्वजारोहण करके ध्वज-वंदना हुई। फिर 3 बजे से विशाल मंडप में परिषद् प्रारंभ हुई। व्यासपीठ पर श्री बाबाराव सावरकर, स्वातंत्र्यवीर सावरकर, सेनापति बापट, बाबा साहब परांजपे, डॉ. मुंजे आदि महानुभाव विराजमान थे। छह सौ प्रतिनिधि उपस्थित थे। लगभग 8000 अन्य श्रोता भी थे। डॉक्टरजी ने परिषद् में राष्ट्रभक्ति के अनेक महत्त्वपूर्ण सूत्रों को अपने भाषण में प्रस्तुत किया तथा किसी भी नेता के मात्र कद को ध्यान में रखकर उसकी बातों को अंधश्रद्धा से स्वीकार करने की प्रवृत्ति को अनुचित बताया। परिषद् के दूसरे दिन के अधिवेशन में अठारह प्रस्ताव (पूर्ण स्वतंत्रता, सैनिक शिक्षा का प्रसार आदि से संबंधित) पारित हुए। दूसरे दिन वीर सावरकर का भी भाषण हुआ, जिसमें उन्होंने संघ के बारे में कहा था, "संघ भावी हिंदू राष्ट्र की आशा तथा भावी पीढ़ी निर्माण करने का एकमेव स्थान है।" परिषद् की समाप्ति पर डॉक्टरजी का अत्यंत प्रेरक भाषण हुआ, जिसमें उन्होंने पारित प्रस्तावों के अनुसार आचरण करने का आह्वान किया। उन्होंने छत्रपति शिवाजी के आदर्श अपनाने का आग्रह किया तथा स्वतंत्रता के स्वरूप और उसकी प्राप्ति के लिए संघटन और समर्थन की उपयोगिता को प्रतिपादित किया था। परिषद् में आए प्रतिनिधियों व जनता के मन में डॉक्टरजी के संघ के प्रति असीम श्रद्धा तथा हिंदुत्व के लिए कुछ कार्य करने की आकांक्षा जाग्रत् हुई, यही उसका बड़ा लाभ हुआ।

परिषद् की समाप्ति के पश्चात् 'केसरी' की ओर से गायकवाड़ बाड़ा

में वीर सावरकर, क्षात्रजगद्गुरु तथा डॉ. हेडगेवारजी का अभिनंदन किया गया था। इस अवसर का एक फोटो भी मिलता है।

पूना का वर्ग

यह परिषद् संपन्न होते ही डॉक्टरजी पूना के अधिकारी शिक्षण-वर्ग में व्यस्त हो गए। वर्ग समाप्त होते ही 'हिंदू युवक परिषद्' से उत्पन्न जन-उत्साह तथा नए संपर्कों का लाभ उठाने की एकवर्षीय योजना डॉक्टरजी ने महाराष्ट्रीय कार्यकर्ताओं को सुझाई। इसका बहुत लाभ हुआ।

औंध राज्य में संघ-विस्तार

पूना के शिक्षण-वर्ग से उन्होंने (सातारा जिले में स्थित) देशी राज्य औंध के नरेश श्री बाला साहब पंत प्रतिनिधि से भेंट करने का कार्यक्रम बनाया। वे दो-तीन दिन अतिथि के रूप में राजमहल में ही रहे। इसी समय वेदमूर्ति श्रीपाद दामोदर सातवलेकर को उन्होंने औंध का संघचालक बनाकर वहाँ संघ-शाखा भी प्रारंभ करा दी।

लाहौर की यात्रा

फिर वे नागपुर आकर संघ शिक्षा वर्ग में व्यस्त हो गए, जहाँ श्री माधवराव गोलवलकर योग्यतापूर्वक सर्वाधिकारी का दायित्व निभा रहे थे। इस वर्ग की समाप्ति के पश्चात् डॉक्टरजी ने लाहौर में प्रथम बार लगे अधिकारी शिक्षण-वर्ग में पहुँचने के लिए श्री नाना साहब आपटे तथा श्री माधवराव गोलवलकर के साथ 15 अगस्त, 1938 को नागपुर से प्रस्थान किया। उनका कार्यक्रम था कि मार्ग में वाराणसी व दिल्ली रुकते हुए लाहौर पहुँचें। वाराणसी जाते हुए मार्ग में गोंदिया, जबलपुर आदि स्थानों पर अनेक स्वयंसेवक अपने सरसंघचालकजी के दर्शनार्थ आए। 17 से 20 अगस्त, 1938 तक डॉक्टरजी वाराणसी में रहे। यहाँ विश्वविद्यालय के विद्यार्थियों की बैठक बहुत सफल रही। तीन घंटे की इस सरस बैठक से स्वयंसेवक इतने उत्साहित हुए कि डॉक्टरजी से मिलने तथा बातचीत करने के लिए वे हर दिन आते रहे। वाराणसी की नगर-शाखा भी उन्होंने देखी तथा उसमें श्री

गोलवलकर का भाषण कराया।

वाराणसी से दिल्ली जाते हुए प्रयाग, कानपुर आदि स्टेशनों पर भी अनेक स्वयंसेवक उनके दर्शनार्थ आए। दिल्ली में वे केवल एक दिन रहे। 21 अगस्त को प्रात: संघ शाखा पर उनका भाषण हुआ। रात्रि में यात्रा करके वे 22 अगस्त की प्रात: लाहौर पहुँच गए।

लाहौर के अधिकारी शिक्षण-वर्ग में उनका 23 अगस्त को प्रथम भाषण हुआ। अस्वस्थता के कारण 26 अगस्त को उनका भाषण नहीं हो सका। 27 अगस्त को डॉक्टरजी ने सैनिक पद्धति से सरसंघचालक-अभिनंदन कार्यक्रम के अवसर पर राजा नरेंद्रनाथ की उपस्थिति में केवल आधा घंटा भाषण दिया, जो अपनी विषय-सामग्री, शैली तथा वाणी की मधुरता के कारण अत्यंत प्रशंसित हुआ।

इस कार्यक्रम के पश्चात् ही कमर में चिक चली जाने के कारण उन्हें बहुत कष्ट होने लगा, फिर भी अपनी कष्ट-सहिष्णुता तथा लोकसंग्रही प्रवृत्ति के कारण वे डॉ. गोकुलचंद नारंग तथा राजा नरेंद्रनाथजी के घर मिलने भी गए। डॉ. गोकुलचंद नारंग ने नागपुर के विजयादशमी उत्सव की अध्यक्षता का निमंत्रण सहर्ष स्वीकार कर लिया और बाद में वे वहाँ गए भी।

अस्वस्थता बढ़ी

29 अगस्त की रात्रि को डॉक्टरजी ने बाबा साहब आपटे तथा श्रीगुरुजी के साथ लाहौर से वापस यात्रा प्रारंभ की। कमर का कष्ट बहुत बढ़ चुका था। अत: 30 अगस्त को प्रात: दिल्ली पहुँचकर उन्होंने गुजरात व महाराष्ट्र के अपने प्रवास-कार्यक्रम आदि में अपने पहुँचने की असमर्थता बताने के लिए तार व पत्र भेजे। गुजरात में संघ-कार्य प्रारंभ हुए डेढ़ वर्ष होने पर भी वे स्वयं नहीं पहुँच पाए, इसका उन्हें बहुत दु:ख था। फिर भी उन्होंने श्री गोलवलकर को वहाँ भेजना निश्चित कर दिया।

कमर की चिकित्सा होने पर भी डॉक्टरजी को लाभ नहीं हुआ। 4 सितंबर को वे अस्वस्थ अवस्था में ही नागपुर पहुँचे और कई दिन विश्राम करने के बाद ही वे चलने-फिरने योग्य हो सके।

हैदराबाद सत्याग्रह

अक्तूबर 1938 में हैदराबाद निजाम की हिंदू-विरोधी नीतियों के विरुद्ध जो सत्याग्रह आरंभ हुआ, उसमें संघ के हजारों स्वयंसेवकों ने वैयक्तिक रूप से उत्साहपूर्वक भाग लिया था। डॉक्टरजी यह चिंता करते थे कि सत्याग्रह में भाग लेने का श्रेय भी व्यक्तियों को मिले, संघ को नहीं। अत: जब सत्याग्रह-संचालकों ने कुछ पत्रकों में सत्याग्रह के संभागियों में संघ का नामोल्लेख किया तो उन्होंने उन्हें पत्र लिखकर ऐसा न करने को तत्काल सतर्क कर दिया था।

नागपुर का विजयादशमी उत्सव

इस वर्ष नागपुर के विजयादशमी उत्सव की अध्यक्षता करने के लिए पंजाब से प्रसिद्ध नेता डॉ. गोकुल चंद नारंग का आना एक विशेष घटना रही। डॉक्टरजी ने उत्सव की भव्यता के लिए स्वयं भी बहुत परिश्रम किया था और डॉ. नारंग के निवास की व्यवस्था पर भी पूर्ण ध्यान दिया था। उत्सव भी बहुत सफल रहा और 1888 गणवेशधारी स्वयंसेवकों का पथ-संचलन अत्यंत भव्य रहा; परंतु डॉक्टरजी के स्वास्थ्य पर उनके इस समय किए गए असाधारण परिश्रम का अनिष्ट परिणाम सामने आने लगा।

संघ के शीत शिविर में वीर सावरकर

वर्ष 1938 के संघ के विविध शीत-शिविर दिसंबर मास में संपन्न हुए। नागपुर के शिविर का उद्घाटन करने के लिए स्वातंत्र्यवीर विनायक दामोदर सावरकर आए थे और उन्होंने संघ की अत्यधिक प्रशंसा की थी। वे संघ के रूप में महान् राष्ट्रीय शक्ति को देखकर भाव-विभोर हो उठते थे। निस्संदेह संघ रूपी वटवृक्ष तेजी से विकास कर रहा था, किंतु साथ ही डॉ. हेडगेवार भी बीज के समान गल रहे थे।

□

15

संघ का फौलादी स्वरूप

(1939 ई.)

द्वितीय महायुद्ध का स्वर्णिम अवसर

स्वतंत्र भारत का स्वप्न साकार करने के लिए 1939 ई. की द्वितीय महायुद्ध की स्थिति वीरव्रती राष्ट्रभक्तों को ईश्वरीय वरदान जैसी प्रतीत हो रही थी। श्री त्रैलोक्यनाथ चक्रवर्ती, स्वातंत्र्यवीर सावरकर तथा श्री सुभाषचंद्र बोस जैसे क्रांतिकारियों एवं दूरदर्शी राजनीतिज्ञों को विश्वयुद्ध में फँसे अंग्रेजों की लाचारी से लाभ उठाकर भारत को स्वतंत्र कराना एक दुर्लभ अवसर लग रहा था। किंतु इससे ठीक विपरीत दिशा में महात्मा गांधी के नेतृत्व में कांग्रेस जा रही थी। महात्मा गांधी को विपत्ति में फँसे शत्रु पर प्रहार कराना अनुचित प्रतीत हो रहा था। 'याचि देही याचि डोला' (अर्थात् इसी देह और इन्हीं नेत्रों से) स्वतंत्र हिंदू राष्ट्र की स्वतंत्रता का स्वप्न देखनेवाले डॉक्टर केशवराव हेडगेवारजी को परिस्थिति की अनुकूलता तो दिखाई दे रही थी, किंतु आत्मविश्वास के साथ राष्ट्रीय स्वातंत्र्य को प्राप्त करने के लिए देशव्यापी संघ-शक्ति अभी तैयार नहीं हो पाई थी। विदर्भ सहित मध्य प्रांत तथा महाराष्ट्र की संघ-शक्ति तो स्तरीय थी, किंतु पंजाब, उत्तर प्रदेश तथा गुजरात में कुछ ही शाखाएँ सशक्त थीं। और शेष कितने ही प्रांतों में तो संघ का काम था ही नहीं या प्रारंभिक अवस्था में था। अपनी ध्येयनिष्ठता तथा दिन-रात अखंड परिश्रम के पश्चात्

भी वे देशव्यापी ठोस संघ-शक्ति के शीघ्र निर्माण में अपने अस्वस्थ शरीर से कितना काम ले सकते थे! फिर भी वे पूर्ण शक्ति से ध्येय-पथ पर आगे बढ़ रहे थे, संघ को बढ़ा रहे थे, दौड़ा रहे थे।

सिद्धार्थ की बैठक

विविध प्रांतों में संघ के निरंतर बढ़ते कार्य के अनुरूप संघ की मराठी-हिंदी प्रार्थना और संघ की संस्कृत-मराठी मिश्रित आज्ञाओं को नया रूप देने की आवश्यकता अनुभव करते हुए उन्होंने फरवरी 1939 में सिंदी में प्रमुख कार्यकर्ताओं की एक बैठक बुलाई। निवास की व्यवस्था उनके मित्र नानासाहब टालाटुले के घर पर थी, किंतु बैठक स्टेशन के समीप स्थित श्री बबन राव पंडित के बँगले पर रखी गई और वहाँ की व्यवस्था वे स्वयं ही देखते थे। दस दिन तक यह बैठक चलती रही। प्रतिदिन आठ घंटे (प्रातः 8-11, अपराह्न 3-6 और रात्रि 9-11) विचार-विमर्श चलता रहा। संघ की प्रार्थना, आज्ञाएँ, प्रतिज्ञा, कार्य-पद्धति, आचार-पद्धति तथा संघ का विधान चर्चा के विषय रहे। संघ की प्रार्थना संस्कृत में करने के लिए डॉक्टरजी द्वारा निर्दिष्ट कुछ आधारभूत बातों को ध्यान में रखकर संस्कृत गद्य में प्रार्थना को श्री नाना साहब टालाटुले ने लिखा, जिसे बाद में पद्य रूप में तैयार कराया गया। संघ की आज्ञाएँ पूर्णतः संस्कृत में कर दी गईं। कार्य-पद्धति आदि में भी आवश्यक परिवर्तन किए गए। इस बैठक में डॉ. हेडगेवारजी, श्री माधवराव गोलवलकर, श्री आप्पाजी जोशी, श्री बाला साहब देवरस, श्री तात्या राव तेलंग, श्री विट्ठलराव पतकी, श्री बाबाजी सालोडकर, श्री कृष्णराव मोहरीर तथा श्री नाना साहब टालाटुले ने भाग लिया था। इस बैठक में अनेक बार चर्चा में विवादी स्वर उग्र हो जाते थे, किंतु डॉक्टरजी के निष्पक्ष और प्रशांत निर्णय को सभी सहर्ष स्वीकार कर लेते थे। यही पारिवारिक पद्धति संघ की अनुपम विशेषता सदैव से रही है।

उत्तराधिकारी की खोज

इस बैठक में श्री माधवराव गोलवलकर की, जिनके लिए अब 'गुरुजी' संबोधन पर्याप्त प्रचलित हो गया था, असाधारण योग्यता तथा मानसिक संतुलन

की छाप सभी पर पड़ी।

डॉ. हेडगेवारजी इससे बहुत प्रसन्न दिखाई देते थे। उन्हीं दिनों डॉक्टरजी ने अपने अनन्य सहयोगी अप्पाजी जोशी से यह प्रश्न भी पूछा था—"मेरे स्थान पर गुरुजी को संघचालक बना दिया जाए तो कैसा रहेगा?"

इस प्रश्न से डॉक्टरजी के मन में चल रही अपने उत्तराधिकारी की खोज का संकेत भी मिलता है।

1938 ई. के प्रारंभ में संघ के प्रतिजित स्वयंसेवक बनने के पश्चात् से श्रीगुरुजी का मन संघोन्मुख हो गया था। निकट संपर्क होने के कारण धीरे-धीरे श्रीगुरुजी के मन में डॉक्टरजी के प्रति आदर का स्थान श्रद्धा ने ले लिया था। पहले उनमें अपनी गंभीर विद्वत्ता का अभिमान था, जो डॉक्टरजी के ध्येयनिष्ठ और राष्ट्र समर्पित जीवन की पवित्रता, सहजता और मधुरता के प्रभाव से धीरे-धीरे गल गया था। अब उनके मन में संघ बस गया था तथा डॉक्टरजी के विशाल अंतःकरण ने उन्हें राष्ट्रसेवा और विश्वसेवा करते हुए आध्यात्मिक साधना करने का पथ दिखा दिया था। इसी कारण उन्होंने 1938 ई. के अंत में अपनी पुस्तक 'बी' (हमारी राष्ट्रीयता) का समर्पण जगन्माता के रूप में हिंदू राष्ट्र को किया था।[1] डॉक्टरजी देख रहे थे कि श्रीगुरुजी संघमय बनने की दिशा में तेजी से पग बढ़ा रहे हैं।

बंगाल में संघ प्रारंभ

डॉक्टरजी ने बैठक से नागपुर आने के पश्चात् ही गुरुजी और श्री विट्ठलराव पतकी को कलकत्ता भेज दिया, ताकि संघ-कार्य का बंगाल में शुभ आरंभ हो सके। उनकी आशाओं के अनुरूप ही कलकत्ता में संघशाखा का प्रारंभ वर्ष प्रतिपदा के दिन (22 मार्च, 1939) हो गया। कुछ सप्ताह के पश्चात् ही श्रीगुरुजी नागपुर वापस आ गए तथा श्री पतकी प्रचारक-रूप में कलकत्ता रह गए।

---

1. "I offer this work to the public as an humble. Offering at the holy fect of the Divine Mother, the Hindu Nation."

संघ-प्रसार में प्रगति

इस समय संघ-कार्य के प्रचार-प्रसार के उत्साहवर्धक समाचार डॉक्टरजी को मिल रहे थे। श्री भाऊराव देवरस ने लखनऊ विश्वविद्यालय में अध्ययन करते हुए लखनऊ की शाखा प्रारंभ कर दी थी। श्री बाबासाहब आप्टे के प्रयत्न से कानपुर में संघ-शाखा, जो लखनऊ से भी पहले चल पड़ी थी, अब प्रगति कर रही थी। वाराणसी, प्रयाग आदि अन्य कितने ही स्थानों पर संघ-शाखाएँ चल रही थीं और अनेक स्थानों पर नए-नए संघ-संपर्क प्रारंभ होकर निरंतर बढ़ रहे थे। पंजाब में भी तेजी से संघ बढ़ रहा था। सिंध, कराची में श्री बापूराव मिशीकर ने एक विद्यालय में शिक्षक बनकर संघ कार्य का अच्छा विस्तार कर दिया था। मध्य प्रांत में तो डॉक्टरजी के प्रवास चलते ही रहते थे।

खंड परिश्रम का स्वभाव

ऐसे उत्साहपूर्ण वातावरण से डॉक्टरजी को हार्दिक प्रसन्नता होना स्वाभाविक था, किंतु फिर भी वे कार्य-वृद्धि से संतोष मानकर विश्राम करने के परामर्शों को सदा अस्वीकार ही करते थे। नागपुर के मई 1939 में लगनेवाले अधिकारी शिक्षण-वर्ग के लिए श्रीगुरुजी को ही सर्वाधिकारी नियुक्त करके डॉक्टरजी ने 22 अप्रैल को पूना के शिक्षण-वर्ग के लिए प्रस्थान किया। मार्ग में धुलिया, चालीस गाँव, कल्याण, ठाणे, बंबई आदि अनेक शाखाओं का निरीक्षण करते हुए वे पूना पहुँचे। वहाँ से नागपुर वापस आते हुए मार्ग में वे अकोला एवं वर्धा के अपने कुछ कार्यकर्ताओं के विवाह-समारोहों में भी सम्मिलित होकर आए। शरीर अस्वस्थ होते हुए भी वे नागपुर आकर अपने एक संबंधी के विवाह में भाग लेने बिलासपुर चले गए। वहाँ से तेज ज्वर में ही वे रात्रि को वापस लौटे, क्योंकि अगले दिन विश्वनाथ राव केलकर को हैदराबाद सत्याग्रह में जाते समय विदाई देनी थी। बहुत आग्रहपूर्वक विश्राम करने के लिए कहे जाने पर भी वे बिलासपुर से यह कहकर चल दिए थे, "मुझे जाना ही चाहिए; आराम करने के लिए भगवान् ने दूसरे लोग बनाए हैं।" उनका शरीर जर्जर होता जा रहा था, किंतु उस पर पूरा नियंत्रण रखने के लिए वे अपने मन को सदैव कसे रहते थे। लोक-संग्रह के लिए उनका परिश्रम

व आत्मसंयम देखकर सभी को आश्चर्य होता था।

मनोवैज्ञानिक दृष्टि

नागपुर के अधिकारी शिक्षण-वर्ग में इस वर्ष पंजाब, उत्तर प्रदेश, बंगाल आदि कई प्रांतों के स्वयंसेवकों ने भाग लिया था। अत: डॉक्टरजी ने दाल, शाक, रोटी, चावल आदि बनाने की स्थानीय विशेषताओं को ध्यान में रखकर भोजन-व्यवस्था की विविधता भी वर्ग में रखवाई थी। उनकी दृष्टि की यह मनोवैज्ञानिक सूक्ष्मता उनके लोकसंग्रही स्वभाव के अनुरूप ही थी।

आलोचना का उत्तर

नागपुर का शिक्षण-वर्ग चलाते समय ही बंबई के मराठी पत्र 'वंदे मातरम्' के संपादक श्री गो.जो. अधिकारी ने अनेक लेख लिखकर डॉ. हेडगेवार पर यह कहकर टिप्पणी की थी कि वे अहंकारी हैं और इसी कारण उन्होंने हैदराबाद सत्याग्रह में संघ को भाग नहीं लेने दिया। उसने यह भी लिखा था कि यदि डॉ. हेडगेवारजी ने अपना अहंकार का विष त्याग दिया तो नाममात्र को तो हिंदू समाज का भावी इतिहासकार उनका उल्लेख कर सकेगा। डॉ. हेडगेवारजी पर ऐसी टीका-टिप्पणियों का प्रभाव कभी नहीं होता था। वे जानते थे कि संघ की यही नीति ठीक है कि राष्ट्रहित के 'नित्य कार्य' संघ को विधिवत् चलाए रखते हुए विविध आंदोलन आदि 'नैमित्तिक कार्यों' में स्वयंसेवक स्वेच्छा से भाग लेते रहें। डॉक्टरजी ने ऐसे लेखों का उत्तर नहीं दिया, किंतु क्रांतिकारी के रूप में प्रतिष्ठित श्री बाबाराव सावरकर तथा नागपुर के 'सावधान' पत्र के संपादक ने आलोचनात्मक लेखों का सतर्क उत्तर दिया। किंतु इन लेखों का सबसे अधिक समाधानकारक उत्तर तो वह विशाल स्वयंसेवक समूह था, जो हैदराबाद सत्याग्रह में जेल-यात्रा कर रहा था। डॉक्टरजी को जेल से आनेवाले पत्रों से समाचार मिल रहे थे कि जेल गए स्वयंसेवकों ने वहाँ शाखा चलाकर अनेक सत्याग्रही बंदियों को स्वयंसेवक भी बना लिया है। स्वयंसेवकों की संघनिष्ठा और कुशलता के कारण संघ की सर्वत्र विजय-पताका फहरेगी, इसमें डॉक्टरजी को कुछ भी संदेह नहीं था। उन्होंने संघ को व्यक्तिनिष्ठा के आधार

पर नहीं, तत्त्वनिष्ठा के आधार पर खड़ा किया था। उसी का लाभ यह था कि प्रत्येक शाखा एक संस्कार-केंद्र थी और प्रत्येक स्वयंसेवक एक छोटा डॉ. हेडगेवार था।

'भगवा ध्वज' फिल्म का उद्घाटन

नागपुर का शिक्षण-वर्ग समाप्त होने के कुछ समय पश्चात् ही डॉ. हेडगेवारजी का 'भगवा झंडा' नामक फिल्म के उद्घाटन के लिए पूना जाना हुआ। समर्थ रामदास के संबंध में बने इस चित्रपट के निर्माता श्री दादासाहब तोरणे ने पूना के 'मिनर्वा चित्रपटगृह' में 17 जून, 1939 को हुए उद्घाटन-समारोह में अतिथि डॉ. केशवराव हेडगेवारजी का भव्य स्वागत करते हुए कहा था—

"आज से तीन सौ वर्ष पूर्व श्री समर्थ रामदास स्वामी ने जो पाठ पढ़ाया था, वही पाठ आज डॉ. हेडगेवार केवल बृहत् महाराष्ट्र में नहीं, अपितु अखिल हिंदुस्तान में कर रहे हैं। डॉक्टरजी यही प्रयत्न कर रहे हैं कि भगवा झंडा राष्ट्रीय ध्वज के रूप में पुनः कैसे मान्यता प्राप्त करे! यह वास्तव में हमारा बड़ा भाग्य है कि वे हमें आज उद्घाटन के लिए उपलब्ध हुए हैं।"

इसके पश्चात् डॉक्टरजी का उद्घाटन भाषण हुआ, जिसमें डॉक्टरजी ने प्राचीन भारतीय इतिहास में हिंदू राष्ट्र के एक ही ध्वज 'भगवा ध्वज' होने का सप्रमाण वर्णन किया। उन्होंने 'भगवान झंडा' चित्रपट की एक बड़ी विशेषता उसके 'राष्ट्रोद्धार प्रवर्तक' होने में बताई और इसकी भी भूरि-भूरि प्रशंसा की।

उसी दिन सायंकाल को श्री तोरणे ने डॉक्टरजी से प्रार्थना की कि वे 'भगवा ध्वज' पर एक भाषण दें, जिसका ध्वनिमुद्रण (रिकार्डिंग) हो, किंतु डॉक्टरजी ने अपने प्रसिद्धि-पराङ्मुख स्वभाव के कारण इसे स्वीकार नहीं किया। किंतु अगले दिन वे 'सरस्वती सिनेटोन' में श्रीगुरुजी के साथ गए अवश्य और स्फूर्तिदायक इतिहास के प्रसंग को प्रस्तुत करनेवाली इस फिल्म के संबंध में अपना अभिमत लिखकर भी दिया। राष्ट्र जीवन के सभी क्षेत्रों में राष्ट्रभक्ति का दृष्टिकोण प्रभावी रूप से दिखाई दे, इसके लिए उनकी दृष्टि कितनी जागरूक थी!

सुदृढ संघ तैयार

डॉक्टरजी पूना में उद्‌घाटन के बाद भी कुछ दिन रुके रहे। इस बीच संघ के अनेक कार्यक्रम हुए। 19 जून को नगर के संघ कार्यकर्ताओं की एक बैठक में उन्होंने श्रीगुरुजी की हिंदी भाषा में कुशलता की प्रशंसा करते हुए उनसे दो कथाएँ हिंदी में सुनाने के लिए कहा। श्रीगुरुजी की योग्यता से स्वयंसेवकों का उनके प्रति आदर-भावना जगाने तथा श्रीगुरुजी की विचारधारा का सूक्ष्म ज्ञान प्राप्त करने के लिए डॉक्टरजी प्राय: श्रीगुरुजी को अपने सामने भाषण करने के अवसर देते रहते थे। इस बार पुणे में भी उनका एक भाषण 'तिलक स्मारक मंदिर' में कराने के पश्चात् डॉक्टरजी ने बहुत प्रसन्नता के साथ संघ की सुदृढ शक्ति के विषय में आत्मविश्वास प्रकट करनेवाला लगभग 15 मिनट का भाषण दिया। उनके निम्नलिखित शब्द एक भविष्यवाणी ही थे, जो समय की कसौटी पर बार-बार खरे उतरे हैं—

"अब संघ का विनाश बाहर की कोई शक्ति नहीं कर सकती। यदि किसी ने संघ पर आघात किया तो उसे वही अनुभव हो, जो फौलाद के कठोर गोले पर प्रहार करनेवाले हाथों को होता है।"

संघ के आह्वान पर तत्पर स्वयंसेवक शक्ति

संघ की शक्ति सुदृढ होने की ओर तो उनका ध्यान था ही, वे यह भी चाहते थे कि संघ के एक आदेश पर अपने निजी काम-काज को त्यागकर दौड़ पड़नेवाले स्वयंसेवकों की विशाल संख्या तैयार हो। इसी की परीक्षा के निमित्त उन्होंने संघ में एक नई बात प्रारंभ की। 19 जून की बैठक में उन्होंने नगर के कार्यकर्ताओं से एक प्रश्न पूछा था, "यदि किसी कार्य के लिए तत्काल सूचना देकर पूना नगर के सब स्वयंसेवकों को बुलाया जाए तो सबको एकत्र होने में कितनी देर लगेगी?"

स्वयंसेवकों के उत्तर में 'चार घंटे', 'छह घंटे' आदि सुनकर डॉक्टरजी ने कहा, "घर में लगी आग को बुझाने के लिए बुलाने पर एकत्र करने में चार-छह घंटे लगें, तब क्या लाभ होगा?"

इस बैठक के अगले दिन अर्थात् 20 जून, 1939 को प्रात: छह बजे

डॉक्टरजी ने पूना के संघचालक श्री विनायकराव आप्टे को बुलाकर कहा, "दो घंटे में पूना के सभी स्वयंसेवकों को पूर्ण गणवेश में शिवाजी मंदिर संघस्थान पर एकत्र कीजिए।" यह आज्ञा शीघ्रातिशीघ्र स्वयंसेवकों तक फैली और ठीक 8 बजे स्वयंसेवक पूर्ण गणवेश में उपस्थित हो गए। उन स्वयंसेवकों के सामने एकत्रित करने के कार्यक्रम का महत्त्व हृदयंगम कराने के लिए डॉक्टरजी ने एक छोटा सा भाषण भी दिया था। इस भाषण में उन्होंने जेल में होनेवाली 'डैंजर कॉल' (खतरे की घंटी) की पद्धति से प्रकट होनेवाली एक महत्त्वपूर्ण बात की ओर ध्यान आकर्षित किया था। 'डैंजर कॉल' सुनते ही पहरेदार से लेकर जेलर तक, सभी अधिकारी जिस अवस्था में हों, उसी में दौड़ पड़ते हैं, जिससे यह प्रकट होता है कि अंग्रेज सरकार के पास इस प्रकार आवाज लगाते ही दौड़कर आनेवाले भारतीय लोग हैं, इसीलिए उन्हें अपने देश से पाँच हजार मील दूर रहकर भी वे इतने बड़े देश पर शासन कर रहे हैं। ये तो वेतन पानेवाले लोग हैं। किंतु यदि वेतन से नहीं, देशभक्ति से प्रेरित होकर निजी कामों को त्यागकर संघ के आह्वान पर उत्तर देनेवाले स्वयंसेवकों की विशाल संख्या सदा तैयार रहे, तो भारतवर्ष के बुरे दिन समाप्त हो सकते हैं।

सुदृढ संघ और संघ-समर्पित स्वयंसेवक की राष्ट्र-कार्य के लिए नित्य सिद्धता का यह मंत्र राष्ट्र के लिए सदा उपयोगी रहेगा।

अकस्मात् गंभीर अस्वस्थता

पुणे से लौटते हुए डॉक्टर केशवराव हेडगेवारजी को विश्राम देने के लिए नासिक से लगभग 13 किलोमीटर दूर स्थित 'देवलाली' नामक स्थान को नागपुर-संघचालक श्री बाबासाहब घटाटे ने चुना था। नागपुर की भीषण गरमी को देखते हुए देवलाली की ठंडी हवा बहुत स्वास्थ्यप्रद थी। डॉक्टरजी ने भी 8-10 दिन का विश्राम लेना स्वीकार कर लिया था। श्री घटाटे ने देवलाली में एक बँगला किराए पर ले लिया था और नागपुर की गरमी से बचने के लिए सपरिवार वहाँ रहने लगे थे। बँगला बस्ती से दूर एकांत में होने के कारण तथा आस-पास के प्राकृतिक सौंदर्य दृश्यों के कारण स्थान का चुनाव ठीक ही था। डॉक्टरजी के साथ में श्रीगुरुजी और श्री तात्या तेलंग भी देवलाली पहुँचे।

कुछ दिनों में ही स्वास्थ्य सुधरता दिखाई दिया। डॉक्टरजी स्वास्थ्य को और भी सुधरा बताते थे, ताकि उन्हें यहाँ से जल्दी नागपुर निकलने को मिले और केवल पत्र-व्यवहार से मार्गदर्शन व संपर्क करते रहने की स्थिति समाप्त हो। अत: उन्होंने 1 जुलाई को देवलाली से प्रस्थान कर चालीस गाँव आदि होते हुए 10 जुलाई को नागपुर पहुँचने के हिसाब से कार्यक्रमों की सूचना भी विविध स्थानों पर पत्रों द्वारा भेज दी।

श्रीगुरुजी को 1 जुलाई को नासिक भेजकर 2 जुलाई की प्रात: प्रभात शाखाओं का कार्यक्रम होने के पश्चात् उन्होंने वहाँ के अधिकारियों को सभी स्वयंसेवकों को दो घंटे में एकत्रित करने की सूचना दी। ठीक नौ बजे 'शिवाजी उद्यान' में एकत्र स्वयंसेवकों को बहुत आश्चर्य हुआ, जब उन्होंने वहाँ सरसंघचालक डॉ. हेडगेवारजी को उपस्थित देखा और उनका भाषण भी सुना। इस प्रकार डॉक्टरजी वहाँ के कार्यकर्ताओं की इच्छानुसार नागपुर जाने से पूर्व नासिक शाखा जाने का वचन पूर्ण कर रहे थे। उन्होंने भाषण में ऐसे आकस्मिक एकत्रीकरण की उपयोगिता तथा विशेषता का निरूपण किया था।

दोपहर का भोजन कार्यक्रम वहाँ के वकील श्री केशव जगन्नाथ आकूत (श्री काकाराव) के घर पर हुआ। दस-पंद्रह बंधु आनंदपूर्वक भोजन कर रहे थे, परंतु वहीं एक किनारे पर डॉक्टरजी तेज ज्वर में तपते हुए भी चुपचाप कष्ट सहन करते हुए बैठे थे। डॉ. गोविंदराव दामले ने भोजन के बाद उन्हें स्पर्श करते ही ज्वर की भीषणता समझ ली। 103 डिग्री ज्वर से पीड़ित डॉक्टरजी को आग्रहपूर्वक एक शांत कमरे में बिस्तर पर लिटा दिया गया और चिकित्सा प्रारंभ हो गई। सायंकाल उन्हें देवलाली के बँगले पर ले जाया गया, किंतु दुर्बलता बढ़ गई थी। शीघ्र ही उन्हें 'डबल निमोनिया' हो गया। नासिक से डॉ. गोविंदराव दामले तथा डॉ. पांडुरंग राव चोमे उन्हें देखने के लिए दिन में दो बार देवलाली आते थे। ठीक प्रकार से ओषधि आदि की व्यवस्था के लिए श्रीगुरुजी और श्री तात्या तेलंग तो तत्पर थे ही, कुछ स्वयंसेवक भी सेवार्थ साइकिल से नासिक से देवलाली आने लगे। वर्षा होने के कारण मार्ग में पानी, कीचड़ और काँटों की चिंता न करते हुए भी वे स्वयंसेवक नित्य नियमित रूप से आते रहे। किंतु

सेवा व चिकित्सा में कुछ भी कमी न होने पर भी डॉक्टरजी की स्थिति बिगड़ती गई। डॉक्टरजी को कभी-कभी मूर्च्छा भी आ जाती थी। यह देखकर नासिक के दोनों डॉक्टरों को भी बहुत चिंता हुई। दो-तीन दिन इस मूर्च्छित अवस्था में डॉक्टरजी जीवन और मृत्यु के बीच झूलते रहे। उन दिनों श्रीगुरुजी ने अनन्य निष्ठा से तथा 21-22 घंटे जगकर भी डॉक्टरजी की सेवा की थी।

महानता का सच्चा परिचय

इसी भीषण अवस्था में डॉक्टरजी के महान् व्यक्तित्व का श्रीगुरुजी को सच्चा परिचय मिला। ज्वर की तीव्रता में उनके मुख से निकले शब्दों व वाक्यों में भी उनकी संघ-निष्ठा और संघ-कार्य के लिए उनकी व्याकुलता ही प्रकट होती थी। उनके मुख से कभी भी किसी के लिए कोई क्रोध, ईर्ष्या या वैर प्रकट करनेवाला एक शब्द भी नहीं निकला। कैसा शुद्ध व प्रेमपूर्ण था उनका मन! बीस-पच्चीस वर्ष तक क्रांति-साधना करने पर भी उनकी वाणी ने 'क्रांति', 'क्रांतिकारी' या 'अंग्रेज' जैसे शब्द का उच्चारण एक बार भी नहीं किया। इतना कठोर था उनका आत्मनियंत्रण! श्रीगुरुजी इस महापुरुष के विभूतिमत्व पर न्योछावर हो गए।

सुभाषचंद्र बोस का संदेश

यह एक विचित्र संयोग रहा कि इस अवधि में ही (संभवतः 8 जुलाई को) श्री सुभाषचंद्र बोस द्वारा भेजे गए संदेश को लेकर बंबई के डॉ. वसंतराव रामराव संझगिरि तथा श्री बालाजी हुद्दार देवलाली में उनसे मिलने आए। डबल निमोनिया में पड़े डॉ. हेडगेवारजी विचार-विमर्श नहीं कर सकेंगे, ऐसा श्रीगुरुजी को लगता था, किंतु वे यह देखकर आश्चर्यचकित रह गए कि डॉक्टरजी ने उस अवस्था में भी उनकी बातचीत को ध्यान से सुना। श्री सुभाषचंद्र बोस विश्वयुद्ध में फँसे अंग्रेजों के विरुद्ध सशस्त्र क्रांति करना चाहते हैं, यह जानकर डॉक्टरजी ने कहा कि परिस्थिति तो अनुकूल है, परंतु क्रांति के लिए अपनी तैयारी भी चाहिए। कम-से-कम पचास प्रतिशत तो चाहिए ही, नहीं तो केवल परायों पर भरोसा रखना ठीक नहीं होगा। आधा घंटे तक विचार-विमर्श करने

के पश्चात् उन्होंने डॉ. संझगिरि को विस्तार से विचार-विमर्श के लिए नागपुर आने को प्रेमपूर्वक निमंत्रित किया। फिर वे लोग चले गए और 12 जुलाई को बंबई से उन्होंने डॉक्टरजी को एक पत्र लिखा (जो नागपुर 18 को पहुँचा)। इस पत्र में डॉक्टरजी को बंबई में 20 जुलाई को संबंधित व्यक्ति (श्री सुभाष बोस) से मिलने का निमंत्रण दिया था। किंतु डॉक्टरजी तो जुलाई भर नासिक में ही रुकने को बाध्य हुए तथा 7 अगस्त को ही नागपुर पहुँच पाए थे, अतः यह महत्त्वपूर्ण भेंट नहीं हो सकी।

रोचक बातचीत का रंग

धीरे-धीरे डॉक्टरजी के रोग की भीषणता कम हुई और ज्वर कम होने पर उन्हें 12 जुलाई, 1939 को नासिक ले आया गया। ज्वर उतरने के बाद डॉक्टरजी के स्वास्थ्य में काफी सुधार दिखाई दिया, किंतु पीठ में दर्द अंततः रहा और उनकी ओषधि व दिन में दो बार सिंकाई चलती रही। डॉक्टरजी के कुछ स्वस्थ होते ही स्वयंसेवकों से उनका सरस, किंतु गंभीर संघ-दृष्टि देनेवाला वार्त्तालाप दिन भर और अर्धरात्रि तक चलने लगा। यह जानते हुए भी कि रात्रि में देर से सोना हानिकारक है, न तो डॉक्टरजी स्वयं जल्दी सोते थे, न कोई उन्हें जल्दी सुला पाता था। एक दिन तो डॉक्टरजी को जल्दी सुलाने के लिए आए दोनों डॉक्टरों ने भी इसका अनुभव कर लिया, जब वे डॉक्टरजी के कमरे में बैठे, अनेक स्वयंसेवकों से चलती सरस बातचीत के रंग में ऐसे डूबे कि बारह के घंटे बजने के बाद ही उन्हें समय का ध्यान आया।

नागपुर से होकर आई अपनी डाक नासिक में उन्हें प्राप्त होती रहती थी। इन्हीं दिनों डॉक्टरजी को यह सुखद समाचार मिला कि सूरत, मद्रास व ग्वालियर में संघ का कार्य प्रारंभ हो गया है तथा अन्य स्थानों पर कार्य प्रगति पर है। इन दिनों पत्र-व्यवहार का पूरा दायित्व श्रीगुरुजी पर था, जो आवश्यक विचार-विमर्श करके रात्रि में ही पत्रोत्तर तैयार करते तथा डाक पेटी में स्वयं उन्हें डाल भी आते थे।

हीरे की सुरक्षा

1 अगस्त को बंबई के विशेषज्ञ डॉक्टरों ने उनकी स्वास्थ्य-परीक्षा के लिए एक्सरे तथा इलेक्ट्रोकार्डियोग्राफ भी लिया, परंतु रोग को पकड़ा नहीं जा सका। फिर 5 अगस्त को नासिक जाकर, वहाँ से 6 अगस्त को उन्होंने सबसे प्रेमपूर्वक विदा ली। डॉक्टर केशवराव हेडगेवारजी को मृत्यु के मुख में से खींच लाने में सफल डॉ. गोविंदराव दामले ने तो प्रसन्नता से पेड़े बाँटे और श्रीगुरुजी से कहा, "हिंदुस्तान के हीरे का जोखिम हमारे ऊपर था, उसे हम लौटा रहे हैं। अब भली-भाँति सँभालकर रखिए।"

नागपुर वापसी

डॉक्टरजी को नागपुर के मार्ग में ही भुसावल स्टेशन पर अपने मित्र श्री नाना साहब टालाटुले का देहांत हो जाने (3 अगस्त, 1939) का शोकजनक समाचार मिला। 7 अगस्त को नागपुर आने के पश्चात् डॉक्टरजी शीघ्र ही पूर्ववत् संघ-कार्य में व्यस्त हो गए।

महत्त्वपूर्ण घोषणाएँ

13 अगस्त, 1939 को नागपुर के गुरु पूर्णिमा उत्सव के अवसर पर डॉक्टरजी ने दो महत्त्वपूर्ण घोषणाएँ कीं। श्री बाबा साहब घटाटे को उन्होंने नागपुर का संघचालक घोषित किया तथा श्रीगुरुजी को सरकार्यवाह। श्री घटाटेजी को नागपुर की संघ-शाखाओं पर वे स्वयं अस्वस्थ होते हुए भी ले जाते रहे, ताकि उन्हें शाखाओं की ठीक जानकारी दी जा सके। यहाँ यह उल्लेखनीय है कि इस उत्सव का समाचार देश भर के प्रांतों के प्रमुख पत्रों में प्रकाशित करने की योजना भी उन्होंने बनाई थी। तदनुसार 'केसरी' (महाराष्ट्र), 'सनडे टाइम्स' (मद्रास), 'अमृतबाजार पत्रिका' (कलकत्ता), 'लीडर' (प्रयाग), 'हिंदू आउटलुक' (दिल्ली), 'ट्रिब्यून' (लाहौर) आदि अनेक पत्रों में यह समाचार प्रकाशित हुआ। संघ अनेक प्रांतों में फैलता हुआ अखिल भारतीय स्वरूप प्राप्त करने की ओर बढ़ रहा था, अतः देश भर में यह वृत्त-प्रकाशन उपयोगी ही था। लोक-संग्रही संघ के लिए ठोस कार्य व समाचारों

का सीमित उपयोग करना ही वे ठीक मानते थे।

श्रीगुरुजी का प्रयास

श्रीगुरुजी के कंधों पर संघ के सरकार्यवाह का दायित्व आते ही उनकी व्यस्तता बहुत बढ़ गई। डॉक्टरजी ने अगस्त 1939 में उन्हें लाहौर के अधिकारी शिक्षण-वर्ग में मार्गदर्शन तथा विविध स्थानों की शाखाएँ देखने के लिए भेज दिया। इस वर्ग में पंजाब के तीस स्थानों से एक सौ पचास से अधिक स्वयंसेवकों ने भाग लिया था।

बिहार में गए हुए चार कार्यकर्ताओं—श्री बापूराव दिवाकर, श्री नरहरराव पारखी आदि के प्रयत्नों से गया, पटना आदि स्थानों पर संघ-कार्य प्रारंभ हो गया था। डॉक्टरजी की योजना यह थी कि पंजाब आदि को उचित समय देकर श्रीगुरुजी फिर बंगाल में प्रवास करें। श्रीगुरुजी ने डॉक्टरजी का लाहौर में पत्र मिलने पर उनकी इच्छानुसार ही प्रवास कार्यक्रम बना लिया। यहाँ यह उल्लेखनीय है कि संघ के बढ़ते हुए कार्य के मार्गदर्शनार्थ तेजी से प्रवास करने के लिए इस समय श्री बाबासाहब आप्टे और श्रीगुरुजी ही समर्थ थे, क्योंकि डॉक्टरजी की अस्वस्थता फिर बढ़ रही थी और श्री दादाराव परमार्थ तमिलनाडु में संघ-कार्य के प्रसार में व्यस्त थे।

वीर सावरकर द्वारा निमंत्रण

डॉ. हेडगेवारजी के समान ही स्वातंत्र्यवीर, डॉ. बालकृष्ण मुंजे आदि हिंदुत्वनिष्ठ नेता भी 1 सितंबर, 1939 से भड़के विश्वयुद्ध से उत्पन्न परिस्थिति का लाभ भारतीय स्वातंत्र्य की दृष्टि से लेने की योजना बना रहे थे। सावरकरजी ने 'हिंदू महासभा' के अध्यक्ष के रूप में डॉक्टरजी को महासभा की कार्यकारिणी की बंबई में होनेवाली 10 सितंबर की बैठक में प्रतिष्ठित अतिथि के रूप में निमंत्रित किया था, किंतु अपनी अस्वस्थता तथा समय की कमी के कारण डॉक्टरजी नहीं जा सके। इसी प्रकार उस बैठक में 'हिंदू मिलिशिया' नामक स्वयंसेवक दल को गठित करने की योजना के लिए होनेवाली पूना की 8 अक्तूबर की बैठक में भी (डॉ. बालकृष्ण मुंजे के आग्रह पर भी) डॉक्टरजी

नहीं आ सके। उन्होंने उस योजना में अपना नाम न रखने की भी प्रार्थना की। फिर भी 'हिंदू मिलिशिया' की महाराष्ट्र-समिति में उनका नाम रखे जाने की सूचना मिलने पर डॉक्टरजी ने इस दायित्व को स्वीकार नहीं किया, क्योंकि उन्हें अपनी शक्ति को विभाजित करना अनुचित प्रतीत हो रहा था।

कलकत्ता यात्रा

15 नवंबर, 1939 को डॉक्टरजी ने श्री बालासाहब देवरस को कलकत्ता में संघ-कार्य बढ़ाने के लिए भेजा और कुछ दिन बाद श्रीगुरुजी, श्री नाना साहब तेलंग तथा श्री बाबा साहब घटाटे (जो परिवार सहित कलकत्ता जा रहे थे) के साथ वे स्वयं भी (महाराष्ट्र प्रांत की पूना में संघ बैठक के पश्चात्) कलकत्ता पहुँच गए। वहाँ कार्यालय पर ही स्वयंसेवकों के सामने डॉक्टरजी ने बँगला भाषा में भाषण देने का प्रयत्न किया, परंतु अस्वस्थता के कारण वे दो-चार मिनट से अधिक नहीं बोल सके, अतः फिर उन्होंने श्रीगुरुजी से ही अंग्रेजी में भाषण कराया।

मार्च में श्रीगुरुजी और श्री विट्ठल पतकी ने कलकत्ता में संघ-शाखा प्रारंभ कर दी थी। बाद में डॉक्टरजी ने श्री पतकी को वहाँ का प्रचारक भी नियुक्त कर दिया। बंगाल की क्रांतिकारी गतिविधियों से भयभीत अंग्रेज सरकार हर संगठनात्मक कार्य या अखाड़ा आदि युवकों के मिलन-स्थल को शंका की दृष्टि से देखती थी, यह बात डॉक्टर हेडगेवारजी ने पतकीजी को भी बताते हुए कुशलता से काम करने के लिए यह व्यवहार-सूत्र दिया था—

"प्रत्येक पत्थर के नीचे बिच्छू है, यह समझकर व्यवहार करोगे तो संघ के स्थायी कार्य को अन्य गुप्त आंदोलनों के संपर्क से बाधा नहीं पहुँचेगी।"

उनका तात्पर्य यह था कि जो भी व्यक्ति संबंध में आए, उसकी सभी गतिविधियों पर सूक्ष्म दृष्टि रखने से उसके विषय में ठीक जानकारी प्राप्त करना आवश्यक है, ताकि उससे उचित व्यवहार किया जा सके।

□

16

अंतिम संदेश

(1940 ई.)

पुराने क्रांतिकारियों से भेंट

प्रसिद्ध क्रांतिकारी संस्था 'अनुशीलन समिति' के तपस्वी नेता श्री त्रैलोक्यनाथ चक्रवर्ती ने श्री सुभाषचंद्र बोस से परामर्श करके देशव्यापी सशस्त्र क्रांति के लिए पुराने क्रांतिकारियों से संपर्क स्थापित किया। उन्होंने नागपुर आकर डॉ. हेडगेवारजी से भी भेंट की। जनवरी 1940 में हुई लगभग 25 वर्ष बाद की इस भेंट में जब डॉक्टरजी उन्हें नहीं पहचान पाए, तो 'कालीचरण दा' यह क्रांतिकारी छद्मनाम का स्मरण कराते ही डॉक्टरजी ने उन्हें हृदय से लगा लिया। फिर भावी क्रांति की योजना के संबंध में विचार-विमर्श करके श्री चक्रवर्ती ने संघ के तत्कालीन 60000 स्वयंसेवकों के सहयोग की कामना की। डॉक्टरजी चाहते हुए भी उन्हें ठोस आश्वासन देने में असमर्थता अनुभव कर रहे थे, क्योंकि झूठा आश्वासन देना उनका स्वभाव नहीं था और क्रांतियोग्य विशाल एवं अनुशासित तरुण संघटन तथा जनजागृति का अभाव उन्हें खटक रहा था। अपना रोगग्रस्त शरीर होने से वे स्वयं भी अधिक प्रयत्न करने में असमर्थ थे। फिर भी श्री चक्रवर्ती आश्वस्त होकर गए, क्योंकि उन्हें बंगाल व मध्य प्रांत के क्रांतिकारी केशव राव के सामर्थ्य पर पूरा विश्वास था। किंतु घटनाचक्र ऐसा घूमा कि श्री चक्रवर्ती स्वयं बंगाल में बंदी बनाकर जेल में डाल दिए गए और श्री सुभाषचंद्र बोस भारत से बाहर चले गए, अतः क्रांति-योजना, जैसा डॉक्टरजी को आशंका थी, धरी ही रह गई।

राजगीर की यात्रा

इस बीच डॉक्टरजी का स्वास्थ्य बहुत खराब चल रहा था। अत: डॉ. हेडगेवारजी को स्वास्थ्य सुधारने के लिए श्री गोपालराव ओगले ('महाराष्ट्र' के संपादक) ने राजगीर (बिहार) के गरम पानी के झरनों में स्नान तथा उन्हीं के जल को पीने के लिए वहाँ जाकर काफी समय रहने का परामर्श दिया। बिहार में स्थित संघ-प्रचारक श्री बापूराव दिवाकर तथा श्री नरहरपंत पारखी से पत्र-व्यवहार करके अंतत: 31 जनवरी, 1940 को डॉक्टरजी ने नागपुर से राजगीर के लिए प्रस्थान किया। उस समय श्रीगुरुजी संघ-कार्य की व्यस्तता के कारण उनके साथ नहीं जा सके। श्री आप्पाजी जोशी, श्री बाबा इंदूरकर, श्री तात्या तेलंग तथा श्री बाबाजी कल्याणी ही उनके साथ थे। इस यात्रा में मार्ग के अनेक स्थानों के स्वयंसेवकों ने स्टेशन पहुँचकर डॉक्टरजी के दर्शन किए। 1 फरवरी की रात्रि को वे गया पहुँचकर वहाँ के संघचालक श्री कृष्णवल्लभ प्रसाद नारायण सिंह (बबुआजी) के घर पर ठहरे। 2 फरवरी को गया शाखा पर डॉक्टरजी का भाषण हुआ। फिर वे पटना गए और वहाँ 5 फरवरी तक रहे। पटना शाखा पर मानवंदना, भाषण तथा एक नई शाखा का उद्‍घाटन जैसे कार्यक्रमों से डॉक्टरजी को बहुत अच्छा लगा, किंतु मानवंदना के कार्यक्रम के दिन शाखा में अचानक हुई वर्षा से भीग जाना उनके स्वास्थ्य के लिए हानिकर रहा। 6 फरवरी तक वे बोध, गया आदि अनेक धार्मिक, सांस्कृतिक स्थानों के दर्शन कर 6 फरवरी की सायंकाल बबुआजी की कार से पटना से 105 किलोमीटर दूर राजगीर चले गए। राजगीर में श्री रामलाल जैन का मकान किराए पर लिया गया था, जिसमें चार अच्छे कमरे तथा एक बड़ी बैठक थी। प्रात: साढ़े चार बजे जागकर डॉक्टरजी व श्री आप्पाजी जोशी टमटम से गरम पानी के झरने में स्नान करने के लिए डेढ़ किलोमीटर दूर जाते थे। स्नान के बाद श्री आप्पाजी जोशी वहाँ बने लक्ष्मीनारायण मंदिर में 'विष्णु सहस्त्रनाम' का पाठ करते और डॉक्टरजी उसे सुनते रहते। सात-आठ बजे तक लौटते। फिर दुग्ध-पान, भोजन, चाय आदि यथासमय होते और विश्राम भी। कभी सायंकाल भी स्नान करने चले जाते।

उन दिनों बातचीत और पत्र-लेखन रात्रि होने के बाद भी चलते रहते थे।

धीरे-धीरे उनकी ढेरों डाक आने, गरिमामय व्यक्तित्व तथा उनकी परिश्रम करने की प्रवृत्ति के कारण वे सुप्रसिद्ध हो गए। एक दिन वसंतपंचमी का चंदा माँगने आए कुछ विद्यार्थियों से उन्होंने आत्मीयतापूर्वक परिचय किया तथा चंदा भी दिया। कुछ दिन बाद डॉक्टरजी ने राजगीर की संघशाखा इन्हीं विद्यार्थियों के आधार पर प्रारंभ करा दी थी।

नागपुर वापसी

डॉक्टरजी की कल्पना थी कि एक मास राजगीर में विश्राम करने के बाद उनका स्वास्थ्य ठीक हो जाएगा और वे श्री बाबासाहब घटाटे (नागपुर के संघचालक) के पुत्रों के 16 मार्च के यज्ञोपवीत संस्कार के समय नागपुर में रह सकेंगे। उसी दृष्टि से उन्होंने 3 मार्च, 1940 को बिहार प्रांत के सभी कार्यकर्ताओं की बैठक राजगीर में अपने निवास-स्थान पर की। राजनगीर में उन्होंने उसी दिन शाखा की स्थापना भी कर दी। बैठक में उनके अस्वस्थ अवस्था में ही वापस जाने को कार्यकर्ताओं ने ठीक नहीं माना। डॉक्टरजी को उन्होंने बताया कि मार्च मास में ठंड कम होने पर राजगीर की जलवायु उनके स्वस्थ होने के लिए अधिक अनुकूल होगी तथा एक मास और रुकने से स्वास्थ्य को अवश्य लाभ होगा। गया आदि के संघचालकों ने उन्हें राजगीर से न जाने देने के लिए दो दिन और भी रुककर उनसे इसके लिए हार्दिक अनुरोध किया। अतः डॉक्टरजी ने श्री घटाटेजी को अपने इस परिवर्तित कार्यक्रम की सूचना पत्र द्वारा दे दी। फिर भी आत्मीयता की अधिकता के कारण उन्हें नागपुर बुलाने को अनेक पत्र और तार आए। इसी कारण लोक-संग्रही स्वभाव के कारण डॉक्टरजी ने श्री आप्पाजी जोशी के साथ नागपुर के लिए 8 मार्च को प्रस्थान कर दिया। श्रीगुरुजी उन्हें जबलपुर से कार द्वारा नागपुर ले गए और 10 मार्च को प्रातः सूर्योदय से पूर्व ही वे नागपुर पहुँच गए।

संघ-कार्य के स्तर की कसौटी

घटाटेजी के घर पर यज्ञोपवीत संस्कार के कार्यक्रम के लिए मध्य प्रांत के अनेक स्थानों से आए प्रमुख संघ-कार्यकर्ताओं से उन्होंने विचार-विमर्श किया। संघ-कार्य तेजी से कैसे बढ़ाया जाए, इसकी आवश्यकता भी उन्होंने

बताई। स्वतंत्रता-प्राप्ति के लिए संघ-शक्ति अभी अपर्याप्त है, यह बात अनेक कार्यकर्ताओं को आश्चर्यचकित करनेवाली लगी। डॉक्टरजी ने समझाने का प्रयत्न किया कि असंगठित भारत में बीस-तीस हजार राष्ट्रभक्त तरुणों की अनुशासित शक्ति कितनी भी प्रभावी क्यों न लगती हो, अंग्रेजों के सुदृढ शासन के विरुद्ध संपूर्ण राष्ट्र के क्रांतिकारी स्वातंत्र्य-संग्राम की दृष्टि से वह अपर्याप्त ही थी। अतः स्वयंसेवकों की स्वाभाविक जिज्ञासा यह हुई कि स्वतंत्रता प्राप्त करने के लिए देश में कितने स्वयंसेवक होने चाहिए! डॉक्टरजी का इस संबंध में क्या विचार था, यह उनके एक पत्र की इन पंक्तियों से ज्ञात होता है, "अपने संघ को प्रभावी बनाने के लिए आपके सम्मुख एक ही विचार रखता हूँ कि तीन वर्षों में (1940 से 42 तक) अपने प्रांत में गणवेशधारी तरुण स्वयंसेवकों की संख्या जनसंख्या के हिसाब से ग्रामों में एक प्रतिशत तथा नगरों में तीन प्रतिशत हो जानी चाहिए।" तब से यह संख्या ही कार्यकर्ताओं द्वारा स्तरीय संघ कार्य की कसौटी मानी जाने लगी।

डॉक्टरजी की इस इच्छा को पूर्ण करने के लिए सभी कार्यकर्ता अपने-अपने क्षेत्र में प्रयत्नशील हो गए। नए-नए कार्यकर्ता संघ-विस्तार के लिए घर से दूर जाकर काम करने में जुटने लगे। स्वतंत्रता-प्राप्ति के लिए संघ की विराट् शक्ति को तैयार करना एक महान् ही नहीं, चुनौतीपूर्ण लक्ष्य भी था।

पुनः राजगीर में

डॉक्टरजी 18 मार्च को पुनः राजगीर वापस आ गए। इस बार श्री आप्पाजी जोशी साथ तो नहीं आए, किंतु चाँदा में विदर्भ प्रांतीय सम्मेलन करने के बाद 31 मार्च को वे भी राजगीर पहुँचे। श्री आप्पाजी जोशी राजगीर में कुछ समय तक 'आमवात' रोग से पीड़ित रहे और तब डॉक्टरजी ने उनकी पूरी चिंता व देखभाल की। उनके कष्ट को देखकर डॉक्टरजी ने नेत्रों में आँसू भरकर कहा, "मैं आपको आग्रहपूर्वक यहाँ लाया, परंतु आपके भाग्य में यह क्या कष्ट आ गया?" ऐसे भावुक तथा स्नेही थे डॉ. हेडगेवारजी!

जैसे-जैसे डॉक्टरजी के स्वास्थ्य में कुछ सुधार दिखाई देने लगा, वैसे-वैसे उनकी बातचीत तथा पत्र-व्यवहार में भी वृद्धि होती गई। ग्रीष्म ऋतु में राजगीर में रुकने का अधिक लाभ नहीं था। उधर नागपुर आदि के होनेवाले

अधिकारी शिक्षण-वर्गों की व्यवस्था के लिए भी डॉक्टरजी का मन चिंतित रहता था, भले ही पत्र-व्यवहार से वे सभी का मार्गदर्शन कर रहे थे। अत: 15 अप्रैल को उन्होंने राजगीर से चलकर गया, वाराणसी, प्रयाग तथा जबलपुर की शाखाओं का निरीक्षण करते हुए 20 अप्रैल को नागपुर पहुँचने का कार्यक्रम बना लिया और तदनुसार आवश्यक पत्र भी भेज दिए।

मार्गदर्शक विचार

राजगीर में उनके निवास (7 फरवरी से 7 मार्च तथा 18 मार्च से 15 अप्रैल) के काल की कुछ घटनाएँ उल्लेखनीय हैं। राजगीर ऐतिहासिक महत्त्व का नगर है। कभी यहाँ बुद्धकालीन सम्राट् अजातशत्रु का वैभवशाली दुर्ग था, जिसके अब खँडहर ही दिखाई देते हैं। महाभारत-युग के मगध-सम्राट् जरासंध की भी यही प्रसिद्ध राजधानी थी। मल्लविद्या के पारंगत जरासंध का अखाड़ा और अजातशत्रु का किला वहाँ के प्रसिद्ध स्थान हैं। किंतु पुराने अखाड़े के स्थान पर मुसलमानों ने अपना अधिकार कर रखा था और वहाँ किसी पीर की कब्र बनाकर अपने अधिकार का बहाना बना लिया था। नालंदा आदि के कुछ खँडहरों पर भी मुसलमानों ने अपना अधिकार स्थापित करने का षड्यंत्र किया हुआ था। डॉक्टरजी ने इन सबको देखकर स्वयंसेवकों से कहा था कि हिंदू समाज को जागरूक रहकर अपने ऐसे महत्त्वपूर्ण स्थानों पर अपना अधिकार रखना चाहिए तथा मुसलिम षड्यंत्रों का भंडाफोड़ कर आवश्यक प्रतिकार व प्रतिरोध करना चाहिए। आँखों के सामने होनेवाले ऐसे अन्याय, अत्याचार और आघातों को पूर्णतया समाप्त करने की प्रवृत्ति, शक्ति और साहस हिंदू समाज में शीघ्र ही जागने चाहिए।

नालंदा के खँडहरों (राजगीर से लगभग 11 किलोमीटर दूर स्थित) को देखने पर इतने बड़े विश्वविद्यालय का मुसलमानों द्वारा विध्वंस स्मरण कर उनके हृदय को बड़ी व्यथा हुई। नालंदा के भव्य बौद्ध विहार के खँडहरों को देखकर उन्होंने दो विचार प्रकट किए—प्रथम, सैकड़ों वर्षों से चल रहे मुसलिम आक्रमणों और अत्याचारों को दूर करने की शक्ति हिंदू समाज में क्यों नहीं निर्माण हुई, इस पर विचार करना चाहिए। द्वितीय, ऐसे स्थानों पर राष्ट्रभक्त,

भावनाशील, स्वाभिमानी तथा तेजस्वी मार्गदर्शक होने चाहिए, जो पर्यटकों को सही इतिहास बता सकें तथा उन्हें सही इतिहास-दृष्टि दे सकें।

पंजाब का मार्गदर्शन

डॉक्टरजी को पंजाब से मिले पत्रों से ज्ञात हुआ कि वहाँ की सरकार ने सभी स्वयंसेवक दलों पर (स्काउटिंग को छोड़कर) सुरक्षा-नियम के अंतर्गत यह प्रतिबंध लगा दिया था, "कोई भी व्यक्ति हाथ में शस्त्र लेकर या तत्सम उपयोगी कोई उपकरण लेकर किसी भी प्रकार की सैनिक पद्धति की कवायद, व्यायाम या अन्य क्रिया में भाग नहीं लेगा।" इस पर डॉक्टरजी ने स्वयंसेवकों का मार्गदर्शन करते हुए यही सुझाव दिया कि संघ के सैनिक कार्यक्रम रोक देने चाहिए तथा आत्मविश्वासपूर्वक विविध खेलों और प्रार्थना के कार्यक्रम चलाते रहने से संघ-कार्य को बढ़ाना चाहिए। किसी एक स्थान अर्थात् शाखा स्थान पर प्रतिदिन एकत्रीकरण ही संगठन का आधार बन सकता है, यह भी उन्होंने बताया। इस विचार के अनुसार चलने से पंजाब के कार्यकर्ताओं ने हँसते-खेलते संघ को बहुत व्यापक बनाने में सफलता प्राप्त की।

स्वाध्याय-प्रेम

यहाँ यह उल्लेखनीय है कि इन दिनों डॉक्टरजी स्वाध्याय के लिए भी कुछ समय निकालते थे। समर्थ रामदास के प्रसिद्ध ग्रंथ 'दासबोध' तथा 'गीता' का स्वाध्याय करना उन्हें प्रिय था।

प्रतिवाद का प्रकाशन

मार्च 1940 में हिंदू महासभा ने 'रामसेना' नामक जो स्वयंसेवक दल नागपुर में प्रारंभ किया, उसके प्रमुख अधिकारी डॉ. बालकृष्ण मुंजे थे। 27 मार्च को 'महाराष्ट्र' पत्र में प्रकाशित रामसेना की पदाधिकारी-सूची में डॉ. हेडगेवारजी का नाम भी रखा गया था। डॉक्टरजी ने इसे अनुचित मानते हुए किशोरावस्था से ही डॉ. मुंजे के प्रति अत्यधिक आदर होने पर भी, यह प्रतिवाद 'महाराष्ट्र' में प्रकाशित करा दिया कि प्रकाशित समाचार में उनका नाम उनकी बिना जानकारी तथा अनुमति के छापा गया है। संघ-दृष्टि से जो बात उन्हें

हानिकर प्रतीत होती थी, उसे वे कर्तव्य-कठोर बन अवश्य कर डालते थे।

नागपुर और पूना की यात्रा

15 अप्रैल, 1940 को राजगीर की शाखा के वर्ष प्रतिपदा उत्सव में डॉ. हेडगेवारजी स्वयं उपस्थित थे। उसी दिन वे नागपुर की ओर पूर्व योजनानुसार चलकर 20 अप्रैल को वहाँ पहुँच भी गए। अब उनका स्वास्थ्य पहले से बहुत अच्छा था।

23 अप्रैल, 1940 को पूना का अधिकारी शिक्षण-वर्ग प्रारंभ हुआ। इसी वर्ग में सर्वप्रथम संघ की संस्कृत आज्ञाओं तथा संस्कृत-प्रार्थना को प्रारंभ किया गया। इस वर्ग में 15 दिन रहने के विचार से डॉक्टरजी 27 अप्रैल को नागपुर से चले। मार्ग में वे नासिक में रुके तो पूर्व परिचित डॉ. दामले तथा डॉ. चोमे ने उनकी स्वास्थ्य-परीक्षा कर उनका स्वास्थ्य काफी सुधरा हुआ पाया। नासिक से पूना जाते हुए कल्याण स्टेशन पर श्री काशीनाथराव लिमये (महाराष्ट्र प्रांत संघचालक), श्री दादा साहब नाईक (बंबई के संघचालक), श्री भाऊराव मोडक (सतारा के संघचालक) आदि अनेक स्वयंसेवकों ने उनसे भेंट की तथा उनको काफी स्वस्थ देखकर सभी आनंदित हुए।

पूना का व्यस्त कार्यक्रम

विशाल नूतन मराठी विद्यालय में लगे पूना के वर्ग को डॉक्टरजी ने बहुत पसंद किया। संख्या, स्तर, कार्यक्रम, व्यवस्था—सभी दृष्टियों से यह वर्ग पहले के वर्गों से बढ़कर था। डॉक्टरजी ने प्रतिदिन स्वयंसेवकों की जिलानुसार बैठकें लीं। तरुण स्वयंसेवकों द्वारा शीघ्र तथा स्तरीय रीति से संघ-विस्तार होने की अपनी कल्पना ही उनकी बातचीत में अभिव्यक्त हुई। उस वर्ष अपनी शिक्षा समाप्त कर रहे तरुण स्वयंसेवकों से डॉक्टरजी ने जीवन में संघ-कार्य को स्थान देने की बातचीत उनके संघ-प्रचारक बनने की कल्पना देने के उद्देश्य से की। 132 स्थानों से आए 800 स्वयंसेवकों के इस वर्ग में डॉक्टरजी बहुत व्यस्त रहे, बैठकों आदि के कारण ही नहीं, अपितु मिलने आनेवाले नागरिकों से बातचीत होने, लोगों के घर जाकर मिलने तथा रात्रि में 1-2 बजे तक बातचीत चलते रहने के कारण भी।

इस पूरे परिश्रम का उनके स्वास्थ्य पर प्रभाव दिखाई देने लगा। पीठ का दर्द और अधिक बढ़ गया था, पसीना आना उनका पुराना कष्ट था, वे अब अधिक उग्र दिखाई देने लगे। इन दिनों अपनी दर्द पीड़ित पीठ पर वे प्रायः स्वयं ही स्नान के पूर्व तेल-मालिश कर लेते थे। कुछ दिनों बाद भोजन के पश्चात् कुछ देर तक बोलने में कष्ट भी होने लगा। फिर भी उनकी ओजस्वी वाणी में तर्कशील विचारों का सहज प्रवाह देखकर श्रोताओं को यह लगता ही नहीं था कि उन्हें उस समय कुछ शारीरिक कष्ट भी है। पूना के वर्ग में हुए उनके चार भाषणों में अनेक महत्त्वपूर्ण विचारों का प्रतिपादन हृदयस्पर्शी रीति से हुआ था। स्वयंसेवक 'हिंदू राष्ट्रांगभूत' रूप में विचार और व्यवहार करें, प्रत्येक ज्ञान को सत्य सिद्ध करने के लिए शक्ति का अधिष्ठान आवश्यक है, संघ का कार्य प्रेम के नैतिक बल से ही हो सकता है, अन्य किसी बल से नहीं, ऐसे कितने ही विचार-रत्नों से स्वयंसेवकों का उन्होंने मार्गदर्शन किया। उन्होंने यह सावधानी रखने को भी कहा कि संघ कभी अंतर्कलह का शिकार न बने।

11-12 मई, 1940 को महाराष्ट्र प्रांत के कार्यकर्ताओं की बैठक चली। इसमें निवेदित जिलावृत्तों से ज्ञात हुआ कि महाराष्ट्र के सभी जिलों में संघ कार्य चल रहा है। कुल 25 शाखाएँ थीं, जिनकी कुल औसत उपस्थिति 18000 थी। प्रथम दिन की दोपहर की बैठक चल रही थी, तभी स्वातंत्र्य वीर सावरकर अचानक आ गए। इससे डॉक्टरजी को बहुत प्रसन्नता हुई। उनके आग्रह पर सावरकरजी का एक अति संक्षिप्त भाषण भी कार्यकर्ताओं को सुनने को मिला। उन्होंने संघ को 'आशा का एकमात्र स्थान' बताया तथा बल देकर कहा, "यह एक संगठन ही हिंदू राष्ट्र का उद्धार कर सकेगा।" दूसरे दिन श्रीगुरुजी और श्री आप्पाजी जोशी के भाषण हुए। रात्रि को 10 से 12 बजे तक डॉक्टरजी का समापन भाषण हुआ। अस्वस्थता के कारण वे कुरसी पर बैठकर बोले। यह भाषण भी अत्यंत प्रभावी था। 'शिशु और बाल स्वयंसेवक ही हमारी भावी शक्ति हैं। सभी राष्ट्रभक्तों के प्रति उनकी मत-भिन्नता होते हुए भी, प्रेम और आदर बढ़ाते-बढ़ाते ही अपनी शक्ति बढ़ती रहनी चाहिए, संघ प्रतिक्रियात्मक नहीं, विधायक है' इत्यादि अनेक विचार-सूत्र उन्होंने उत्तम रीति से निरूपित किए। विचार-दर्शन तथा कार्यपद्धति दोनों दृष्टियों से ही इस भाषण में प्रचुर

मार्गदर्शक सामग्री डॉक्टरजी ने सँजोई थी।

14 मई, 1940 को श्रीगुरुजी नागपुर चले गए तथा 15 मई को डॉक्टरजी ने पूना के स्वयंसेवक बंधुओं से विदाई ली। पूना के स्टेशन पर उन्हें पहुँचाने आए स्वयंसेवकों की अपार भीड़ थी। डॉक्टरजी उनसे डिब्बे के द्वार पर हँसते-बोलते खड़े रहे। फिर रेलगाड़ी चलते ही उन्होंने जोर से कहा, "यह लो मैं चला।"

नागपुर के वर्ग में

उस समय उनके साथ गया (बिहार) के संघचालक श्री कृष्णवल्लभ प्रसाद नारायण सिंह (बबुआजी) भी थे, जो 5 मई को पूना के वर्ग में आ चुके थे। नागपुर स्टेशन पर श्रीगुरुजी ने वहाँ के वर्ग के सर्वाधिकारी के नाते डॉक्टरजी का स्वागत किया। अपने हाथ में लिये बड़े हार को वे डॉक्टरजी को डिब्बे से उतरते ही पहनाना चाहते थे, किंतु डॉक्टरजी ने उन्हें नेत्रों से ही ऐसा संकेत दिया कि उन्होंने वह हार श्री सिंह को पहना दिया। स्वागत-सम्मान की लालसा डॉक्टरजी को छू भी न गई थी।

स्टेशन से नागपुर के नील सिटी विद्यालय में अधिकारी शिक्षण-वर्ग के 'वसतिगृह' में वे ले जाए गए। अतिथि-कक्ष में डॉक्टरजी को ठहरा दिया गया। लंबी यात्रा की थकान, नागपुर की गरमी और शरीर की अस्वस्थता के लक्षण उनके मुख पर स्पष्ट दिख रहे थे। फिर भी वे दोपहर के भाषण को सुनने गए। सायंकाल को उन्हें ज्वर आ गया। तब भी उस दिन वर्ग के कार्यक्रमों में वे भाग लेते रहे। इस वर्ग में शिक्षार्थियों की संख्या 1400 थी, जिसमें से मध्य प्रांत और विदर्भ के तो केवल 800 स्वयंसेवक थे। उत्तर-पश्चिमी सीमा प्रांत, पंजाब, उत्तर प्रदेश, बिहार, बंगाल, मद्रास, कर्नाटक, महाराष्ट्र और गुजरात से आए स्वयंसेवकों की संख्या 600 थी। देश भर से आए इन राष्ट्रभक्त तरुणों से मिलने और बातचीत करने की कल्पना से ही डॉक्टरजी का मन आशावान था, आनंदित था।

अस्वस्थता और वेदना

रात्रि को संत तुकड़ोजी के भजन के कार्यक्रम में बुखार में तपते हुए भी

डॉक्टरजी सम्मिलित हुए। परंतु कष्ट बढ़ने पर जब उन्हें बैठना असंभव लगने लगा तो वे उठे और अकेले ही अपने घर चले गए। घर के लोग भी अब उसी भजन कार्यक्रम में गए हुए थे। अत: जब वे लौटकर आए तो उन्होंने बिस्तर बिछाकर सो रहे डॉक्टरजी को देखा। उन्हें तेज बुखार था। अगले दिन से चिकित्सा प्रारंभ हुई। फिर भी रोग घटने के लक्षण दिखाई नहीं दिए, ज्वर भी चलता रहा, पीठ का दर्द भी। नागपुर में बाहर के स्वयंसेवक भी उनसे मिलने आते रहे, बात न हो सके तो केवल दर्शन ही कर लें।

अस्वस्थता उन्हें कहीं जाने नहीं दे रही थी और वर्ग समाप्ति पर आ रहा था। बाहर से आए स्वयंसेवकों को यह खिन्नता थी कि नागपुर आकर भी अपने श्रद्धेय के विचार सुनने का अवसर नहीं मिल रहा है। डॉक्टरजी को यह पीड़ा थी कि देश भर से आए हुए इतने उत्कृष्ट स्वयंसेवकों से बातचीत करने का, उन्हें जी भर देखने का अवसर ही नहीं मिल पा रहा है! इस वेदना का भी उनके शरीर पर बुरा परिणाम हो रहा था, इसमें कोई संदेह नहीं। किंतु अंतत: डॉक्टरजी का आत्मबल प्रभावी सिद्ध हुआ और 2 जून को सायंकाल के बौद्धिक कार्यक्रम में वे ले जाए गए। उस दिन श्रीगुरुजी का 'श्री छत्रपति शिवाजी का मिर्जा राजा जयसिंह को पत्र' विषय पर प्रेरक उद्‌बोधन हुआ। उसे सुनकर डॉक्टरजी को प्रसन्नता हुई और उस भाषण की उत्कृष्टता की प्रशंसा उन्होंने अनेक लोगों से की।

फिर 8 जून को वर्ग के समापन कार्य में जाने के लिए भी डॉक्टरजी ने श्रीगुरुजी से अपनी तीव्र इच्छा प्रकट की। किंतु इतनी दूर खेल मैदान के कार्यक्रम में डॉक्टरों ने उन्हें ले जाने की अनुमति नहीं दी। डॉक्टरजी का तर्क था कि स्वास्थ्य तो ठीक होगा ही नहीं, फिर स्वयंसेवकों से भेंट क्यों न करें! अंतत: उनकी वेदना को समझकर यही निश्चित हुआ कि अगले दिन 9 जून, 1940 के प्रात:काल होनेवाले दीक्षांत कार्यक्रम में डॉक्टरजी को अवश्य ले जाया जाए। इस निर्णय को सुनते ही डॉक्टरजी का मन उल्लसित हो उठा।

दीक्षांत कार्यक्रम में डॉक्टरजी

वर्ग के इस निजी समापन कार्यक्रम में पहुँचने पर डॉक्टरजी को बहुत प्रसन्नता हुई। उन्हीं को ध्यान में रखकर 2000 श्रोताओं तक आवाज पहुँचने

के लिए ध्वनिवर्धक यंत्र लगाया गया था। उनके बैठने की कुरसी पर रखे गए कोमल तकियों को उन्होंने उठाकर नीचे रख दिया। सर्वप्रथम विविध प्रांतों के प्रतिनिधि स्वयंसेवकों ने इस वर्ग से प्राप्त संस्कार आदि तथा अपने कार्यक्षेत्र में संघ-कार्य कैसे करेंगे, इस संबंध में अपने-अपने विचार प्रस्तुत किए। इन तेजस्वी कार्यकर्ताओं के विचारों से डॉक्टरजी को संघ का भविष्य उज्ज्वल प्रतीत हुआ।

इसके पश्चात् डॉक्टरजी का भाषण हुआ। उनका यह भाषण जिन्होंने सुना, वे उसे कभी नहीं भूल पाए। आज भी उस भाषण की सहज शब्दावली उतनी ही तीव्रता से हृदय को झकझोर देती है। भाषण के रूप में यही उनका अंतिम संदेश था।

अंतिम संदेश

"मान्यवर सर्वाधिकारीजी, प्रांत संघचालक महोदय, अधिकारी वर्ग तथा स्वयंसेवक बंधुओ! मैं यह नहीं जान सकता कि मैं आज आपके सम्मुख दो शब्द भी ठीक तरह से कह सकूँगा। आप तो जानते ही हैं कि गत 24 दिनों से मैं रुग्णशैया पर पड़ा हुआ हूँ। संघ की दृष्टि से यह वर्ष बड़े सौभाग्य का है। आज अपने सामने मैं हिंदू राष्ट्र की छोटी सी प्रतिमा देख रहा हूँ, किंतु मेरी शारीरिक अस्वस्थता के कारण इतने दिन नागपुर में रहते हुए भी आपका परिचय प्राप्त कर लेने की अपनी इच्छा को मैं फलीभूत नहीं कर सका। पूना के ओ.टी.सी. में मैं 15 दिन तक था और वहाँ मैंने हर एक स्वयंसेवक से स्वयं परिचय कर लिया। मैं समझता था कि नागपुर के ओ.टी.सी. में भी मैं वैसा ही कर सकूँगा, किंतु मैं आपकी सेवा तनिक भी नहीं कर सका, यही कारण है कि मैं आज यहाँ पर आपके दर्शन करने आया हूँ।

"मेरा और आपका कुछ भी परिचय न होने पर भी ऐसी कौन सी बात है, जिसके कारण मेरा अंतःकरण आपकी ओर और आपका मेरी ओर दौड़ पड़ता है! रा. स्वयं सेवक संघ की विचारधारा ही ऐसी प्रभावशाली है कि जिन स्वयंसेवकों का आपस में परिचय तक नहीं है, उनमें भी पहली ही नजर में एक-दूसरे के प्रति प्रेम उत्पन्न हो जाता है। बातचीत होते, न होते वे परस्पर मित्र हो जाते हैं। चेहरे की मुसक़राहट मात्र से वे एक-दूसरे को पहचान लेते

हैं। पिछले दिनों जब मैं पूना में था, तब एक बार मैं और साँगली के श्री काशीनाथजी लिमये 'लकड़ी-पुल' पर से जा रहे थे। उसी समय हमारी ही ओर नौ-दस वर्ष की अवस्था के दो बालक आ रहे थे। हमारे पास से जाते समय किंचित् मुसकराकर वे आगे बढ़ने लगे। तब मैंने श्री काशीनाथ रावजी से कहा, 'ये लड़के संघ के स्वयंसेवक हैं?' मेरी इस बात पर श्री काशीनाथ राव ने आश्चर्य प्रकट किया। बिना किसी तरह की जान-पहचान के मैंने इन बालकों को असंदिग्ध स्वर में स्वयंसेवक कैसे बतलाया? यह उनके लिए एक समस्या हो गई। उन्होंने मुझसे पूछा, 'यह आप कैसे कहते हैं कि ये हमारे स्वयंसेवक हैं?' कारण, दोनों की वेश-भूषा में स्वयंसेवकत्व का निदर्शक कोई भी बाहरी चिह्न नहीं था। मैंने कहा, 'केवल मैं कहता हूँ इसीलिए। क्या आपको इस बात की सत्यता जाननी है?' कुछ दूर आगे चले गए उन बालकों को मैंने वापस बुलाया और पूछा, 'क्यों, हमें पहचानते हो?' उन्होंने तुरंत उत्तर दिया, 'जी हाँ, दो साल पहले आप शिवाजी मंदिर में लगनेवाली बाल-शाखा में आए थे। आप हमारे सरसंघचालक डॉ. हेडगेवारजी हैं। आपके साथ के सज्जन साँगली के श्री काशीनाथ रावजी लिमये हैं।' यह संघ की तपश्चर्या का फल है। केवल किसी एक व्यक्ति का यह काम नहीं। अभी यहाँ पर जिन्होंने भाषण दिया, वे मद्रास के श्री संजीव कामथ यहाँ एक अपिरिचत के रूप में आए थे और अब चार रोज में ही हमारे भाई बन वापस जा रहे हैं। इसका श्रेय किसी मनुष्य को नहीं, संघ को है। भाषा-भिन्नता अथवा आचार-भिन्नता होते हुए भी पंजाब, बंगाल, मद्रास, बंबई, सिंध आदि प्रांतों के स्वयंसेवक परस्पर क्यों इतना प्रेम करते हैं? केवल इसलिए कि वे राष्ट्रीय स्वयंसेवक संघ के घटक हैं। हमारे संघ का प्रत्येक घटक दूसरे स्वयंसेवक पर अपने भाई से भी अधिक प्रेम करता है। सगे भाई भी कभी-कभी घर-बार के लिए आपस में लड़ते हैं, किंतु स्वयंसेवकों में वैसी बात नहीं हो सकती। मैं आज 24 दिन से घर में पड़ा हूँ। परंतु मेरा हृदय तो यहाँ ही था, आप लोगों के पास। मेरा शरीर घर में था, किंतु मन वर्ग में आप लोगों के बीच में ही रहा करता था। कल शाम को कम-से-कम पाँच मिनट के लिए, केवल प्रार्थना के लिए ही संघ-स्थान पर आने के लिए जी बहुत तड़प रहा था। किंतु डॉक्टर लोगों के सख्त

मना करने पर मुझे चुप बैठना पड़ा।

"आज आप अपने-अपने स्थान को वापस जा रहे हैं। मैं आपको प्रेम से विदाई देता हूँ। यह अवसर यद्यपि बिछोह का है, फिर भी दुःख का कदापि नहीं। जिस कार्य को संपन्न करने के निश्चय से आप यहाँ आए, उसी कार्य की पूर्ति के लिए ही आप अपने स्थान पर वापस जा रहे हैं। प्रतिज्ञा कर लें कि जब तक तन में प्राण हैं, संघ को नहीं भूलेंगे। किसी भी मोह से आपको विचलित नहीं होना चाहिए। अपने जीवन में ऐसा कहने का कुअवसर न आने दीजिए कि 'पाँच साल पहले मैं संघ का सदस्य था।' हम लोग जब तक जीवित हैं, तब तक स्वयंसेवक रहेंगे। तन-मन-धन से संघ का कार्य करने के लिए अपने दृढ निश्चय को अखंडित रूप से जाग्रत् रखिए।

"रोज सोते समय यह सोचिए कि आज मैंने क्या-क्या काम किया है, यह भी ध्यान में रखिए कि केवल संघ का कार्यक्रम ठीक रूप से करने या प्रतिदिन नियमित रूप से संघ-स्थान पर उपस्थित रहने से ही संघ-कार्य पूरा नहीं हो सकता। हमें तो आसेतु-हिमाचल तक फैले हुए इस विराट् हिंदू समाज को संगठित करना है। सच्चा महत्त्वपूर्ण कार्य-क्षेत्र तो संघ के बाहर बसनेवाला हिंदू जगत् ही है। संघ केवल स्वयंसेवकों के लिए नहीं, संघ के बाहर जो लोग हैं, उनके लिए भी है। हमारा यह कर्तव्य हो जाता है कि उन लोगों को हम राष्ट्र के उद्धार का सच्चा मार्ग बताएँ, और यह मार्ग है केवल संगठन का।

"हिंदू जाति का अंतिम कल्याण इस संगठन के द्वारा ही हो सकता है। दूसरा कोई भी काम राष्ट्रीय स्वयंसेवक संघ नहीं करना चाहता। यह प्रश्न कि आगे चलकर संघ क्या करनेवाला है, निरर्थक है। संघ इसी संगठन-कार्य को कई गुना तेजी से आगे बढ़ाएगा। यों ही बढ़ते-बढ़ते एक ऐसा स्वर्ण-दिन अवश्य आएगा, जिस दिन सारा भारतवर्ष संघमय दिखाई देगा। फिर हिंदू जाति की ओर वक्र-दृष्टि से देखने का सामर्थ्य संसार की किसी भी शक्ति में न हो सकेगा। हम किसी पर आक्रमण करने नहीं चले हैं; पर इस बात के लिए सदा सचेष्ट रहेंगे कि हम पर भी कोई आक्रमण न कर सके।

"मैं आपको आज कोई नई बात नहीं बता रहा हूँ। हममें से हर एक स्वयंसेवक को चाहिए कि वह संघ के कार्य को ही अपने जीवन का प्रधान

कार्य समझे। मैं आज आपको इस दृढ विश्वास के साथ विदाई दे रहा हूँ कि आप अब इस मंत्र को अपने हृदय पर अच्छी तरह अंकित कर यहाँ से विदा होंगे कि एकमात्र संघ कार्य ही मेरे जीवन का कार्य है।"

डॉक्टरजी का भाषण सुनकर स्वयंसेवकों ने स्वयं को धन्य माना। उन्हें अपने सरसंघचालक के मुख से संघ का तत्त्वज्ञान, कार्य-पद्धति तथा उद्देश्य का स्पष्ट विवेचन इतनी सहज रीति से सुनने को मिला था कि वे भाव-विभोर हो उठे।

डॉ. श्यामाप्रसाद मुकर्जी के पत्र का उत्तर

डॉक्टरजी भाषण के बाद खूब थक गए थे, अत: उन्हें विश्राम करने के लिए सर्वाधिकारीजी के कमरे में लिटाना पड़ा। कुछ समय बाद वे घर चले गए, जहाँ बाहर जानेवाले स्वयंसेवक उनसे मिलने आते रहे। विदा देते समय डॉक्टरजी का प्रेमपूर्ण व्यवहार उन्हीं के योग्य था। डॉ. श्यामाप्रसाद मुकर्जी का बंगाल से आया पत्र डॉक्टरजी पढ़ रहे थे, जिसमें 18 जून से 6 सप्ताह का एक शिक्षण केंद्र चलाने के लिए कुछ योग्य शिक्षक भेजने का अनुरोध था। अत: बंगाल से वर्ग में भाग लेने आए स्वयंसेवकों को विदा करते समय डॉक्टरजी ने बँगला में ही कहा था, "डॉ. श्यामाप्रसाद मुकर्जी लिखते हैं कि प्रचारक भेजो। प्रचारक तो भेजेंगे, परंतु वास्तविक काम प्रचारक भेजने से नहीं होता। उसके लिए तो आप स्थानीय लोगों को ही सबकुछ काम सँभालना चाहिए।"

□

17

महाप्रयाण

(1940 ई.)

जलवायु-परिवर्तन के सुझाव

डॉ. हेडगेवारजी की गहरी अस्वस्थता का समाचार नागपुर के अधिकारी शिक्षण-वर्ग की समाप्ति के पश्चात् संपूर्ण संघ-जगत् में तेजी से फैल गया। समाचार मिलते ही लाहौर (पंजाब) से धर्मवीरजी ने उन्हें जलवायु-परिवर्तन तथा उत्तम चिकित्सकों द्वारा चिकित्सा के लिए पंजाब के किसी उत्तम स्थान में रखने का सुझाव दिया। इसी प्रकार महाराष्ट्र, मध्य प्रांत आदि के अनेक स्थानों के लिए भी आग्रहपूर्ण सुझाव आए। अपने महान् सरसंघचालक के लिए कार्यकर्ताओं का यह आग्रह प्रेम और श्रद्धा के कारण स्वाभाविक ही था। किंतु शरीर की अत्यधिक दुर्बलता को देखते हुए उनका स्थान-परिवर्तन संभव नहीं था।

असाध्य कष्ट

अंततः 15 जून, 1940 को विशेषज्ञों के सुझाव के अनुसार डॉक्टरजी को नागपुर के मेयो अस्पताल में भरती कराया गया। वहाँ एक्स-रे आदि की उनकी परीक्षा 18 जून तक चलती रही। किंतु रोग का कारण समझ में नहीं आ सका। अस्पताल में डॉक्टरजी को मानसिक घुटन का अनुभव हो रहा था। वे घर ले चलने के लिए निरंतर आग्रह करते रहे। अंततः 18 जून को ही उन्हें अस्पताल

से घर ले जाने की बात निश्चित हो गई। उस समय श्री बाबासाहब घटाटे ने सुझाव दिया कि डॉक्टरजी को हमारे बँगले पर ले चला जाए। धरमपेठ (सिविल लाइंस) में स्थित यह बँगला चिकित्सा तथा सेवा की दृष्टि से घर की अपेक्षा बहुत अधिक सुविधापूर्ण था—खुली हवा, उत्तम वातावरण, आस-पास की स्वच्छता। पर डॉक्टरजी अपने घर पर ही जाना चाहते थे, किंतु पुराने घने बसे मोहल्ले के आस-पास का घुटनभरा वातावरण, पीछे बहता गंदा नाला, स्थान की कमी इत्यादि कारणों का विचार करके श्री घटाटेजी के बँगले पर ही डॉक्टरजी को ले जाया गया। वहाँ श्री घटाटेजी तथा श्रीगुरुजी के साथ ही अन्य अनेक तरुण स्वयंसेवक भी सेवा में तत्पर रहे।

मृत्यु के आने से पूर्व

मेयो अस्पताल में रहते समय की दो घटनाएँ उल्लेखनीय हैं, जिनसे यह ज्ञात होता है कि डॉक्टरजी को अपना यह कष्ट असाध्य लग रहा था तथा मृत्यु निकट प्रतीत हो रही थी। प्रथम, उन्होंने अपने स्नेही मित्र श्री नानासाहब तेलंग को, जो स्वयं भी अस्वस्थ थे, कार भेजकर मेयो अस्पताल में बुलवाकर भेंट की। द्वितीय, उन्होंने एक दिन श्री यादवराव जोशी से पूछा, "क्या संघ के वरिष्ठ अधिकारी का देहांत होने पर उनका अंतिम संस्कार सैनिक पद्धति से होगा?" श्री यादवराव ने इस अप्रिय प्रश्न को अनसुना करके बातचीत का विषय बदलने का प्रयत्न किया। किंतु डॉक्टरजी ने अपनी ही बात पूरी करते हुए उन्हें समझाया कि संघ एक विशाल परिवार है, सैनिक संघटन नहीं, अतः परिवार के प्रमुख का देहांत होने पर जैसे सामान्य पद्धति से अंतिम संस्कार होता है, वैसा ही संघ-परिवार के प्रमुख का भी होना चाहिए।

घोर पीड़ा में भी विनोद

नए स्थान पर भी डॉक्टरजी के ज्वर और पीठ के दर्द में कमी नहीं आई। बेचैनी भी कम नहीं हुई। रात में नींद बहुत थोड़ी देर ही आती थी। कष्ट बहुत होने पर वे कमरे में कुछ देर टहलते रहते, फिर थककर पलंग पर लेट जाते। रात में तो बेचैनी बढ़ने पर वे कमरे के बाहर जाकर भी घूमने जाना चाहते थे,

किंतु स्वयंसेवक उन्हें आग्रहपूर्वक रोक देते थे, क्योंकि अधिक घूमने से थकना डॉक्टरजी के लिए ठीक नहीं था। ऐसी परेशानी के काल में भी डॉक्टरजी का विनोदी स्वभाव बना रहना उनकी बहुत बड़ी विशेषता थी। तदनुसार ही उन्होंने 19 जून को हँसकर श्रीगुरुजी से कहा, "आपने सेवा के लिए मेरे पास ये स्वयंसेवक रखे हैं या मुझे रोकने के लिए पहलवान?"

चाय भी अकेले नहीं

इसी प्रकार उनका मिल-जुलकर खाने-पीने का स्वभाव इस समय भी पूर्ववत् था। सेवार्थ रह रहे सभी स्वयंसेवकों और श्रीगुरुजी आदि के साथ ही प्रातःकाल व सायंकाल की चाय पीना उन्हें प्रिय था। एक दिन श्री यादवराव जोशी ने श्रीगुरुजी के कहीं गए होने और स्वयंसेवकों के रात्रि-जागरण के कारण बाहर सो रहे होने के कारण उन्हें अकेले ही चाय पिलानी चाही, किंतु डॉक्टरजी ने सबके बारे में पूछताछ की और समाधानकारक उत्तर न मिलने पर वे बिना चाय पिए ही चादर ओढ़कर सो गए। बाद में जब श्रीगुरुजी आए, तब सब बात जानकर उन्होंने फिर से चाय बनवाई। सबके साथ बैठकर चाय पीने पर डॉक्टरजी पुनः प्रसन्न दिखाई देने लगे।

भेंट, जो हो नहीं सकी

19 जून की सायंकाल को डॉक्टरजी से मिलने के लिए एक बंगाली क्रांतिकारी आए, जो उनके पुराने मित्र थे। डॉक्टरजी लेटे-लेटे उनसे थोड़ी देर तक बातचीत करते रहे। बातचीत में डॉक्टरजी की यह इच्छा प्रकट हुई कि वे अपने पुराने क्रांतिकारी साथियों को संघ-कार्य का महत्त्व बताने के लिए बंगाल जाना चाहते हैं। इन्हीं बंगाली मित्र से अगले दिन श्री सुभाषचंद्र बोस के मिलने आने की सूचना भी मिली।

डॉक्टरजी का स्वास्थ्य निरंतर खराब होता जा रहा था, ज्वर बढ़ रहा था। रोग समझ में नहीं आ रहा था, बेचैनी असह्य थी। फिर भी डॉक्टरजी एक योगी के समान ही अपने काम यथासंभव करते रहते थे। तदनुसार ही उन्होंने बंबई के एक स्वयंसेवक को स्वयं पत्र लिखकर उसी समय डाक में भिजवाया।

19 जून का यह पत्र उनका अंतिम पत्र सिद्ध हुआ। 19 की रात्रि बहुत चिंताग्रस्त अवस्था में बीती।

इन दिनों कांग्रेस पर महात्मा गांधी का पूर्ण वर्चस्व हो गया था। कांग्रेस से निष्कासित श्री सुभाषचंद्र बोस ने अपना 'अग्रगामी दल' (फॉरवर्ड ब्लॉक) बना लिया था। उसी के अधिवेशन के लिए 18 जून, 1940 को वे नागपुर आए थे और 20 जून को प्रातः श्रमिक नेता तथा डॉक्टरजी के मित्र श्री रामभाऊ रुइकर के साथ कार में चलकर डॉ. हेडगेवारजी से मिलने के लिए आए। उन्हें डॉक्टरजी की अस्वस्थता का समाचार मिल चुका था। जब वे डॉक्टरजी के कमरे में आए तो उन्होंने डॉक्टरजी को सोते देखा। स्वास्थ्य के विषय में पूछने पर उन्हें ज्ञात हुआ कि डॉक्टरजी का ज्वर 103° से कम नहीं हो रहा है तथा नींद भी नहीं आती है और इस समय कुछ संयोगवश ही आँख झपक गई है। श्री श्रीकृष्ण पुराणिक तथा श्री यादवराव जोशी उस समय डॉक्टरजी के सेवार्थ वहाँ उपस्थित थे। डॉक्टरजी को जगाने से श्री बोस ने मना कर दिया। उनसे एक महत्त्वपूर्ण काम के लिए फिर मिलने आने की बात कहकर श्री सुभाषचंद्र बोस ने डॉक्टरजी की ओर देखा, नेत्र बंद कर हाथ जोड़कर प्रणाम किया तथा बाहर चले गए। कुछ देर श्री सुभाषचंद्र बोस और श्री रुइकर बाहर के कमरे में रुके और फिर चले गए। डॉक्टरजी की नींद खुलते ही उन्हें श्री सुभाषचंद्र बोस के आने का समाचार दिया गया। 'वे फिर मिलने आने के लिए कह गए हैं।' यह सुनकर डॉक्टरजी को अच्छा नहीं लगा। इतने बड़े देशभक्त से भेंट का यह अवसर चूक न जाए, इसके लिए उन्होंने तत्काल एक स्वयंसेवक को बाहर उन्हें देखने भेजा। किंतु श्री सुभाषचंद्र बोस की कार तब तक जा चुकी थी। उत्कृष्ट महापुरुषों की यह महानता होती है कि वे समकालीन महापुरुष का सम्मान करना जानते हैं। जैसे श्री सुभाषचंद्र बोस सोते हुए डॉक्टरजी को प्रणाम करके गए थे, वैसे ही उस समय डॉक्टरजी ने भी श्री सुभाषचंद्र बोस का नाम लेकर हाथ जोड़कर प्रणाम-नमस्कार किया। इसे भारतवर्ष का दुर्भाग्य ही कहा जाएगा कि श्री सुभाषचंद्र बोस और डॉ. केशवराव हेडगेवार की भेंट न नासिक या बंबई में हो पाई और न नागपुर में।

आगे आप संघ सँभालें

20 जून को प्रात: डॉक्टरजी का रक्तचाप बहुत बढ़ गया था। इतने 'उच्च रक्तचाप' की अवस्था में डॉक्टरजी के जीवन पर संकट को डॉ. हरदास, डॉ. विंचुरे और डॉ. गोविंद लाल शर्मा ने सहज ही समझ लिया। डॉ. शर्मा ने मेरुदंड से पानी निकालने की सलाह दी। सब सुनकर डॉ. हेडगेवारजी ने भी परिस्थिति की गंभीरता को समझ लिया। उन्हें अपनी मृत्यु कुछ घंटों बाद ही होनी है, यह स्पष्ट दिखाई दे रहा था। अत: उन्होंने डॉक्टरों से शल्यक्रिया प्रारंभ करने से पहले कुछ समय माँग लिया। तब डॉक्टर लोग विचार-विमर्श करने बाहर चले गए और कमरे में डॉ. हेडगेवारजी गहरे विचारों में डूबे दिखाई दिए। निर्भीक डॉक्टरजी को मृत्यु की चिंता नहीं थी। मृत्यु का रहस्य तो वे 'गीता' से समझ चुके थे। उन्हें चिंता थी ईश्वरीय कार्य 'संघ' की, जिसके द्वारा वे अपने 'राष्ट्र के स्वातंत्र्य' के लक्ष्य को 'याचि देही, याचि डोला' (इसी देह से, इन्हीं नेत्रों से) पूर्ण देखना चाहते थे, किंतु मृत्यु उन्हें वह अवसर देना नहीं चाहती थी। उन्हें वास्तविक चिंता थी कि संघ-कार्य का पूर्ण दायित्व अब किसे सौंपा जाए? उन्होंने शीघ्र ही निर्णय लेने के लिए श्रीगुरुजी को अपने कमरे में बुलाकर सबके सामने कहा, "अब लंबर-पंक्चर करने तक का समय आ गया है। मैं बच गया तो ठीक ही है, नहीं तो आगे संघ का सब काम आप सँभालिए।" ये शब्द सुनते ही श्रीगुरुजी शोक से व्याकुल हो गए। अपने आराध्य महापुरुष की यह मृत्यु-पूर्व की सी भाषा उनका हृदय छलनी कर रही थी। उन्होंने डॉक्टरजी से कहा, "आप क्या कह रहे हैं? आप शीघ्र ही स्वस्थ हो जाएँगे।"

मृत्यु से जूझ रहे डॉक्टरजी के अधरों पर मुसकान खिल गई; उन्होंने कहा, "यह ठीक है, परंतु मैंने जो कहा है, उसे अवश्य ध्यान में रखिए।"

वज्रपात

बाहर बैठे डॉक्टरों ने निर्णय लिया कि लंबर-पंक्चर अभी न करके सायंकाल तक प्रतीक्षा की जाए, शायद रक्तचाप यों ही कम हो जाए। सारा दिन डॉक्टरजी की बेचैनी बढ़ती ही गई और कार्यकर्ताओं की उदासी भी। डॉक्टरजी का लेटना, बैठना, उठना, कमरे में घूमना, बिस्तर पर लेट जाना,

वेदनापूर्वक करवटें बदलना इत्यादि का क्रम दिन भर चलता रहा। तीसरे पहर डॉ. हरदास, डॉ. चोलकर तथा डॉ. तत्त्ववादी ने आकर डॉक्टरजी की अवस्था देखी और तत्काल लंबर-पंक्चर का निर्णय लिया। मेरुदंड से पानी निकालने पर भी रक्तचाप में कमी नहीं आई तो उनके शरीर से कुछ रक्त भी निकाला गया। अधिक रक्त निकल नहीं पाया और रक्तचाप भी कम नहीं हुआ। रात भर डॉ. तत्त्ववादी और डॉ. विंचुरे डॉक्टरजी के समीप ही रहे।

निस्संदेह यह कालरात्रि थी। रात को 11 बजे के बाद ज्वर बढ़ने लगा। ढाई बजे के लगभग उन्हें मूर्च्छा आ गई। बीच-बीच में कभी मुख से निकले एक-दो शब्दों के अतिरिक्त फिर वे अंत तक मूर्च्छित ही रहे। मुख की गंभीरता तथा उग्रता बहुत समय तक बढ़ती रही, किंतु प्रातःकाल होने तक यह उग्रता समाप्त हो गई और शांति तथा मंद मुसकान दिखाई देने लगी। 21 जून को प्रातः ज्वर 106° तक पहुँच गया। सभी संबंधित जनों की घबराहट बढ़ गई। श्री घटाटे जाकर डॉ. हरदास तथा डॉ. नारायण भास्कर खरे को बुला लाए, परंतु उन्होंने निराशा ही प्रकट की। टेलीफोन पर नागपुर के सभी प्रमुख संघ-कार्यकर्ताओं तथा डॉक्टरजी के मित्रों को सूचित कर दिया गया। डॉक्टरजी की ऊर्ध्वश्वास की घरघराहट का स्वर एक घंटे तक चलता रहा। उसे सुन-सुनकर, मृत्यु की क्रूरता देख-देखकर सभी उपस्थित जन विकल होते रहे, अवाक् बैठे रहे तथा रोते रहे। सर्वत्र उदासी छा गई थी। प्रातःकाल में चार घंटे से अधिक मृत्यु की काली छाया वहाँ मँडराती रही तथा नौ बजकर सत्ताईस मिनट पर डॉक्टरजी ने शरीर त्याग दिया।

शुक्रवार, आषाढ़ कृष्ण द्वितीया संवत् 1997 विक्रमी (शालिवाहन शक संवत् 1862) अर्थात् 21 जून, 1940 को राष्ट्रीय स्वयंसेवक संघ के जन्मदाता तथा आद्य सरसंघचालक डॉ. केशव बलिराम हेडगेवार का स्वर्गवास हो गया। जिसने भी इस समाचार को सुना, वह अवाक् रह गया। 51 वर्ष की सामान्य आयु में उस वज्र-पुरुष का देहांत! काल का कैसा वज्रपात! हिंदू राष्ट्र पर दुर्भाग्य का एक भीषण प्रहार! राष्ट्रीय स्वयंसेवक संघ के इतिहास की भीषणतम दुर्घटना!

महान् पार्थिव शरीर को अंतिम प्रणाम

उस समय जिसने यह सुना, वह धरमपेठ में घटाटेजी के बँगले की ओर चल पड़ा। देश भर के संघ कार्यकर्ताओं तथा हिंदुत्वनिष्ठ अन्य नेताओं को तार द्वारा शीघ्रातिशीघ्र सूचना पहुँचाने की व्यवस्था की गई। स्वातंत्र्यवीर सावरकर नागपुर उन्हें देखने जाने की तैयारी में थे कि तार से देहांत का समाचार मिल गया। उन्होंने तत्काल तार दिया—'Dr. Hedgewar is dead. Long live Hedgewar. Hedgewar is dead. Long Live Sangh.'

(डॉ. हेडगेवार दिवंगत हुए, हेडगेवार चिरंजीवी हों। हेडगेवार दिवंगत हुए, संघ चिरंजीवी हो।)

इसी प्रकार वयोवृद्ध डॉ. बालकृष्ण मुंजे ने नासिक में समाचार पाते ही इस आशय का तार दिया—

"डॉक्टरजी की अकाल व अनपेक्षित मृत्यु से गहरा आघात लगा। उनकी मृत्यु एक राष्ट्रीय विपत्ति है।"

नागपुर के 'महाराष्ट्र' पत्र तथा पूना के 'काल' पत्र ने अतिरिक्तांक निकालकर इस दुःखद समाचार को दूर-दूर तक पहुँचा दिया। यह समाचार पढ़ते या सुनते ही नागपुर से ढाई सौ किलोमीटर दूर तक के स्थानों के स्वयंसेवक रेलगाड़ी, मोटर, साइकिल आदि से नागपुर के लिए चल पड़े। अपने प्राणप्रिय सरसंघचालकजी के अंतिम दर्शन की आकांक्षा सबको एक ही दिशा में चला रही थी। नागपुर के कुछ विद्यालयों में छुट्टी घोषित कर दी गई। शेष में विद्यार्थियों ने ही स्वयं छुट्टी कर दी। अपने आद्य सरसंघचालक के वियोग में व्याकुल हजारों स्वयंसेवकों की व्यथा का तो अंत ही न था। हजारों स्वयंसेवकों के रुदन से घटनास्थल का वातावरण अत्यंत करुण हो उठा।

सायंकाल 5 बजे शवयात्रा निकालने का निश्चय किया गया था। उससे पहले तेज वर्षा हुई, परंतु फिर रुक गई। ठीक समय शवयात्रा प्रारंभ हुई। दो किलोमीटर लंबी यह यात्रा धरमपेठ से धीरे-धीरे चली। मार्ग में स्थान-स्थान पर उनके पार्थिव शरीर पर नागरिकों द्वारा पुष्पों की वृष्टि होती रही, हार पहनाए जाते रहे। उस समय अजातशत्रु, डॉ. केशवराव हेडगेवार जैसे महापुरुष के

पार्थिव शरीर को अंतिम प्रणाम करने के लिए सभी उपजातियों व आर्थिक वर्गों के हिंदू तो आए ही, पारसी, ईसाई और मुसलमान भी आए। कांग्रेस, हिंदू महासभा, अग्रगामी दल, समाजवादी आदि कितनी ही संस्थाओं के लोगों ने शवयात्रा में भाग लिया।

डॉक्टरजी के शव के साथ ही पवित्र भगवा ध्वज था। शवयात्रा के आगे साइकिल सवारों की पंक्तियाँ थीं, फिर पंक्तिबद्ध सहस्रों स्वयंसेवक चल रहे थे, फिर सहस्रों नागरिक थे, फिर शव तथा उसके पीछे प्रतिष्ठित नागरिकों एवं नेताओं के अंत में फिर साइकिल सवारों की बड़ी संख्या थी। तिलक मूर्ति, चिटनीस पार्क, वडकस चौक आदि स्थानों पर असंख्य हृदयों ने आत्मीयतापूर्ण नेत्रों में श्रद्धा भरकर महान् समाजसेवी डॉक्टरजी का अंतिम दर्शन किया। महाराज बाग रोड, विश्वविद्यालय, सीताबर्डी मेन रोड, लोहे का पुल, सुभाषचंद्र रोड, तिलक मूर्ति, रुइकर रोड, चंडी मंदिर होती हुई डॉ. मुंजे के घर के सामने से यह शवयात्रा चार घंटे में रेशम बाग संघ-स्थान पर पहुँची।

तपोभूमि पर चिता के सामने संकल्प

संघ की केंद्रीय शाखा का तथा नागपुर के अधिकारी शिक्षण-वर्ग के कार्यक्रमों का यह स्थान डॉक्टरजी के शब्दों में 'तपोभूमि' था। इसी तपोभूमि पर महान् तपस्वी डॉ. केशवराव हेडगेवारजी का अंतिम संस्कार करने के लिए सरकार की विशेष अनुमति प्राप्त कर ली गई थी। डॉक्टरजी के भाई सीताराम पंत ने शव को चिता पर रखा। फिर नित्य गाई जानेवाली संघ-प्रार्थना में सबने भाग लिया। अंत में स्वयंसेवकों द्वारा परम पूजनीय आद्य सरसंघचालकजी के पार्थिव शरीर को श्रद्धापूर्वक अंतिम प्रणाम किया गया। फिर चिता प्रज्वलित की गई और अग्नि-ज्वालाओं में वह महान् मूर्ति अदृश्य हो गई। युगपुरुष केशव का शरीर सदा के लिए नेत्रों से ओझल हो गया। हँसते-हँसाते डॉक्टरजी की मार्गदर्शक वाणी कभी सुनने को न मिलेगी, इस कल्पना से ही स्वयंसेवकों के हृदय रो रहे थे। वह प्रेमभरी मूर्ति सदा के लिए चली गई। शेष रह गई केवल उनकी धवल कीर्ति। उस चिता-स्थल पर ही अनेकानेक कार्यकर्ताओं ने संघ-प्रचारक बनकर डॉक्टरजी के लक्ष्य को पूर्ण करने के लिए अपना जीवन

राष्ट्र को समर्पित करने का पवित्र संकल्प लिया। उस पवित्र संकल्प की पूर्ति से ही आगे के अनेक वर्षों तक संघ का असाधारण त्वरित गति से कार्य-विस्तार हुआ। संघ महाशक्ति बना।

परिवार की रीति के अनुसार तीसरे दिन संपूर्ण भस्म को नागपुर से कुछ दूर कन्हान नदी में प्रवाहित कर दिया गया और अस्थियों को दस-बारह दिन बाद प्रयाग के संगम पर विसर्जित कर दिया गया। इस अस्थि-विसर्जन कार्यक्रम में डॉक्टरजी के एक निकट संबंधी के अतिरिक्त श्री भाऊराव देवरस, श्री विट्‌ठलराव पतकी तथा प्रयाग के स्वयंसेवकों ने भाग लिया था।

राष्ट्रीय श्रद्धांजलि कार्यक्रम

डॉक्टरजी के देहांत के तेरहवें दिन 3 जुलाई, 1940 को श्रद्धांजलि अर्पित करने का दिन निश्चित हुआ। संपूर्ण भारत की 700 संघ-शाखाओं में संघ ने शाखाओं पर सार्वजनिक कार्यक्रम किए। इनमें डॉक्टरजी का गुणगान करते हुए उनका श्रद्धापूर्वक स्मरण तो किया ही गया, संघ कार्य को सफल करने के लिए स्वयंसेवकों ने अपना तन-मन-धन अर्पण करने का वीरव्रत-संकल्प भी लिया।

नागपुर के रेशम बाग संघ-स्थान पर डॉक्टरजी के चिता-स्थल के सामने नागपुर की सभी उपशाखाएँ विशाल संख्या में एकत्रित हुईं। इस अवसर पर श्री बाबा साहब पाध्ये, श्री आबाजी हेडगेवार तथा श्रीगुरुजी के भाषण हुए। नए सरसंघचालक के पद पर श्रीगुरुजी की नियुक्ति की घोषणा मध्य प्रांत के संघचालक होने के नाते श्री बाबासाहब पाध्ये ने अपने भाषण में की। अंत में परम पूजनीय डॉक्टरजी की स्मृति में प्रणाम अर्पित किया गया।

ये तीनों भाषण अत्यंत महत्त्वपूर्ण होने के कारण यहाँ अवलोकनीय हैं—

श्री बाबासाहब पाध्ये का भाषण

"आज हम लोग एक अत्यंत विलक्षण तथा भयानक परिस्थिति में एकत्र हुए हैं। राष्ट्रीय स्वयंसेवक संघ के आद्य सरसंघचालक की मृत्यु की भयंकर दुर्घटना देखने का दुर्भाग्य हमें प्राप्त होगा, ऐसा यदि किसी ज्योतिषी ने कहा

होता, तो हम उस पर कदापि विश्वास न करते; पर अपने संघ के चैतन्य मन-प्राण, अपने परम-पूजनीय डॉक्टरजी अपने में से निकल गए और आज उनके तेरहवें दिन इस प्रकार एकत्र होने का हम सब पर प्रसंग आया है। पिता की वात्सल्यपूर्ण छत्रच्छाया के उठ जाने पर बच्चों की जो दशा होती है, वही दशा आज हमारी है। अपने डॉक्टर साहब साधारण व्यक्ति न थे। वे एक महान् शक्ति थे। संघ की तो वे जीवन-शक्ति ही थे। इस अमोघ शक्ति के निकल जाने से आज हमारा सारा भारतवर्ष शोक-सागर में डूब गया है।

''डॉक्टर साहब अपने सामने छुटपन से ही एक उच्चतम ध्येय रखकर काम करते थे। अठारह वर्ष लगातार विचार तथा तपश्चर्या करने के पश्चात् ही आपने एक विचार-प्रणाली निश्चित कर राष्ट्रीय स्वयंसेवक संघ की स्थापना की। हिंदू राष्ट्र को वैभव के शिखर पर पहुँचानेवाले इस महान् कार्य को आपने केवल पाँच स्वयंसेवकों के साथ आरंभ किया। यह अल्पारंभ श्रेयस्कर सिद्ध होने से उन्होंने आज पाँच से बढ़ाकर, एक से आचार-विचारवाले लाखों लोगों का संगठन निर्माण किया है। आपने अपनी विचार-प्रणाली तथा कार्य-पद्धति की रचना इस कुशलता के साथ की है, जिससे पक्षोपपक्ष के वैमनस्यों को टालते हुए तथा सब प्रकार के पक्ष-भेदों से अलिप्त रहते हुए संघ-कार्य की अखंडित प्रगति होती रहेगी। प्रचलित राज-काज से संबंध न रखने में आपने असाधारण चातुर्य प्रकट किया है।

''आपने अपनी कार्य-कुशलता तथा निष्ठा से राष्ट्रव्यापी प्रचंड संगठन का सुख-स्वप्न सत्य-सृष्टि में परिणत कर दिखाया। संगठन केवल व्याख्यान से उत्पन्न नहीं होता। उसमें सजीव अंत:करणों को एक साँचे में ढालना होता है। एक ही ध्येय के लिए, एक ही मार्ग पर चलनेवाले लाखों तरुणों को एक ही सूत्र में बाँधना होता है। संघ के स्वयंसेवकों का बंधुत्व तथा ऐक्य-भाव अन्य स्थानों में क्वचित् ही मिलेगा। यह किस कार्य का फल है? मैं कहूँगा, परमपूज्य डॉक्टर साहब के पुण्य का। आपके हृदय में इस कार्य की यश-सिद्धि 'याचि देही याचि डोळा' अर्थात् 'इसी जन्म में, इन्हीं आँखों से देखने की बड़ी प्रबल इच्छा थी।' परंतु ईश्वरेच्छा कुछ और ही थी। यद्यपि डॉक्टरजी

हमें छोड़कर चले गए हैं, पर वे हमें अपना मार्ग दिखाकर ही गए हैं। वे इस कार्य को अपूर्ण अवस्था में ही छोड़कर चले गए हैं, यह बात हमें न भूलनी चाहिए। उनकी अतृप्त आशा व आकांक्षाओं को पूर्ण करना हमारा आद्य कर्तव्य है।

"हम सबका दु:खी होना स्वाभाविक है। परंतु अब इस शोकावेग को विवेक के बाँध से बाँधकर आगे का कार्य किस प्रकार दुगुनी शक्ति से आगे बढ़ेगा, इसका विचार करना चाहिए। अब इसके पश्चात् संघ रूप में ही डॉक्टर साहब हमें दिखेंगे। संघ के कार्य को अमर्यादित बढ़ाना ही डॉक्टरजी को जीवित रखना है। यह दायित्व हमारे-आपके समान सब छोटे-बड़े स्वयंसेवकों का है। अब केवल अश्रु न बहाते हुए संघ-कार्य को अधिकाधिक आगे बढ़ाना, यही डॉक्टरजी के प्रति हमारा प्रेम प्रदर्शित करने का एकमात्र मार्ग बचा है। यही कार्य करने का निश्चय हम सबको आज अपने मन में करना चाहिए।

"डॉक्टरजी को संघ की हर तरह की चिंता होने के कारण अपना इहलोक का जीवन समाप्त होने के पहले ही उन्होंने आगे के सब कार्य की पूर्ण व्यवस्था कर दी है। राष्ट्रीय स्वयंसेवक संघ का संगठन एक चालकानुवर्ती होने के कारण उसके चालक की प्रत्येक आज्ञा हमारे लिए परम वंदनीय है। गत दि. 20 को, मृत्यु के एक दिन पूर्व डॉक्टरजी ने अपने पीछे संघ-कार्य की मुख्य धुरी परम-पूजनीय माधवरावजी गोलवलकर को सौंप दी। आद्य सरसंघचालक के नाते उन्होंने अपना सर्वाधिकार परम-पूजनीय माधवरावजी के स्वाधीन किया है। इस बात की मैं आज घोषणा करता हूँ कि हमारे आद्य सरसंघचालक की अंतिम इच्छानुसार परम-पूजनीय माधवरावजी गोलवलकर राष्ट्रीय स्वयंसेवक संघ के सरसंघचालक हुए हैं। वे अब अपने लिए डॉक्टरजी के स्थान पर हैं। अपने नूतन सरसंघचालक को मैं अपना प्रणाम सादर समर्पित करता हूँ।"

श्री आबाजी हेडगेवार का भाषण

"राष्ट्रीय स्वयंसेवक संघ के संबंध में मैं कुछ कहूँ, इसकी आवश्यकता नहीं दिखती। संघ-कार्य का ध्येय तथा कार्य-पद्धति डॉक्टरजी ने पहले ही बतला दी है। उसमें किसी प्रकार का परिवर्तन करने का कारण मुझे नहीं दिखाई

देता। केवल यह कार्य आगे किस प्रकार तेजी से बढ़ाना चाहिए, इसका विचार करना होगा। डॉक्टरजी ने इसी कार्य को अपने हाथ में लिया था, जो एक सौ पचास वर्ष से अधूरा पड़ा था। किंतु उन्हें भी यह कार्य अधूरा छोड़कर ही जाना पड़ा। अब उसे पूरा करने का भार आप लोगों पर आ पड़ा है। डॉक्टरजी ने यह भगवा-ध्वज तथा संघ रूपी यह स्वकष्टार्जित संपत्ति हमारे स्वाधीन की है। उन्होंने यह कार्य किस परिस्थिति में किया, इसे स्मरण करें। सब प्रकार के विरोध तथा उपहास की परवाह न करते हुए उन्होंने हिंदू राष्ट्र की घोषणा की। 'हिंदुस्तान हिंदुओं का' इस प्रकार निर्भीक गर्जना करनेवाले वे ही पहले वीर थे। डॉक्टरजी ने आपके सामने कार्य का आदर्श रखा है तथा आपको हजारों साथी भी दिला दिए हैं। अतः आप कार्य में जुट जाएँ। डॉक्टर गए, इसके लिए दुःख करने की आवश्यकता नहीं। उनका अंत नहीं हुआ, न कभी हो सकेगा। वे अजरामर हैं; उनकी आत्मा अमर है। वह आपके कार्य को बढ़ते हुए देखकर प्रसन्न होगी और स्वर्ग से आशीर्वाद देगी। ...किंतु ध्यान रखें कि आज तक कोरी बातों से कोई कार्य संपन्न नहीं हुआ। इसके लिए सारी शक्ति लगाकर परिश्रम करना होगा, खून सुखाकर यश के लिए कीमत देनी होगी। जिस दिन आपका कार्य यशस्वी होगा, उसी दिन डॉक्टरजी को सच्ची शांति मिलेगी। यह शांति उन्हें शीघ्र ही प्राप्त हो, इसलिए अत्यंत वेग से कार्यारंभ करें। इन्हीं हाथों से छोटे से बड़ा किया हुआ मेरा केशव आज मुझे छोड़कर चला गया, तो भी कोई चिंता नहीं। परमेश्वर मानो हम सब हिंदुओं को कसौटी पर कस रहा है। हमें अपने कार्य से सारे संसार को दिखा देना चाहिए कि केवल नाम के हिंदू इस हिंदुस्तान में नहीं रहते, और यह बात अपने आप नहीं हो सकती। इसके लिए हमें अपने रक्त की बूँद-बूँद हर दिन सुखानी होगी। डॉक्टरजी ने संघ के लिए अत्यंत कष्ट उठाया तथा कई रातें उन्होंने बिना पलक झपकाए बिताईं। अपनी शक्ति, सर्वस्व ध्येयपूर्ति के लिए खर्च हो, इस उद्देश्य से उन्होंने सर्वस्व का बलिदान कर संसार के सुखों को ठुकराया। उनकी दृढता, साहस तथा कार्य-निष्ठा आपने देखी ही है। हमें ध्यान रखना चाहिए कि हमारे डॉक्टर हमें छोड़कर गए नहीं हैं, आज भी हम उन्हें माधवरावजी गोलवलकर

के रूप में देख सकते हैं। हमें उनके सब आदेश डाक्टरजी के आदेश समझकर ही पालन करने चाहिए, यही मुझे अंत में कहना है।''

द्वितीय सरसंघचालक श्रीगुरुजी का भाषण

''आज आपके सामने खड़े होकर बोलने के लिए मेरे पास कोई शब्द नहीं। यह कल्पना ही बहुत भयंकर है कि आज हम लोग परम-पूजनीय आद्य सरसंघचालक को श्रद्धांजलि समर्पित करने को एकत्र हुए हैं। हम अपनी श्रद्धांजलि उन्हें किस प्रकार अर्पण करना चाहते हैं? हमारी माँ हम पर जिस प्रकार प्रेम करती है, वैसे ही प्रेम का अनुभव उनके सान्निध्य में रहने पर हमें मिला है। उन्होंने हमको मातृवत् प्रेम किया है। वह प्रेम शब्दों में प्रकट नहीं किया जा सकता। वस्तुत: निरपेक्ष मनुष्य ही प्रेम करना जानता है। बाकी के लोग केवल शब्दों का जाल फैलाते हैं। कुछ समय पहले किसी ने मुझसे पूछा कि डॉक्टरजी के विषय में आपका क्या खयाल है? मैं समझता हूँ कि इस प्रश्न का उत्तर देने की कोई आवश्यकता नहीं। डॉक्टरजी स्वयं एक अत्युच्च आदर्श बन चुके थे। और ऐसे महापुरुष के चरणों में जो नत-मस्तक नहीं हो सकता, वह संसार में कुछ नहीं कर सकता। उनमें माँ का वात्सल्य, पिता का उत्तरदायित्व तथा गुरु की शिक्षा का समन्वय था। ऐसे महान् व्यक्ति की पूजा करने में मुझे अतिशय गर्व होता है। यदि मैं ऐसा कहूँ कि वे ही मेरे इष्टदेव थे, तो इसमें किंचित् भी अतिशयोक्ति न होगी। डॉक्टरजी की पूजा व्यक्तिपूजा नहीं हो सकती और यदि उसे कोई व्यक्तिपूजा समझे, तो भी मुझे उसमें अभिमान ही होगा। उनके प्रति यह सद्भाव तथा यह आदरवृत्ति मुझमें एक ही दिन में उत्पन्न नहीं हुई है। आदमियों को परखने की मेरी वृत्ति अत्यंत छानबीन की है।

आरंभ में मैं उन्हें केवल निराली पद्धति से काम करनेवाला एक नेता समझता था। उसके अतिरिक्त डॉक्टरजी के प्रति मेरे मन में किसी भी प्रकार की भावनाएँ न थीं। किंतु केवल पंद्रह-सोलह दिन के निरंतर सान्निध्य से मुझे अनुभव हुआ कि इस सर्वसाधारण मनुष्य की तरह रहनेवाले व्यक्ति में सचमुच ही कुछ असाधारणता है। किसी प्रकार का सहारा न होते हुए भी इतना प्रचंड कार्य करनेवाला व्यक्ति सचमुच में एक महान् विभूति ही हो सकता है। अत:

व्यक्ति होने के नाते से भी उसकी पूजा करने से मैं न हिचकिचाऊँगा। चंदन, पुष्प आदि से पूजा करना तो हेय मार्ग है; जिसकी पूजा करना, उसके समान बनने का प्रयत्न करना, यही सच्ची पूजा है। 'शिवो भूत्वा शिवं यजेत्' यही तो हमारे धर्म की विशेषता है और इसी प्रकार की पूजा हमें करनी चाहिए। डॉक्टरजी की दी हुई इस पूँजी के भरोसे हमें आगे बढ़ना है। राष्ट्र के लिए हृदय के तार-तार में कसक होती रहे, इतनी राष्ट्र विषयक आत्मीयता हममें होनी चाहिए। भावावेश में आकर एक सामान्य मनुष्य भी हुतात्मा बन सकता है। किंतु दिनोदिन शरीर को घुलाना तथा वर्षानुवर्ष अपने आपको कण-कण जलाते रहना केवल अवतारी पुरुष का ही काम है और हमारे सौभाग्य से ऐसी विभूति हममें निर्माण हुई। यदि हम परम पूज्य डॉक्टरजी के दिव्य आदर्श का पालन प्रामाणिकता के साथ करें और जहाँ पर उन्होंने इस महान् संगठन के सूत्र को छोड़ा है, वहाँ से उसे उठाकर आगे ही बढ़ाते ले जाएँ, तभी यह कहा जा सकेगा कि हमने अपने कर्तव्य का पालन ठीक रीति से किया। उनकी कृपा तथा बलिदान से हमारा कार्य पूर्ण होगा ही।

"डॉक्टर साहब के कार्य की परिणति पंद्रह साल में केवल एक लाख स्वयंसेवक संगठित होने में हुई; इससे अधिक संगठन न हो सका। इस संबंध में बहुधा लोग कई प्रकार के तर्क-वितर्क करते हैं और कभी-कभी यह भी कहने का साहस करते हैं कि डॉक्टरजी की विभूति ही अपर्याप्त थी। परंतु वास्तव में उनकी महत्ता में रंचमात्र भी न्यूनता न थी। हम लोग ही उनके सच्चे अनुयायी होने के अपात्र सिद्ध हुए। हिंदू समाज के पत्थरों में से एक लाख चैतन्य-युक्त मूर्तियों का निर्माण होना ही उनकी महानता का प्रमाण है। आज तक, 'संगठन चाहिए, संगठन चाहिए' का शोर मचानेवाले कई लोग हुए, किंतु सच्चे हृदयों का अभेद्य संगठन किसने निर्माण किया? एक-एक स्वयंसेवक के विषय में चिंता करनेवाले हजारों हृदय किसने निर्माण किए? डॉक्टरजी ने इसी असंभव को संभव कर दिखाया।

"डॉक्टरजी की पूजा करने के लिए हम लोग श्रद्धापूर्वक एकत्र हुए हैं। इस संगठन के द्रष्टा की पूजा करने का एकमेव मार्ग है—अपने संकीर्ण व्यक्तित्व

को भुलाकर इस संगठन रूपी विराट् देह का संवर्धन करना। हम डॉक्टर साहब के पुजारी कहलाने के अधिकारी तभी बनेंगे, जब जिस ध्येय की प्राप्ति के लिए यह संगठन निर्माण किया गया है, उस ध्येय को शीघ्र प्राप्त करने के निश्चय से हम अपने-अपने स्थान पर संघ-कार्य में जुट जाएँगे। डॉक्टरजी ने मुझ सरीखे बिल्कुल साधारण मनुष्य पर इस प्रचंड कार्य का भार सौंपा है। उनका यह निर्वाचन देखकर मुझे श्री रामकृष्णजी की एक बात याद आती है। उनके एक धनवान् शिष्य के घर में एक अति मूर्ख तथा निरुपयोगी लड़का था। पर वह रामकृष्णजी के लिए नित्य, नियमितता से पूजा के लिए फूल ला दिया करता था। श्री रामकृष्णजी ने उस लड़के को अपने पास रखकर 'अ, आ' सिखाने का प्रयास किया। छह मास तक माथा-पच्ची करने पर भी वह 'अ' तक न लिख सका, पर रामकृष्णजी के स्वर्गवास के पश्चात् वह लड़का उनके आशीर्वाद से उपनिषद् जैसे ग्रंथों पर प्रवचन करने लगा तथा बड़े-बड़े विद्वानों को भी ज्ञानामृत देने लगा। महापुरुष केवल अपने स्पर्श से किसी भी मनुष्य में महान् योग्यता उत्पन्न करते हैं तथा उसे उच्च पद पर पहुँचा सकते हैं। डॉक्टरजी के पुण्य प्रसाद और आशीर्वाद से मेरे विषय में भी वैसी ही परिस्थिति होगी, ऐसा मेरा पूर्ण विश्वास है। परम पूजनीय डॉक्टरजी ने मुझ पर सरसंघचालकत्व की कल्पनातीत महत्त्व की जिम्मेदारी सौंपी है। किंतु यह तो है विक्रमादित्य का सिंहासन! इस पर बैठनेवाला गड़रिए का लड़का भी योग्य न्याय ही करेगा। आज इस सिंहासन पर बैठने का प्रसंग मुझ जैसे साधारण मनुष्य को प्राप्त हुआ है। किंतु डॉक्टरजी मेरे मुँह से योग्य बातें ही कहलवाएँगे। इसमें कोई शंका नहीं कि हमारे महान् नेता के पुण्यप्रताप से, मेरे हाथ से योग्य बात ही होगी। यदि कुछ त्रुटियाँ हुईं तो मैं दोषी होऊँगा। अब हम पूर्ण श्रद्धा के साथ अपने कार्य में अग्रसर हो जाएँ। यह संघ-कार्य पहले जैसी निष्ठा से, किंतु दूने उत्साह से, और अधिक वेग से आगे बढ़ाएँ। यह जबरदस्त संगठन हमें सौंपकर डॉक्टरजी चल बसे हैं।

''अब अनेक उपदेशक हमें उपदेश देने के लिए आगे बढ़ेंगे। किंतु मैं इन सभी उपदेशकों को नम्रतापूर्वक, पर स्पष्ट रूप में यही कहना चाहता हूँ

कि हमारे डॉक्टरजी ने मत-मतांतरों के कोलाहल में विलीन होने लायक पिलपिला संगठन हमारे स्वाधीन नहीं किया है। हमारा संगठन एक अभेद्य किला है। इसकी दुर्गबंदी पर चंचु-प्रहार करनेवालों की चोंचें टूट जाएँगी। इतनी दृढ तथा मजबूत मोरचेबंदी हमारे डॉक्टरजी ने कर रखी है। हमारा मार्ग उन्होंने बिल्कुल निश्चित रूप से निर्धारित कर दिया है और हम लोग उसी मार्ग से जाएँगे, ऐसा हमने दृढनिश्चय किया है। इसी में राष्ट्र का अंतिम कल्याण है और केवल इसी मार्ग से हिंदू जाति को पूर्व वैभव के मंगल-दिवस प्राप्त होनेवाले हैं। किसी भी प्रकार के विरोध की परवाह न करते हुए तथा सब प्रकार के मतभेदों के बवंडर में न फँसते हुए, हम अपने मार्ग पर अटल रहें। इसके लिए अंतःकरण में संघ-कार्य की प्रखर ज्योति सदैव जाग्रत् रखकर तथा मन को कार्य की ओर निरंतर प्रेरित करते हुए अपना यह कार्य अथक करते रहें। आप सब मित्र और बंधुओं के सहकार्य से डॉक्टरजी के इस कार्य की इष्ट सिद्धि हम प्राप्त कर ही लेंगे, ऐसा मेरा पूर्ण विश्वास है।''

प्रथम मासिक श्राद्ध दिवस

राष्ट्रीय स्वयंसेवक संघ के केंद्र स्थान नागपुर में डॉक्टरजी का प्रथम मासिक श्राद्ध दिन 21 जुलाई, 1940 को सैनिक पद्धति से मनाया गया। भारत की सभी शाखाओं व जिलों के संघचालक आदि कार्यकर्ताओं के अतिरिक्त महत्त्वपूर्ण नेताओं व अनेक प्रतिष्ठित नागरिकों की उपस्थिति इस कार्यक्रम की विशिष्टता थी। नागपुर निवासी—स्त्री-पुरुष सभी—विशाल संख्या में उपस्थित थे। नागपुर की सभी उपशाखाएँ उपस्थित थीं। दोनों 'तरुण अनीकिनी' तथा दोनों 'बाल अनीकिनी' घोष सहित मैदान में पहुँचीं। यथासमय नए सरसंघचालक श्रीगुरुजी को संघ स्थान आते ही सैनिक अभिवंदना दी गई। श्रीगुरुजी ने भगवा-ध्वज फहराया तथा ध्वज व आद्य सरसंघचालक डॉक्टरजी के चित्र को पुष्पार्पण किया। फिर संघ की प्रार्थना हुई। शोक की छाया में हुए इस कार्यक्रम में तदनुरूप ही अनेक सैनिक कार्यक्रम किए गए—प्रत्युत प्रचलनम्, प्रदक्षिणा संचलनम्, स्वागत प्रणाम तथा दाह-संस्कार मंदचल (Review Order March, March-Past, Regimental Salute, Funeral Slow March) फिर

सैनिक गणवेश धारण किए हुए डॉक्टरजी के आकर्षक चित्र को विभिन्न प्रांतों, जिलों व प्रमुख शाखाओं के संघचालकों ने पुष्पहार अर्पित किए। तत्पश्चात् 'अमूर्तमूर्त मूर्तिमंत' गीत एक स्वयंसेवक ने गाया। यह गीत डॉक्टरजी के प्रति स्वयंसेवकों की श्रद्धा-भावना की उत्कृष्ट अभिव्यक्ति है।

इसके पश्चात् नागपुर संघसंचालक श्री बाबासाहब घटाटे का प्रस्ताविक भाषण हुआ, जिसमें उन्होंने परम पूजनीय डॉक्टरजी द्वारा अपने उत्तराधिकारी बनाए गए नए सरसंघचालक श्रीगुरुजी के नेतृत्व में संघ अपने उद्देश्य को शीघ्र ही प्राप्त कर सकेगा, यह विश्वास व्यक्त किया। फिर श्री काशीनाथराव लिमये (महाराष्ट्र के प्रांत संघचालक), श्री तेजनारायण (लखनऊ के एडवोकेट), लोकनायक अणे, डॉ. बालकृष्ण मुंजे आदि के मार्मिक भाषण हुए। अंत में श्रीगुरुजी का समापन भाषण हुआ। श्रीगुरुजी ने ही उपस्थित अतिथियों को धन्यवाद दिया तथा भोंसले राजघराने की डॉक्टरजी के प्रति आत्मीयता का उल्लेख किया। फिर विधिपूर्वक कार्यक्रम समाप्त किया गया।

इस अवसर पर दिया गया श्रीगुरुजी का निम्नलिखित भाषण मार्मिक रहा—

सरसंघचालक श्रीगुरुजी का भाषण

"इस अवसर पर मेरी मन:स्थिति बड़ी ही विचित्र है। अभी तक जो भाषण हो चुके हैं, उनके उपरांत मैं कुछ बोल सकूँगा, ऐसा मुझे नहीं प्रतीत होता। हम लोग अपना एकमेव नेता खो बैठे हैं। इससे अधिक भयंकर दु:खद घटना और कोई हो सकेगी, ऐसा मैं तो नहीं मानता। परम पूजनीय डॉक्टरजी की इच्छा तथा आज्ञा के कारण मैं इस स्थान पर आरूढ़ हुआ हूँ। मेरे संबंध में अभी तक जो कुछ कहा गया है, वह केवल डॉक्टरजी के पुण्य प्रताप का फल है, ऐसा मैं समझता हूँ। राष्ट्रीय स्वयंसेवक संघ का संगठन अमर है। यद्यपि साक्षात् उसके संस्थापक, आद्य सरसंघचालक इस लोक से प्रस्थान कर गए हैं, तो भी यह संगठन सदैव बढ़ता ही जाएगा। आज तक के सारे आंदोलन व्यक्तिनिष्ठ थे; पर हमारा संगठन तत्त्वनिष्ठ है, यह हम संसार को दिखा देंगे। कुछ लोगों का ऐसा आक्षेप था कि हम स्वयंसेवक व्यक्तिपूजक हैं। इसका हमें दु:ख नहीं। परंतु डॉक्टरजी के बाद भी संघ के सब स्वयंसेवक पूर्ववत् कार्य कर रहे हैं, इससे

क्या यह निष्कर्ष नहीं निकलता कि डॉक्टरजी ने हमें अंध-श्रद्धा नहीं सिखलाई है! मैं यह नहीं जानता कि डॉक्टरजी ने मुझे इस महान् पद पर क्यों नियुक्त किया, परंतु मैं इतना अवश्य जानता हूँ कि मुझ पर उनका असीम प्रेम था। वह प्रेम, जिसकी तुलना में पिता-पुत्र का अथवा गुरु-शिष्य का प्रेम भी फीका मालूम पड़ता है। मैं यह बात भली-भाँति जानता हूँ कि डॉक्टरजी के इस परम पवित्र आसन को स्पर्श करने की मुझमें योग्यता नहीं है; परंतु डॉक्टरजी में अतींद्रिय दृष्टि थी, इसका मुझे दृढविश्वास होने के कारण उनकी आत्मा मुझे प्रेरित कर मुझसे उपयुक्त सेवा करा लेगी, इसमें मुझे संदेह नहीं है। मैंने अपना तन, मन और आत्मा सब परम पूजनीय डॉक्टरजी के अधीन कर दिए हैं। वे उनका योग्य उपयोग कर लेंगे, यही मेरी दृढ श्रद्धा है।

"हमारे इस संगठन के संबंध में लोग तरह-तरह के प्रश्न पूछते रहते हैं और भविष्य में संघ किस मार्ग का अनुसरण करेगा, इसके संबंध में भी प्रश्न पूछे जाते हैं। वास्तव में संघ का ध्येय और कार्य निश्चित है। संघ की ध्येय-दृष्टि अचल है। इसमें भविष्य में कभी भी अंतर होने का कोई कारण नहीं है। संघ को किसी प्रचलित राजनीति या आंदोलन में भाग नहीं लेना है। डॉक्टरजी के द्वारा प्रदत्त दृष्टि और निर्धारित किए हुए मार्ग के अनुसार ही हम लोगों ने अपना कार्य करते रहने का निश्चय किया है। डॉक्टरजी के पश्चात् संघ का क्या होगा? इस प्रकार की शंका कई लोगों के मन में उठती है। सच पूछो तो इस प्रश्न के उपस्थित होने का कोई कारण नहीं। यह सुनिश्चित है कि किसी भी प्रकार की प्रतिकूल परिस्थिति में साहस के साथ अपना मार्ग निकालते हुए, सब प्रकार के संकटों को कुचलते हुए तथा उनकी परवाह न करते हुए, संघ अपने विशिष्ट मार्ग से निरंतर प्रगति पथ पर ही रहेगा। हम पर जितने आघात होंगे, उतनी ही अधिक शक्ति से रबर की गेंद के समान उछलकर हम ऊपर उठेंगे। हमारी शक्ति अबाधित रूप से बढ़ती ही जाएगी और एक दिन वह सारे राष्ट्र में व्याप्त हो जाएगी। हमको किसी का भी भय नहीं है। हम ऐसी प्रचंड और संगठित शक्ति निर्माण करेंगे, जिसके वर्तमान तेज से अत्याचारी दुर्जन भयभीत हो जाएँ। एक ध्येय और एक ही मार्ग निश्चित कर, उसी से हम लोग बढ़नेवाले

हैं, इसके संबंध में आपको पूरा विश्वास रहे।

"नेता होने की आकांक्षा मुझे कभी न थी। किसी एक महान् तत्त्व का सेवक बनकर रहने की मेरी एकमात्र इच्छा थी। उस तत्त्व का दर्शन करानेवाला आदर्श पुरुष मुझे मिला, इससे मुझे पूरा संतोष है। जिसके हृदय में सेवा करने की लगन विद्यमान हो, वही संघ का सच्चा स्वयंसेवक अथवा अधिकारी हो सकता है। डॉक्टरजी ने मुझे सेवा करने का आदेश दिया है। यों तो प्रत्येक स्वयंसेवक राष्ट्रकार्य हेतु सर्वस्व अर्पण करने की प्रतिज्ञा करके ही संघ में आता है। यह नैतिक जिम्मेदारी स्थान-माहात्म्य के कारण मुझ पर और भी अधिक आ पड़ी है। मुझे इसका पूरा स्मरण है। इसके लिए मैं पूर्णरूपेण उद्यत भी हूँ। मुझमें मेरा स्वयं का कुछ नहीं है। जो कुछ है, सो केवल डॉक्टरजी की देन है। इसमें कोई संशय नहीं कि उनकी तपस्या के बल पर सबकुछ कार्य यथोचित ही होगा। प्रत्येक स्वयंसेवक के हृदय में जलनेवाली ज्योति हम सबको अपना-अपना कर्तव्य पूरा करने के लिए आवश्यक प्रकाश प्रदान करेगी, इसका मुझे पूरा भरोसा है। डॉक्टरजी की मूल कल्पनाओं के अनुसार ही संघ आज भी प्राण-पण से कार्य कर रहा है और आगे भी करता रहेगा। हमें आशा है कि अपने महान् उद्देश्य की पूर्ति शीघ्र ही हम अपने सामने ही देखेंगे।"

हृदय-हृदय में डॉक्टरजी

इस कार्यक्रम से अपने-अपने घर वापस जाते हुए देशभर के हजारों स्वयंसेवक डॉक्टरजी की चर्चा कर रहे थे। उनके नेत्रों के सामने मुसकराते हुए डॉक्टरजी की तेजस्वी प्रतिमा उन्हें आगे बढ़ने का संदेश दे रही थी। एक मास पूर्व अग्नि की ज्वालाओं ने डॉक्टरजी की भव्य मूर्ति को आत्मसात् कर लिया था। अब वही अग्नि स्वयंसेवकों की हृदय-ज्वाला के रूप में प्रकट होकर डॉक्टरजी की प्रतिमा को हृदय-हृदय में प्रतिष्ठित कर रही थी। तत्त्वनिष्ठ डॉक्टरजी के तत्त्वनिष्ठ अनुयायी संघ को लक्ष्य-प्राप्ति कराने के व्रती बनकर उनके स्मृति-मंदिर की एक-एक ईंट बनने में जुट रहे थे।

□

18

स्मृति-मंदिर

स्मृति-मंदिर की योजना

डॉ. केशवराव हेडगेवारजी के अंतिम संस्कार के स्थान पर समाधि के रूप में एक छोटा सा चबूतरा बनाकर उस पर तुलसी का पौधा लगा दिया गया था। उसी का दर्शन कर नागपुर में आनेवाले स्वयंसेवकों को तीर्थ-दर्शन का संतोष होता था। डॉक्टरजी की स्मृति में एक भव्य स्मारक बनाने का विचार धीरे-धीरे संघ-कार्यकर्ताओं के हृदय में जड़ जमाता रहा। अंततः तत्कालीन सरकार्यवाह श्री एकनाथ रानडे के कार्यकाल में ही 1957 ई. में 'डॉ. हेडगेवार स्मारक समिति' की स्थापना श्रीगुरुजी की अध्यक्षता में हुई। इस समिति के उपाध्यक्ष श्री बाबासाहब घटाटे बनाए गए और कोषाध्यक्ष श्री भैयाजी दाणी थे। श्री आप्पाजी जोशी, श्री वामनराव ओक (ठाणे के प्रसिद्ध विधिज्ञ) आदि उसके सदस्य बने। समिति ने स्मृति-मंदिर की प्रेरक रूपरेखा बनाकर देश भर में धन की माँग की और आवश्यक निधि आने के पश्चात् 9 अप्रैल, 1959 को भूमि-पूजन कर दिया गया।

भारतीय शैली में स्वदेशी वस्तुओं के प्रयोग से तथा छोटा व सुदृढ स्मृति-मंदिर पत्थर से बनाना निश्चित हुआ। स्मृति-मंदिर में किस प्रकार का पत्थर प्रयोग में लाया जाए, इसका निर्णय विद्वानों द्वारा स्थान-स्थान से भेजे गए नमूनों को केंद्रीय कार्यालय में रखकर किया गया। मराठवाड़ा के तेलवाड़ा स्थान का काला पत्थर स्मृति-मंदिर के तृतीयांश में काम आया। शेष में

अधिकांशतः जोधपुर का 'चीतर' पत्थर प्रयुक्त हुआ। जैसलमेर का पीला संगमरमर, बड़ौदा का हरा पत्थर, मैसूर का लाल पत्थर और काँगड़ा के विविध रंग के पत्थर भी स्मृति-मंदिर में यथास्थान लगाए गए।

भव्य उद्घाटन समारोह

पूना के प्रसिद्ध वास्तुविशारद श्री बालासाहब दीक्षित तथा शिल्पविशारद श्री उद्धवराव आपटे आदि का स्मृति मंदिर के निर्माण में विशेष योगदान रहा। बंबई के प्रसिद्ध शिल्पी श्री नानाभाई गोरेगाँवकर की बनाई पंचरसधातु में बनी डॉक्टरजी की देहाकार मूर्ति सजीव सी लगती है। इस 15 गज ऊँचे कलात्मक स्मृति-मंदिर का निर्माण 1962 ई. की मकर संक्रांति के लगभग पूर्ण हुआ। डॉक्टरजी के जयंती दिवस वर्ष प्रतिपदा (5 अप्रैल, 1962) पर उसका उद्घाटन अत्यंत समारोहपूर्वक हुआ। देश भर से पहुँचे हजारों स्वयंसेवकों के अतिरिक्त हजारों नागरिकों ने भी इस कार्यक्रम में भाग लिया। 50000 से अधिक उपस्थिति का यह कार्यक्रम अत्यंत आकर्षक रहा। सायंकाल को कामकोटिपीठ के श्री शंकराचार्य द्वारा विशेष रूप से भेजे गए मंगलाक्षत बिखेरकर स्मृति-मंदिर का उद्घाटन कर आद्य सरसंघचालकजी को प्रणाम किया गया। नागपुर के राजघराने के श्री फत्तेसिंहराव भोंसले ने डॉक्टरजी की प्रतिमा को हार पहनाया। श्री भैयाजी दाणी (सरकार्यवाह) तथा श्री बाबासाहब घटाटे (नागपुर संघचालक) ने कुंकुम तिलक लगाया। फिर उनके साथ श्रीगुरुजी मंच पर पहुँचे। ध्वजारोहण और उसके बाद प्रार्थना हुई। सब लोग बैठ गए, तब वैदिक मंत्रों के पाठ तथा 'लो श्रद्धांजलि' गीत का श्री सुधीर फड़के (प्रसिद्ध संगीत निर्देशक) द्वारा गायन हुआ।

इसके पश्चात् श्रीगुरुजी भाषण देने के लिए खड़े हुए। सर्वप्रथम उन्होंने पीठाधिपति श्रीशंकराचार्य का संदेश पढ़कर सुनाया। फिर बरेली के आचार्य-पीठाधिपति स्वामी राघवाचार्य, वाराणसी के श्री राजराजेश्वर शास्त्री, द्रविड़, संकेश्वरपीठ के अधिपति डॉ. कुर्तकोटि शंकराचार्य, लोकनायक अणे, स्वातंत्र्यवीर सावरकर और महाराष्ट्र के तत्कालीन मुख्यमंत्री श्री यशवंतराव चह्वाण के संदेश भी उन्होंने पढ़कर सुनाए। इसके पश्चात् श्रीगुरुजी ने डॉक्टरजी

की महानता का दिग्दर्शन करानेवाला निम्नलिखित सारगर्भित भाषण दिया। फिर विधिपूर्वक कार्यक्रम समाप्त किया गया।

श्रीगुरुजी का सार्वजनिक भाषण

"परीक्षा के कारण आज अनेक स्वयंसेवक इस कार्यक्रम में उपस्थित नहीं हो सके, अन्यथा यहाँ उपस्थित स्वयंसेवकों की संख्या से कम-से-कम ढाई गुना स्वयंसेवक अवश्य ही उपस्थित हुए होते, परंतु वर्ष प्रतिपदा का दिन पूजनीय डॉक्टर साहब का जन्मदिन होने के कारण इसी दिन स्मृति-मंदिर के उद्घाटन का मुहूर्त निश्चित किया गया। स्मृति-मंदिर के निर्माण और उद्घाटन का यह अर्थ कदापि नहीं कि हम व्यक्तिपूजक हैं। संघ-कार्य में संघ के जन्मदाता सर्वाधिक आदरणीय व्यक्ति थे, पर उनके भी नाम का जय-जयकार हमने कभी नहीं किया। जय-जयकार करना ही हो तो राष्ट्र का करें, भगवान् का करें, मातृभूमि का करें, व्यक्ति का नहीं। ऐसा होते हुए भी कुछ श्रेष्ठ व्यक्तियों का जीवन अलौकिक रहता है। उनका जीवन केवल अपनी देह तक ही सीमित न रहकर तत्त्व से एकरूप हो जाता है। डॉक्टर साहब का जीवन उसी प्रकार का था। कितने ही दिनों से उनका और शरीर का कोई संबंध नहीं रह गया था, ऐसा कहना भी अनुचित न होगा। रोगग्रस्त होने के बाद भी उग्र, अविरत परिश्रम और प्रवास करना इस बात का प्रमाण है। इतने रुग्ण रहने पर भी वे प्रवास कैसे कर लेते थे, इसका लोगों को अनेक बार आश्चर्य होता। डॉक्टर साहब का जीवन तत्त्व में परिवर्तित हो चुका था। निश्चित ध्येय के लिए शरीर, मन व बुद्धि, सबकुछ समर्पित कर देने के कारण शरीर तो उस तत्त्व का वाहक मात्र रह गया था। इसी प्रकार तत्त्वस्वरूप हुए पार्थिव शरीर का चिंतन तत्त्वचिंतन के ही समान होता है।

"शुष्क तत्त्वचिंतन से मन इतस्ततः भटकने लगता है, बुद्धि कई बार अकर्मण्य बन जाती है। किंतु किसी स्फूर्तिदायक अवलंब के प्राप्त होते ही तत्त्वचिंतन सुलभ हो जाता है। किसी आधार के अभाव में व्यापक और महान् शक्ति की अनुभूति यदि असंभव नहीं तो कठिन अवश्य है। काली अथवा दुर्गा का स्वरूप आँखों के सम्मुख उपस्थित होते ही किसी प्रलयंकारी

शक्ति का थोड़ा अनुभव होता ही है। हमने डॉक्टर साहब का कार्य स्वीकार किया है। उस तत्त्व को हृदयंगम कर तदनुरूप अपने जीवन को ढालने के लिए उन्हीं के समान भावनाओं से ओत-प्रोत अपने हृदय की स्थिति बनाना आवश्यक है। शुष्क शब्द उसके लिए सहायक नहीं बन पाते। अत: चिंतन के लिए अवलंबन की आवश्यकता पड़ती है।

"डॉक्टर साहब ने हमें जो कार्य बताया है, उसके लिए मन की कौन सी अवस्था अपेक्षित है? उन्होंने हमें बताया है कि विशाल हिंदू समाज का संगठन करना चाहिए। अपने समाज में व्यक्तिगत बुद्धिमत्ता अथवा कर्तृत्व की तो कमी नहीं, पर सामाजिक रूप में उस बुद्धिमत्ता और कर्तृत्व का अनुभव नहीं होता। इसी कारण संसार में हमारा जीवन श्रेष्ठ, सुरक्षित अथवा सुखी नहीं हो सका। प्रत्येक व्यक्ति की बुद्धिमत्ता, कर्तृत्वशक्ति अथवा भावनाएँ भिन्न-भिन्न मार्गों से कार्य करती हैं। जिस समाज में चार लोग भी साथ नहीं चल सकते, ऐसे निज स्वार्थ में निमग्न समाज का जीवन कभी भी समृद्ध नहीं हो सकता। उसे निकृष्ट, पराभूत और पारतंत्र्य में जकड़ा हुआ जीवन बिताना पड़ता है। ऐसे समाज में व्यक्ति-व्यक्ति की बुद्धि और कर्मशक्ति में सामंजस्य नहीं रहता। संगठित जीवन से ही यह सामंजस्य उत्पन्न होता है।

"इसका अर्थ यह कदापि नहीं कि हमें किसी एक विशिष्ट साँचे का ही जीवन-निर्माण करना है। आजकल इस प्रकार एक ही साँचे में व्यक्ति को जकड़ने का प्रयोग विदेशों में चल रहा है। जिस देश में भाषा, कृति व विचारों को एक निश्चित साँचे में जकड़कर, किसी एक व्यक्ति के ही मार्गदर्शन में सबको चलाने का प्रयास किया गया है, वहाँ पर तो एक प्रकार का दहशत का वातावरण रहता है। बड़े-बड़े देशों में 'ब्रेन वाशिंग' के नाम पर मानो सभी सद्‍गुणों को निकाल फेंकने का प्रयास हो रहा है। अपने देश में भी उसका अनुकरण करने की चेष्टा हो रही है। किसी एक ढाँचे में सबके जीवन को जकड़ डालना, हमारी संस्कृति को अभिप्रेत नहीं। इस प्रकार का साँचेबंद जीवन हमारी परंपरा में निकृष्ट और त्याज्य माना गया है। यदि सभी लोगों के वर्ण, नाक, कान एक जैसे ही हो जाएँ, उनमें कोई भी भिन्नता न रह

जाए तो एक-दूसरे को देखकर अंतःकरण ऊबने लगेगा। प्रत्येक की प्रतिभा अलग-अलग हो सकती है। विविधता देखकर मन प्रसन्न होता है। विविधता से जीवन में सरलता उत्पन्न होती है।

"उदात्त लक्ष्य और ध्येय की सिद्धि के लिए स्नेहसंबद्धता आवश्यक होती है। अपनी-अपनी बुद्धि और क्षमता के अनुसार समाज के संवर्धन में मग्न होने की प्रवृत्ति निर्माण करने को ही सामाजिक अर्थ में भावभीनी अवस्था निर्माण करना कहा जाता है। यह भावभीनी अवस्था निर्माण होते ही सामाजिक समृद्धि के लिए आवश्यक समाज का चैतन्यमय संगठित रूप निखर उठता है। सुसंगठित और चैतन्ययुक्त जीवन में ही सुख और समृद्धि फलती-फूलती है। यह भावभीनी अवस्था शब्दाडंबर से प्राप्त नहीं हो सकती। समाज का प्रत्येक व्यक्ति मेरा अभिन्न-हृदय है, मेरे ही शरीर का अंश है, मेरे समान ही वह भी इस मातृभूमि का पुत्र है, इसी मातृभूमि के रजकण से उसका भी शरीर बना हुआ है; सहस्रावधि वर्षों से अखंड रूप से चलनेवाली जिस संस्कार परंपरा में मेरा हृदय ढला है, उसी संस्कार परंपरा में उसका भी हृदय ढला है। हमारे सुख-दुःख के अनुभव समान हैं, जो कुछ थोड़ी सी भिन्नता दिखाई देती है, उससे एकात्मता में किंचित् भी बाधा उत्पन्न होना असंभव है, इस सत्य की अनुभूति प्रत्येक को हो सके, इसके लिए कार्य करने की प्रेरणा पूजनीय डॉक्टर साहब के जीवन से मिलती है।

"सातों रंगों के सम्मिश्रण से जैसे शुभ्र प्रकाश निर्माण होता है, वैसे ही खान-पान, भाषा, वेश-भूषा आदि की विविधता से हमारा जीवन एकात्मक रूप से प्रकाशित हुआ है। इसी का नाम भावात्मक ऐक्य है। यह ऐक्य, सौदेबाजी से निर्माण नहीं होता। भावात्मक एकता की आधारशिला है— अंतःकरण में समान भावनाओं की विद्यमानता। गहन चिंतन और निकट संपर्क से ही इस भावना की अनुभूति संभव है। सबको यह अनुभूति हो सके, इसी दृष्टि से संघकार्य की रचना की गई है। विविधता में एकता का दर्शन करानेवाली संघ की कार्यप्रणाली बेजोड़ है। दैनिक शाखा के कार्यक्रम में व्यक्ति रम जाता है और उसके अंतःकरण में एकता के भाव जाग उठते हैं।

"आज देश में अनेक कार्य चल रहे हैं। दादाभाई नौरोजी, महात्मा गांधी और पंडित नेहरू जैसे जगत्‌विख्यात लोगों ने जिस संस्था को सींचा, उसमें पंथभेद और भाषाभेद के आधार पर गुटबंदियाँ दिखाई देती हैं। इस बड़ी संस्था का अनुसरण करनेवाले अन्य दलों में भी गुटबंदी का दुर्गुण चरम सीमा तक पहुँचा हुआ है। ऐसा लगता है, मानो इन संस्थाओं में दुर्गुण संपन्न होने की होड़ सी लगी है। बड़े-बड़े नेता भावात्मक एकता निर्माण करने के लिए योजनाएँ बना रहे हैं, पर विच्छिन्नता की शक्ति तांडव नृत्य कर रही है। एक प्रकार से वे विभेदकारी प्रवृत्तियों की सहायता से हारी हुई लड़ाई को जीतने का प्रयास कर रहे हैं।

"डॉ. साहब के सान्निध्य में रहनेवाले लोगों को यह कभी भी अनुभव नहीं होता था कि डॉक्टर साहब कोई असामान्य पुरुष हैं। किंतु संघ की कार्य-पद्धति के निर्माण में उनका असामान्यत्व प्रकट हुआ। अनपढ़ से लेकर बड़े-बड़े विद्वान् तक सब एकत्रित होंगे, परंतु हम भिन्न हैं, यह किसी को स्मरण भी न होगा, ऐसी यह कार्य-पद्धति है। खेल-कूद करना, शारीरिक व्यायाम करना, गीत गाना, परस्पर एक-दूसरे की सहायता करना, एक-दूसरे के सुख-दुःख की चिंता करना, यही है दैनिक कार्यक्रमों का स्वरूप। इस अत्यंत सरल एवं सुगम दैनिक कार्य-पद्धति से शरीर और मन में एकात्मता निर्माण होती है। विचारों में सामंजस्य पैदा होता है। इसमें से राष्ट्रभक्ति और मातृभक्ति का आविर्भाव होता है और वह संपूर्ण समाज में व्याप्त होती है। यह कार्य अत्यंत कठिन है। किंतु डॉक्टर साहब द्वारा निर्मित कार्य-पद्धति उतनी ही सुगम भी है। इसी में उनकी अलौकिकता प्रकट हुई है। प्राचीनकाल में भगवान् श्रीकृष्ण ने मानव मात्र के लिए सरलतापूर्वक आचरण करने योग्य ईश्वर- साक्षात्कार का मार्ग दिखाया था। अर्वाचीन काल में परमेश्वर का साक्षात्कार करने का सुगम और सरल मार्ग भगवान् श्रीरामकृष्ण परमहंस ने दिखलाया और आज के युग में राष्ट्रस्वरूप परमेश्वर के साथ तादात्म्य उत्पन्न करने का अति सरल मार्ग पूजनीय डॉक्टर साहब ने दिखलाया है। यह मार्ग सरल होते हुए भी राष्ट्र को अमरत्व प्रदान करनेवाला है। डॉ. साहब की

अलौकिकता भी इसी में निहित है कि उनके द्वारा निर्मित कार्य राष्ट्र को अमरता प्रदान करनेवाला है। लोगों को उनका जीवन अति सामान्य सा लगता था। आज भी संपूर्ण समाज को उनकी अलौकिकता का ज्ञान नहीं है, पर कालांतर में संपूर्ण जगत् को उनकी अलौकिकता का भान होगा, इसमें तिलमात्र भी संदेह नहीं।

"आजकल पश्चिमात्य जीवन-पद्धति का अनुसरण करने की प्रवृत्ति होने के कारण यह धारणा बलवती होती जा रही है कि सार्वजनिक कार्यकर्ताओं के व्यक्तिगत जीवन की ओर नहीं देखना चाहिए। परंतु यह प्रवृत्ति अपनी परंपरा के अनुकूल नहीं। व्यक्तिगत और सामाजिक जीवन में भेद मानने की हमारी परंपरा नहीं है। कथनी और करनी में एकरूपता को ही हमारी परंपरा में वंदनीय माना गया है। जो स्वयं चरित्रभ्रष्ट है, उसके उपदेश का समाज पर किंचित् भी परिणाम नहीं हो सकता। अपने नेता आज कहते हैं कि 'क्राइसिस ऑफ कैरेक्टर' चारित्र्य की समस्या पैदा हो गई है। डॉक्टर साहब ने कोरा उपदेश कभी भी नहीं दिया। राष्ट्रीय जीवन में उन्होंने शील-संपन्नता का, चारित्र्य-संपन्नता का, राष्ट्र की निस्स्वार्थ सेवा का आदर्श प्रस्तुत किया है। राष्ट्र साक्षात् परमेश्वरस्वरूप है। अपनी भारत माँ साक्षात् जगज्जननी है। क्या भ्रष्ट देह से उसकी पूजा हो सकेगी? जगज्जननी स्वरूप मातृभूमि का पूजन करने के लिए जीवन की अंतर्बाह्य शुचिता आवश्यक है। मैं इस राष्ट्रदेव का पुजारी हूँ, इस प्रकार का अहर्निश चिंतन करते हुए दुर्गुणों को त्यागकर अपना जीवन पवित्र बनाना चाहिए। हम लोगों के सम्मुख पूजनीय डॉक्टर साहब के अंतर्बाह्य विशुद्ध आचरण का आदर्श है। वे कामिनी और कांचन, दोनों के ही प्रभाव से मुक्त रहे। सत्यप्रियता, ईमानदारी, विशुद्ध चारित्र्य, दृढता इत्यादि गुणों से युक्त निरलस राष्ट्रसेवा का प्रत्यक्ष उदाहरण आँखों के सामने होने के कारण हजारों स्वयंसेवकों को घर-द्वार छोड़कर, 'कॅरियर' का मोह छोड़कर राष्ट्रसेवा के लिए सर्वस्वार्पण करने की प्रेरणा उनसे मिली। डॉक्टर साहब का जीवन सर्वस्वार्पित राष्ट्रसेवा का मूर्तिमंत्र प्रतीक था। सभी शत्रुओं पर उन्होंने विजय प्राप्त की। अहंकार रूपी शत्रु के सम्मुख तो बड़े-

बड़े तपस्वी भी काँप उठते हैं, पर डॉक्टर साहब ने उस शत्रु पर भी विजय पाई। सर्वश्रेष्ठ गुणों का समुच्चय प्राप्त होने पर भी उनके जीवन में अहंकार का कहीं लेश भी न था। गत डेढ़-दो वर्षों में देश की इतनी स्वार्थ रहित सेवा करनेवाला निरहंकार व्यक्ति हुआ ही नहीं, यह कहना किंचित् भी अतिशयोक्ति न होगी।

"डॉक्टर साहब का जीवन तत्त्वरूप होकर अत्यंत भव्य, स्फूर्तिप्रद और राष्ट्र-कार्य से समरस हो गया था। मानो अनेक गुणों का श्रेष्ठत्व उसमें समाविष्ट हो गया हो। इस स्मृति-मंदिर का निर्माण इसीलिए किया गया है कि उनके उस श्रेष्ठतम जीवन का कुछ अंश हम भी प्राप्त कर सकें; उनके ही समान निरलस राष्ट्रभक्ति की भावना से ओत-प्रोत अंतःकरण हमें भी प्राप्त हो; उस जीवन के स्मरण से राष्ट्र का अमूर्त रूप साकार हो उठे। उनका जीवन पीढ़ी-दर-पीढ़ी अहर्निश मार्गदर्शन करता रहे। राष्ट्र के ऊपर आए हुए सब संकट दूर कर, एक चिरंजीव, अतीव सुखी, समृद्ध, सन्मान्य व श्रेष्ठ राष्ट्र-जीवन निर्माण करने का सामर्थ्य प्राप्त हो सके, इस हेतु यह स्मृति-मंदिर प्रेरणा का चिरंतन स्रोत बनेगा, इसमें तिलमात्र भी संदेह नहीं।"

स्वयंसेवकों के बीच श्रीगुरुजी का भाषण

अगले दिन 5 अप्रैल, 1962 की प्रातःकाल स्वयंसेवकों के मध्य श्रीगुरुजी का एक अन्य भाषण हुआ, जिसमें परमपूज्य आद्य सरसंघचालकजी के जीवन, विचार-दर्शन तथा जीवन-कला पर प्रथम पूर्व दिन के समान ही उत्कृष्ट विचार-सामग्री प्रस्तुत की गई थी। इसमें श्रीगुरुजी ने डॉक्टरजी के प्रिय संघ-कार्य के लिए अपनी संपूर्ण शक्ति लगाने के लिए स्वयंसेवकों का आह्वान किया था।

"कल स्मृति-मंदिर का उद्घाटन हुआ। स्मारक निर्माण होने पर भी, महान् साधु-संतों के विषय में पूज्यभाव व्यक्त करने के लिए निर्मित होनेवाले समाधि के समान इस स्मृति-मंदिर के संबंध में हमारी धारणा न बने। यह ठीक है कि नवनिर्मित यह स्मृति-मंदिर संपूर्ण हिंदू समाज का श्रद्धा केंद्र है और दिनोदिन उसका महत्त्व बढ़ता ही जाएगा। फिर भी हमें उसे केवल एक

पूजास्थान मात्र ही नहीं बनाना है। स्वयं डॉक्टर साहब के लिए ऐसी पूजा अरुचिकर थी। उनके छुटपन की एक घटना है। एक बार एक धार्मिक प्रवृत्ति के गृहस्थ उनके घर में अतिथि के रूप में आए। प्रात:काल स्नानादि से निवृत्त होकर वे 'भगवद्गीता' का पाठ करने बैठे। पाठ समाप्त होने पर उन्होंने पुस्तक पर पुष्प चढ़ाकर भक्तिभावपूर्वक उसे प्रणाम किया। डॉक्टर साहब ने उनसे पूछा कि 'गीता' में बताए हुए मार्ग के अनुसार आप व्यवहार करने का प्रयत्न तो अवश्य ही करते होंगे! अतिथि महोदय डॉक्टर साहब के इस कथन पर अत्यंत कुपित होकर बोले, 'भगवद्गीता' पाठ करने की चीज है। उससे ही मनुष्य का उद्धार होता है।' परंतु चारित्र्य संपन्न न बनते हुए अथवा सद्गुणों का विकास न करते हुए, पूजा मात्र से मनुष्य का उद्धार हो जाता है, यह बात अपने हिंदू धर्मग्रंथों में अथवा अपनी परंपरा में कहीं पर भी नहीं कही गई है। मृत्यु के समय अपने पुत्र 'नारायण' का नामोच्चार करने मात्र से मृत्युपाश से अजामिल के मुक्त हो जाने की बात कही जाती है। अज्ञानी लोगों की धारणा है कि मरते समय अजामिल ने अपने पुत्र नारायण का नामोच्चार किया और इस कारण ही उसका उद्धार हो गया। पर वस्तुस्थिति यह नहीं है। 'नारायण' नाम के उच्चार से मृत्युपाश से छुटकारा मिलते देखकर अजामिल को अपने पापी-जीवन पर पश्चात्ताप हुआ और इस बात का साक्षात्कार होने पर कि नाम लेने से तो केवल मृत्युमुख से ही छुटकारा मिला है, जन्म-मरण के फेरे से सर्वदा के लिए मुक्त होने के लिए तो कठोर उपासना करनी होगी, उसने अपना शेष जीवन कठोर तपस्या करने में व्यतीत किया। अपने शास्त्रों ने, परंपरा अथवा संस्कृति ने यह उपदेश कभी नहीं दिया कि परिश्रम के बिना कभी मुक्ति मिल सकती है। वास्तविक रूप में तो कोई विशिष्ट पूजा का स्थान मनुष्य को विशिष्ट तत्त्व का स्मरण करानेवाला प्रेरणादायक स्थान होना चाहिए। उस पूजा-स्थान के दिव्य चैतन्य की स्मृति हृदय में जाग्रत् रखते हुए और वह चैतन्य जितने अधिक प्रमाण में हृदयंगम कर सकें, उतना हृदयंगम कर, इतना ही नहीं तो उस चैतन्य से पूर्णत: समरस होने की आकांक्षा रखकर, तदनुरूप अपना जीवन ढालने का सफल प्रयास

होना चाहिए। वैचारिक श्रेष्ठता, जीवन की पवित्रता और शुचिता, गुणों की संपदा और सद्भावपूर्ण हृदय की विशालता स्वयं में प्रकट करने का प्रयत्न हो, तभी पूजा-स्थान के निकट जाना सार्थक हो सकेगा। श्रद्धास्थान के निकट जाकर जितनी मात्रा में हम उसके अनुरूप बनने का प्रयास करेंगे, उतनी ही मात्रा में वह पूजा सफल मानी जाएगी। पूजन के इस वास्तविक रूप को ध्यान में रखकर हमें अपने जीवन का विचार करना चाहिए। डॉक्टर साहब के द्वारा दिए गए आदेशों को अपने हृदय में जाग्रत् रखकर तदनुसार अपना जीवन ढालने का हमें प्रयास करना चाहिए।

''डॉक्टर साहब के अनेक गुणों का तो वर्णन करना भी असंभव है। तो फिर हम उनके जीवन की कुछ प्रमुख बातों की ओर ही ध्यान देने का प्रयत्न करें। डॉक्टर साहब ने एकाग्रचित्त से अपनी मातृभूमि, अपने समाज, संस्कृति, धर्म और राष्ट्र का अहोरात्र चिंतन किया, उपासना की। इसके अतिरिक्त अन्य किसी भी बात को उन्होंने अपने जीवन में स्थान नहीं दिया। अब हम स्वयं इस दृष्टि से अपने जीवन का विचार करें। स्वार्थ, मोह, चारों ओर के वातावरण में व्याप्त भिन्न-भिन्न विचारों का संघर्ष तथा अन्य आकर्षणों से अपने हृदय को विचलित न होने देते हुए अपनी मातृभूमि, अपना समाज, स्वधर्म और अपने चिरंजीव राष्ट्र-जीवन के अंतःकरण की संपूर्ण शक्ति लगाकर चिंतन करने में अपना जीवन समरस होना चाहिए। एकाग्रचित्त से किए गए चिंतन से स्वाभाविक रूप से यह फल मिलता है कि किसी भी बुरी बात की ओर मन आकृष्ट नहीं होता। परमेश्वर के व्यक्त स्वरूप अपने पवित्र राष्ट्र के चिंतन में समरस हुए जीवन में कुविचार, अनीति, पाप आदि का प्रवेश हो ही नहीं सकता। समग्र समाज के अभ्युदय के लिए कार्य करना हो तो अपना जीवन पवित्र होना ही चाहिए। एकाग्रचित्त से किए गए राष्ट्र-चिंतन से स्वाभाविक रूप से शुचितापूर्ण तथा मांगल्यमय जीवन निर्माण होगा। डॉक्टर साहब का अंतर्बाह्य जीवन अत्यंत पवित्र और शुद्ध था तथा उन्होंने उसे स्वराष्ट्र के सर्वांगीण चिंतन में खपा दिया। उन्हीं के समान पवित्र और तेजस्वी जीवन अपना कैसे बनेगा, इस ओर हमें ध्यान देना चाहिए।

"स्वराष्ट्र के अभ्युदय के लिए डॉक्टर साहब के द्वारा किए गए मार्गदर्शन का भी हमें स्मरण करना चाहिए। आज की परिस्थिति में उस मार्गदर्शन की अतीव आवश्यकता है। उन्होंने कार्य के अनुकूल एक अत्यंत सरल पद्धति हमें उपलब्ध कराई है। संपूर्ण राष्ट्र के रोग का निदान कर उन्होंने यह भी बता दिया कि उसका क्या उपचार करना चाहिए! उन्होंने बताया कि असंगठित अवस्था, आत्मविस्मृति, परस्पर एक-दूसरे के विषय में स्नेह का अभाव ही आज का मुख्य रोग है और उसे दूर करने के लिए सुसंगठित एवं एकात्म-राष्ट्र स्वरूप के साक्षात्कार से जाग्रत् जीवन प्रस्थापित करना होगा। रोग-मुक्ति का उपाय बताकर उन्होंने शाखा के रूप में तदनुरूप काम का स्वरूप भी सबके सामने रखा। संगठित, एकात्म, प्रबल राष्ट्र-जीवन निर्माण करने का यही एकमात्र उपाय है और एकांतिक निष्ठा से उसी का अवलंबन कर हम राष्ट्र-अभ्युदय के लिए समाज की संगठित शक्ति खड़ी कर सकेंगे। ऐसा करते समय अपने चारों ओर चलनेवाले कार्यों का आकर्षण होना अस्वाभाविक नहीं है। जुलूस, सम्मेलन, सभा आदि की हलचल जहाँ रहती है, वहाँ मन में कुछ गुदगुदी सी उठ सकती है। उस कार्य-पद्धति में मान-सम्मान प्राप्त होने के कारण अपने में से भी कुछ लोगों के मन में उसके प्रति आकर्षण उत्पन्न होकर, स्वयं भी उस अखाड़े में उतरकर दंगल में भाग लेने की इच्छा होती है। मन में इस प्रकार की इच्छा उत्पन्न होते ही, 'इस प्रकार के कार्य से राष्ट्र का हित होगा,' इस बात के समर्थन में बुद्धि अनेक तर्क प्रस्तुत करती है। उलटे-सीधे दोनों ही पक्षों के समर्थन में तर्क करने में बुद्धि सदैव सक्षम रहती है। चुनावकाल में एक सज्जन ने मुझसे कहा कि 'चुनाव और राजनीति ही समाज व राष्ट्र की सेवा करने का श्रेष्ठ मार्ग है।' मैंने उनसे कहा कि चुनाव और राजनीति को ही सर्वश्रेष्ठ मार्ग मानना उचित नहीं होगा। इंग्लैंड आदि देशों में, जहाँ पर अभिजात देशभक्ति की परंपरा चली आ रही है, वहाँ ये सब बातें शोभा देती हैं। अपने यहाँ तो राष्ट्रभक्ति की भावना कुछ थोड़े से लोगों तक सीमित है, और उनमें भी ऐसे लोग हैं, जो मान एवं पद की लालसा से राष्ट्र-कार्य में संलग्न हैं। एक बार जब डॉक्टर साहब के

सम्मुख एक सज्जन का परिचय 'देशभक्त' कहकर कराया गया तो उन्हें वह अच्छा नहीं लगा। किसी एक को देशभक्त कहकर उसका परिचय कराने का अर्थ तो यही होता है कि बाकी के लोग देशभक्त नहीं हैं। वास्तविक रूप से यह बात ठीक नहीं कि किसी भी देश में कुछ ही लोग देशभक्त हों और शेष देशभक्ति की भावना से शून्य रहें। देश का प्रत्येक नागरिक स्वभावत: देशभक्त होना ही चाहिए और 'देशभक्त' कहकर अलग से उसका परिचय कराने की आवश्यकता नहीं पड़नी चाहिए। किसी व्यक्ति का परिचय कराते समय हम यह नहीं कहते कि यह 'मनुष्य' है। कारण, सर्वसामान्य व्यक्ति के ही समान उसके आँख, कान, नाक, हाथ, पैर आदि होते हैं। पूँछ या सींग जैसे कोई अलग अवयव उसे नहीं होते। उसी प्रकार 'प्रत्येक व्यक्ति स्वभावत: ही देशभक्त होना चाहिए', यह मान्यता होने के कारण उसके देशभक्त की भावना व्यक्ति के अंत:करण में अंकुरित होती है, संवर्धित होती है, घर का काम छोड़कर राष्ट्र के लिए अपना सबकुछ अर्पण करने की वृत्ति जहाँ बनी रहती है और एक सूत्रबद्ध जीवन का निर्माण होता है, उस समाज में चुनाव, राजनीति आदि बातें समाज का सुख-सौंदर्य वृद्धिगत करने में कारणीभूत होती हैं। जिस प्रकार बलिष्ठ शरीर पर ही वस्त्रालंकार आदि शोभायमान होते हैं, जिसके हाथ-पैर लकड़ी के समान सूख गए हैं, ऐसे शरीर पर वे शोभा नहीं पाते अथवा जिस प्रकार कोई रोगग्रस्त शरीर पकवान नहीं पचा सकता, उसके लिए जैसे बलिष्ठ, निरोग शरीर आवश्यक होता है, उसी प्रकार शक्तिशाली, निरोग, पुष्ट राष्ट्र-जीवन हो, तो ही चुनाव या राजनीति सदृश आवरण शोभा पाते हैं। उनके कारण उस राष्ट्र का सुख-सौंदर्य बढ़ता है, वे सब उनके लिए उपकारक सिद्ध होते हैं।

''व्यक्ति-व्यक्ति के जीवन में मातृभूमि की भक्ति जगाकर और उस सूत्र में संपूर्ण समाज को आबद्ध कर, समाज का संगठित सामर्थ्य निर्माण करने का मूलभूत कार्य डॉक्टर साहब ने हमारे सामने रखा है और इसी कार्यार्थ हमें अपनी संपूर्ण शक्ति लगानी चाहिए। शाखाओं के द्वारा समाज में एकात्म जीवन-निर्माण करने की पद्धति का पूर्णत: अवलंबन कर, इस कार्य

की सिद्धि के लिए हम अपना संपूर्ण सामर्थ्य दाँव पर लगा देंगे, ऐसा दृढनिश्चय हृदय में धारण करना चाहिए। उसके लिए हमें इस स्मृति-मंदिर के दर्शन मात्र से अपने अंदर संघ-संस्थापक के समान तपस्वी, राष्ट्रभक्ति से ओत-प्रोत जीवन-निर्माण करने की प्रेरणा प्राप्त करनी होगी। यदि ऐसा हो सका, तभी इस स्मृति-मंदिर के निर्माण में जो परिश्रम किया गया है, वह सार्थक कहा जाएगा।

''एक पूजा का स्थान निर्माण कर हम उसके महंत बन जाएँ, इस प्रकार की भूमिका सोचकर इस स्मृति-मंदिर का निर्माण नहीं हुआ। ईंट-पत्थर से निर्मित होनेवाली वस्तुओं में मेरी कोई रुचि नहीं। ऐसा होते हुए भी मुझे यह स्मृति-मंदिर चाहिए। कारण, यह स्थान अत्यंत पवित्र है। जिस भूमि पर संघसंस्थापक ने विचरण किया, अपने कार्य के लिए उन्होंने जहाँ अपने खून सा पसीना बहाया और अंत में चिरविश्रांति के लिए उन्होंने जहाँ अपना शरीर त्याग किया, वह पवित्र स्थान हमें अपना जीवन उनके समान बनाने की प्रेरणा दे, इस श्रद्धा-भावना से ही हमें इस स्मृति-मंदिर को देखना है।''

हृदय में स्मृति सँजोए

श्रीगुरुजी के इस प्रेरक भाषण में हिंदुत्व, राष्ट्रभक्ति तथा साधना की मूर्ति डॉ. केशव बलिराम हेडगेवार के पथ पर चलनेवाले **स्वयंसेवकों** के लिए उपयुक्त पाथेय मिल गया था। संघ-निर्माता केशव की **स्मृतियों को** हृदय में सँजोए राष्ट्रभक्ति के कँटीले पथ पर चलनेवाले संघ के कार्यकर्ताओं ने संघ को देशव्यापी बना दिया है। विश्व के अनेकानेक देशों को भी, जहाँ हिंदू हैं, संघ-कार्य ने किसी-न-किसी रूप में अवश्य स्पर्श किया है। ऐसी पीढ़ियाँ भी संघ-कार्य में अग्रसर हुई हैं, जिन्होंने डॉक्टर हेडगेवारजी के दर्शन भी नहीं किए थे, अर्थात् 1940 या उसके पश्चात् जनमे कार्यकर्ता। किंतु संघ और डॉक्टरजी इतने एकरूप हो गए हैं कि हर कार्यकर्ता डॉक्टरजी की स्मृतियों को, उनकी प्रेरक वाणी को आज भी उसी प्रकार अनुभव करता है, जैसे उनके समकालीन स्वयं स्वीकारते थे। अकेले संघ-निर्माता केशव ने हिंदू राष्ट्र के सर्वांगीण विकास के लिए हिंदू संगठन का अलख जगाकर

युग-प्रवर्तन किया था। आज उस पथ पर चलनेवाले लाखों चरण हिंदू-संगठन और हिंदू-शक्ति के लिए तन-मन-धन समर्पित कर आगे बढ़ रहे हैं। अत: डॉक्टरजी के स्वप्न की पूर्ति और लक्ष्य की सिद्धि सामने दिखाई दे रही है। ऐसे क्षणों में डॉक्टरजी की यह वाणी और भी अधिक प्रेरक बनकर स्वयंसेवक के हृदय में गूँजती रहती है, "संगठन के सिद्धांत को हम अपने व्यवहार में लाएँ, तभी हममें शक्ति पैदा हो सकती है, अथवा नहीं। शक्ति बातों में नहीं, प्रत्यक्ष कार्य में हुआ करती है। इसलिए हमें प्रत्यक्ष कार्य करने चाहिए। इस कार्य के लिए हमारे जीवन में तीव्र बेचैनी पैदा हो जानी चाहिए। यदि हम इस प्रकार अपने कार्य के पीछे पागल न हो सकें तो अपना संघ 'संगठन' न रहते हुए, देश की अन्य संस्थाओं या दलों जैसा एक मामूली 'दल' होकर रह जाएगा, जिसका देश को कुछ भी उपयोग न होगा। अपने कार्य के और अपने कर्तव्य के अतिरिक्त इस जीवन की अन्य किसी भी बात के प्रति हमें आकर्षित नहीं होना चाहिए। संघ के स्वयंसेवक के लिए, जिसने देश तथा समाज की सेवा का महान् व्रत लिया है, सुख और संतोष अब कहाँ? उसके लिए, उसका कार्य ही सर्वस्व है, जिसमें उसे जी-जान से जुट जाना चाहिए, ताकि शीघ्र अपने उद्‌देश्य की पूर्ति होते हुए हम अपनी आँखों से देख सकें। मुझे पूरा विश्वास है कि संघ का प्रत्येक स्वयंसेवक अपना कर्तव्य पूर्ण करेगा।"

विश्वास की पूर्ति के लिए

निस्संदेह संघ-निर्माता डॉ. केशवराव हेडगेवार के इस विश्वास को पूरा करने के लिए ही संघ का प्रत्येक कार्यकर्ता अपने कर्तव्य-पालन की दिशा में जागरूक रहता है और यही संघ की शक्ति है। इसी पर राष्ट्र की आशाएँ निर्भर हैं।

□

परिशिष्ट

इंदौर जिला (मध्य प्रदेश)

सन् 1929 डॉक्टरजी अपनी चाची सौ. गंगूबाई (श्री आबाजी हेडगेवार की पत्नी) को चिकित्सा के लिए इंदौर ले गए थे। श्री आबाजी हेडगेवार तथा उनकी पुत्री सौ. भीमाबाई भी साथ गई थीं। लगभग एक मास डॉक्टरजी को इंदौर में उनके चिकित्सा-कार्य से रुकना पड़ा। इस मध्य उन्होंने संघ-दृष्टि से महत्त्वपूर्ण संपर्क किए थे। इंदौर और देवास, दोनों स्थानों पर उन्होंने संघ-कार्य प्रारंभ भी कर दिया था। संभवतः कुछ समय में यह कार्य शिथिल पड़ गया और इस कारण इंदौर नगर में संघ-कार्य के विस्तार के लिए डॉ. हेडगेवारजी 1932 में पुनः स्वयं वहाँ पहुँचे। उन्होंने श्री तात्या सरवटे को 1932 में वहाँ संघचालक नियुक्त किया था। श्री सरवटे 'प्रजामंडल' के सर्वोच्च नेता के रूप में प्रसिद्ध थे। तब इंदौर एक देशी राज्य था और वहाँ कांग्रेस की स्थापना नहीं हो सकती थी। अतः कांग्रेस का प्रतिनिधित्व 'प्रजामंडल' द्वारा होता था। श्री सरबटे 1944 तक संघचालक रहे थे। श्री घारपुरे मास्टर 1935 में उपसंघचालक बनाए गए थे। श्री घारपुरे मास्टर इंदौर के मराठी माध्यमिक विद्यालय में शिक्षक थे और इंदौर की शाखा को वास्तव में 1932 से ही चला रहे थे। राजवंश के अनेक लोगों से इंदौर संघ का अच्छा संबंध स्थापित होने के कारण इंदौर में संघ का कार्य ठीक-ठाक बढ़ता गया। इंदौर जिला में सन् 1939 में संघ-विस्तार का अगला पग रखा गया और लुणियापुर में श्री अनंत एदलाबादकर द्वारा तथा साबेर में श्री मोतीलाल जैन द्वारा शाखाओं की स्थापना की गई।

उज्जैन जिला (मध्य प्रदेश)

सन् 1930 में उज्जैन नगर में संघ-शाखा श्री कृष्णराव वडेकर द्वारा प्रारंभ

हुई। श्री बाबू भैया कोल्हटकर महाकाल मंदिर के बाहरी प्रांगण में शाखा लगाते थे। कालांतर में यह शाखा-कार्य शिथिल हो गया। पुनः जून 1936 में महाकाल संघ स्थान पर शाखा-कार्य विधिवत् प्रारंभ हुआ। धामणगाँव के दिगंबर राव तिजारे ('मास्टरजी' नाम से प्रसिद्ध) ने उत्साहपूर्वक शाखा चलाई।

श्री आबाजी हेडगेवार 1937 में संघ-कार्य के निरीक्षणार्थ आए थे। तब तिजारेजी ने उनका भैया साहब आप्टेवाले (ढुंढिराज कृष्ण आप्टेवाले) से परिचय कराया। उसी वर्ष 1937 में भैया साहब को संघचालक बनाया गया।

वर्ष 1938 में आगर व तराना में संघ संपर्क किया और शाखाएँ भी प्रारंभ कराईं। फिर श्री त्र्यंबक राव पागे ने आगर में संघ-कार्य सितंबर 1939 में प्रारंभ किया। उनके पिताजी वहाँ वकील थे। 1939-40 में श्री मनोहर मोहरीर विस्तारक बनकर आगर पहुँचे। तराना में 1939 में श्री नाना नातू विस्तारक होकर बीस दिन रहे थे। बाद के पुरातत्त्ववेत्ता के रूप में प्रसिद्ध श्री विष्णु श्रीधर वाकणकर (उपाख्य हरिभाऊ वाकणकर) उज्जैन में 1935 में स्वयंसेवक बन गए थे। उनके बड़े भाई बापू वाकणकर 1930 में वाराणसी में स्वयंसेवक बन गए थे और उन्होंने ही विष्णु वाकणकर को संघ-कार्य में प्रवृत्त किया था। सन् 1939 की नागपुर ओ.टी.सी. में इस जिले से श्री मधुकर राव करकरे ने भाग लिया था।

गुना जिला (मध्य प्रदेश)

गुना जिला की प्रथम संघ-शाखा गुना में श्री प्रभाकर खरे ने 1940 में प्रारंभ की। उसी के बाद डॉ. घुड़े वाराणसी से अध्ययन करने के बाद प्रचारक निकले और गुना में जिला प्रचारक नियुक्त हुए।

ग्वालियर जिला (मध्य प्रदेश)

ग्वालियर जिला में सर्वप्रथम श्री नारायण राव तर्रे ने 1938 में संघ-कार्य प्रारंभ किया। उस समय ग्वालियर देशी राज्य था, अतः ग्वालियर नगर में स्थापित संघ को 'राणोजी स्वयंसेवक संघ' नाम से प्रसिद्ध किया गया। इसे कुछ लोग 'रामदास स्वयंसेवक संघ' भी कहते थे। कुछ समय बाद जब डॉ. मुंजे किसी काम से ग्वालियर आए और महाराज सिंधिया के अतिथि

बने, तब श्री तर्रे उन्हें संघ-शाखा पर लाए थे तथा उन्होंने ही अपने भाषण में इसे राष्ट्रीय स्वयंसेवक संघ की शाखा घोषित किया था। श्री तर्रे यहाँ 1944 तक प्रचारक रहे।

वर्ष 1940 की नागपुर ओ.टी.सी. में यहाँ से चार स्वयंसेवकों ने भाग लिया था—श्री प्रभाकर नारायण पेंढारकर, श्री माधव चिंतामणि बाघ, श्री दत्तात्रेय बि. कल्याणकर तथा श्री बाबा साहब रेटरकर।

यहाँ 1940 के लगभग श्री यादवराव जोशी (उस समय झाँसी में प्रचारक) श्री एस. कृष्णराव व्यास के साथ ग्वालियर आए थे। श्री व्यास 1946 तक यहाँ के नगर कार्यवाह रहे थे।

टीकमगढ़ जिला (मध्य प्रदेश)

टीकमगढ़ के श्री ठाकुरप्रसाद तिवारी 'वकील संघ' से 1938 से ही परिचित एवं प्रभावित थे। वे 1939 में वर्धा में लगे शिविर में गए भी थे। बाद में वे विभाग संघचालक बने। किंतु संघ की शाखा का विधिवत् प्रारंभ 1941 से दो विद्यार्थी स्वयंसेवकों—श्री जोगलेकर तथा श्री श्रीनिवास शुक्ल द्वारा हुआ था।

दमोह (मध्य प्रदेश)

दमोह में संघ की स्थापना डॉ. हेडगेवारजी ने स्वयं जाकर नवंबर 1937 में की थी। वे जबलपुर से बाबा साहब आप्टे तथा केलकर वकील के साथ दमोह पहुँचे थे और प्र.शी. शेंडेजी वैद्य के नाम से परिचय-पत्र लेकर आए थे। वे उन्हीं के घर ठहरे। अगले दिन प्रातः स्व. श्री मणिशंकर दवे एडवोकेट के घर जाकर उन्होंने संघ विषयक बातचीत की। फिर सायंकाल मणिशंकरजी के घर पर उनके मित्र कृष्ण गुप्ताजी एडवोकेट और कुंजबिहारी लाल गुरु एडवोकेट से भेंट हुई तथा संघ के विषय में विस्तृत चर्चा हुई। उसी बैठक में कुंज बिहारी लाल गुरुजी ने संघ-कार्य सँभाला।

1938 ई. के प्रारंभ में नागपुर से श्री वसंतराव देव कार्य-विस्तार के लिए दमोह पहुँचे और प्रथम शाखा प्रारंभ की। मार्च मास में डॉ. हेडगेवारजी ने महाकोशल प्रांत का दौरा करते हुए दमोह की शाखा का निरीक्षण भी किया था।

1938 ई. के उत्तरार्द्ध में स्व. एकनाथ रानडे पूर्णकालिक प्रचारक होकर दमोह पहुँचे थे और तब से संघ-कार्य वहाँ बढ़ता ही गया। 1940 की नागपुर ओ.टी.सी. में भी यहाँ से 3 स्वयंसेवक गए थे। 1938-40 के मध्य जिले में भी अनेक शाखाएँ प्रारंभ हुईं।

दुर्ग (मध्य प्रदेश)

उस समय के मध्य प्रांत में दुर्ग जिला गिना जाता था, आज यह मध्य प्रदेश में है। डॉ. केशव राव हेडगेवार 1933 में संघस्थापनार्थ यहाँ पर स्वयं आए थे। उन्होंने चुने हुए नागरिकों की बैठक स्व. श्री किरोलीकर (बाद में संसद्-सदस्य रहे) के निवास-स्थान पर संबोधित की थी। तभी से शाखा प्रारंभ हुई। डॉक्टरजी यहाँ दूसरी बार 1938 में आए थे।

देवास जिला (मध्य प्रदेश)

बेवरी में 1936 ई. में श्री विष्णु माधव पुराणकर ने देवास जिले में सर्वप्रथम संघ-शाखा प्रारंभ की थी। बाद में 1937 में देवास में श्री बापू नाना परांजपे ने तथा 1939 में कन्नोद में श्री दामोदर दुबे (जो वहाँ पशु-चिकित्सालय में काम करते थे) संघ-शाखाएँ प्रारंभ कीं।

ज्ञातव्य है कि 1930 ई. के आस-पास डॉ. हेडगेवारजी देवास राज्य में आए थे और राज्य के अतिथि रहे थे। वे 1937-38 में भी संघ-कार्य के निरीक्षण के लिए देवास आए थे।

धार जिला (मध्य प्रदेश)

धार जिला में सर्वप्रथम संघ-शाखा को 1936 में धार नगर में श्री वसंत रायते ने प्रारंभ किया था। 1939 ई. में बाँकानेर में श्री नारायण शर्मा तथा श्री यशवंत बारचे ने संघ-शाखा प्रारंभ की।

नरसिंहपुर (मध्य प्रदेश)

नरसिंहपुर में संघ-शाखा का प्रारंभ 1936 में हुआ था और उसके संस्थापक डॉ. हेडगेवारजी थे। नरसिंहपुर जिले में 1936 से 1940 तक करेली गोटेगाँव, गाडरवारा, साईंखेड़ा में भी संघ-शाखाएँ स्थापित हुई थीं। इस जिले में प्रचारक

के रूप में बाबा साहब मोहरील, मनोहर चितले, वामनराव हेडगेवार आदि तत्कालीन स्वयंसेवकों का समय-समय पर योगदान रहा। मार्च 1938 में महाकोशल प्रांत के दौरे के अंतर्गत डॉ. हेडगेवारजी नरसिंहपुर में पुनः भी आए थे।

खंडवा (पूर्वी निवाड़ जिला, मध्य प्रदेश)

1932-33 में खंडवा में संघ-शाखा प्रारंभ हुई। डॉ. हेडगेवारजी ने कुछ प्रतिष्ठित नागरिकों की बैठक लेकर अगले दिन शाखा प्रारंभ कर दी थी। उन्होंने वहाँ के डॉ. बदरीनारायण को संघचालक, डॉ. शिवनारायण पांडे को कार्यवाह तथा डॉ. सोहनलाल गुप्ता को सह कार्यवाह नियुक्त किया था। सेवासमिति के अखाड़ा के स्थान पर शाखा लगी थी और डॉ. हेडगेवारजी का बौद्धिक-वर्ग था।

लगभग उसी समय श्री आबाजी हेडगेवार ने भी बुरहानपुर में बैठक करके संघ-विचार प्रस्तुत किया। किंतु सरदार भाऊ साहब मुस्कुटे के नागपुर से बुरहानपुर लौट आने के पश्चात् वहाँ विधिवत् शाखा प्रारंभ हुई (वे उस समय में नागपुर कॉलेज में पढ़ते थे)।

वर्ष 1937 में हरदा में दादाराव परमार्थ द्वारा जिमखाना मैदान में शाखा प्रारंभ हुई। इसी समय भाऊ साहब मुस्कुटे ने टिमरणी में शाखा प्रारंभ की। 1939 में ही बडवाह और भीकनगाँव में भी श्री मनोहर निगम और श्री भाऊराव इंदूरकर ने शाखा प्रारंभ की।

डॉ. हेडगेवारजी का खंडवा के अतिरिक्त बुरहानपुर (1923-24 और 1927-28) में भी आना हुआ था। 1940 में वे टिमरणी शाखा पर (मकर संक्रांति पर) भी आए थे और उसे ध्वज प्रदान किया था।

बिलासपुर (मध्य प्रदेश)

बिलासपुर में संघ की प्रथम शाखा 1928-29 के लगभग डॉ. हेडगेवारजी ने स्वयं उपस्थित रहकर प्रारंभ कराई थी। नारायणजी प्रथम मुख्य शिक्षक थे।

बैतूल जिला (मध्य प्रदेश)

बैतूल नगर में संघ-शाखा जुलाई 1938 में स्वयं डॉ. हेडगेवारजी के आने

पर प्रारंभ हुई थी। उनके साथ श्री एकनाथ रानडे भी आए थे। यहाँ के प्रथम संघचालक श्री लक्ष्मण शंकर देशपांडे नियुक्त किए गए थे।

भिंड जिला (मध्य प्रदेश)

श्री बटुकनाथ शास्त्री ने 1940 (अप्रैल और जुलाई के मध्य किसी समय) में भिंड जिला की प्रथम शाखा भिंड नगर में प्रारंभ की थी।

भोपाल जिला (मध्य प्रदेश)

भोपाल में प्रथम संघ-शाखा 1940 जून में श्री बजरंग लाल गुप्ता (दिल्ली से विवाह के संबंध में भोपाल में कुछ समय के लिए आए स्वयंसेवक) द्वारा लाठी-कक्षा के रूप में प्रारंभ की थी। श्री बच्छराज व्यास भोपाल में 1942 ई. में नियुक्त हुए थे।

मंडला (मध्य प्रदेश)

मंडला जिले में संघ का प्रारंभ 1939 में श्री एकनाथ रानडे द्वारा हुआ था और बाद के वर्षों में श्री हरकरे, श्री बाबासाहब आप्टे और श्री बाबूराव काले आदि शाखा पर भाषण देने के लिए आते रहे।

संघ स्थापित होने से बहुत पूर्व डॉ. हेडगेवारजी भी मंडला में कांग्रेस के कार्य-विस्तार के लिए आए थे। श्री विष्णुपंत गोलवलकर (जो बाद में एडवोकेट हुए) के घर पर कांग्रेस संगठन की दृष्टि से एक माह तक डॉ. हेडगेवारजी रहे थे। उनके साथ नागपुर के श्री जावड़ेकर भी पूरे समय रहे थे। उस समय डॉक्टरजी ने कांग्रेस का कार्य तो किया ही था, गणेश पूजन भी प्रारंभ कराया था।

मंदसौर जिला (मध्य प्रदेश)

मंदसौर जिले की प्रथम शाखा 1940 में श्री बापूराव सरदेसाई ने स्थापित की थी। श्री भाऊ साहब इंदूरकर ने 1940 में ही मनासा में शाखा प्रारंभ की थी।

रायपुर (मध्य प्रदेश)

रायपुर जिले में प्रथम संघ-शाखा अप्रैल 1929 ई. में स्वयं डॉ. हेडगेवारजी

ने प्रारंभ की थी। डॉक्टरजी के जीवनकाल में ही जिले के अनेक स्थानों पर शाखाएँ प्रारंभ हो गई थीं, जिनमें धमतरी, आरंग, बलोदा बाजार, भाटापारा तथा महासमंद उल्लेखनीय हैं। जब डॉक्टरजी रायपुर आए तो उनके साथ भंडारा के श्री दादा दवे भी आए थे।

रीवाँ जिला (मध्य प्रदेश)

रीवाँ जिले में संघ की प्रथम शाखा रीवाँ नगर में 1939 में प्रारंभ हो गई थी। इंदौर से आई एक बरात में वर के भाई श्री वासुदेव भागवत ने जन-संपर्क कर शाखा शुरू कर दी थी।

विदिशा जिला (मध्य प्रदेश)

विदिशा में 1940 ई. में शिवाजी जयंती में प्रथम संघ-शाखा का प्रारंभ हुआ था। उस समय किले के अंदर 'चोपड़ा व्यायामशाला' के तरुणों, बालकों तथा प्रौढ़ों की शाखा चली थी।

शहडोल जिला (मध्य प्रदेश)

शहडोल जिला में संघ की प्रथम शाखा 1937 में श्री नर्मदा प्रसाद द्वारा स्थापित की गई थी।

शाजापुर जिला (मध्य प्रदेश)

1939 में सर्वप्रथम शाजापुर जिले के शाजापुर नगर में संघ-शाखा प्रारंभ हुई। इंदौर से आए श्री बाबासाहब देशमुख ने यहाँ एक वर्ष कार्य किया। श्री दिगंबर राव तिजारे ने 1940 में उज्जैन के साथ ही शाजापुर का भी काम सँभाला था। श्री बाबासाहब आप्टे ने 1940 में शाजापुर की संघ-शाखा का निरीक्षण किया था। उस समय वे मक्सी भी गए थे।

सागर (मध्य प्रदेश)

सागर में संघ की प्रथम शाखा फरवरी 1938 (या मार्च) में डॉ. हेडगेवारजी ने स्वयं प्रारंभ की थी। उस समय वे स्व. गंगाधर राव खेर एडवोकेट के घर पर ठहरे थे। उन्हीं के घर पर प्रतिष्ठित लोगों की बैठक में उन्होंने संघ के

विषय में बातचीत की थी और स्वयंसेवक बननेवालों को संघ की प्रतिज्ञा दिलवाई थी। इस अवसर पर श्री का.म. टोलेजी ने प्रतिज्ञा तो नहीं ली, किंतु उनकी संघ-निष्ठा सदा बनी रही। 1938 की नागपुर ओ.टी.सी. में जाने के लिए स्वयंसेवकों का आह्वान भी डॉक्टरजी ने किया था और श्री गंगाधर राव खेर के पुत्र श्री बालासाहब खेर (जो बाद में महाकोशल प्रांत के कार्यवाह बने) का ओ.टी.सी. जाना निश्चित हुआ।

डॉ. हेडगेवारजी ने इसी अवसर पर सागर नगर के संघचालक के रूप में श्री लक्ष्मणप्रसाद तिवारी वकील को तथा सहनगर संघचालक के रूप में भैयालाल सर्राफ वकील के नामों की घोषणा भी की थी।

शाखा कुछ मास तक चलने के बाद बंद हो गई, किंतु (लगभग एक मास बाद) श्री बाबासाहब आप्टे शीघ्र ही सागर आए और खेरजी के घर पर ही ठहरे। उनके साथ विस्तारक के रूप में अण्णा शेष भी आए थे। श्री केशवराव पांडे के घर पर उत्साही युवकों की बैठक में आप्टेजी के उद्बोधन के फलस्वरूप संघ-शाखा फिर से प्रारंभ हुई। इस बैठक में मामा आठवले भी अपने मित्रों सहित उपस्थित थे और उन्होंने ही अण्णा शेष के मार्गदर्शन में शाखा प्रारंभ की थी।

सागर जिला में भी संघ-विस्तार डॉक्टरजी के जीवनकाल में प्रारंभ हो गया था। 1938 में ओ.टी.सी. के पश्चात् वर्धा में मोतीचंद्र श्रावणे नामक प्रचारक भी सागर आए थे, जो डॉ. हेडगेवारजी के निकट संबंधी थे। वे जैन माध्यमिक शाला में कुछ समय शिक्षक रहे, किंतु संघ का काम बढ़ने पर उन्होंने नौकरी त्याग दी थी। वे 'श्रावणे मास्टरजी' के रूप में प्रसिद्ध हुए। उन्होंने सागर जिले में संघ-कार्य को स्थायी रूप से बढ़ाया। वे इस जिले में 1962 तक रहे थे। 1939 में सागर जिला के एक शीत शिविर का उद्घाटन भी आप्टेजी ने किया था।

यहाँ आए प्रारंभिक प्रचारकों में श्री अण्णा शेष, श्री मोतीचंद्र श्रावणे के अतिरिक्त श्री गोपालराव येरकुंटवार के नाम विशेष स्मरणीय हैं।

सिवनी (मध्य प्रदेश)

सिवनी में स्वयं डॉ. हेडगेवारजी 1932 में आए थे। तब वे कांग्रेस के

किन्हीं वरिष्ठ कार्यकर्ता के घर चर्चा हेतु ठहरे थे और शाखा की स्थापना हुई थी। मार्च 1938 में महाकौशल प्रांत के दौर के अंतर्गत वे सिवनी में दोबारा भी आए थे।

सीधी जिला (मध्य प्रदेश)

सीधी जिला की प्रथम संघशाखा सीधी नगर में 1940 जून में श्री शंकरलाल गोयल नामक दिल्ली विश्वविद्यालय के एक विद्यार्थी स्वयंसेवक द्वारा प्रारंभ की गई थी।

होशंगाबाद जिला (मध्य प्रदेश)

होशंगाबाद जिले की प्रथम शाखा होशंगाबाद नगर में स्वयं डॉ. हेडगेवारजी ने आकर अक्तूबर 1939 में प्रारंभ कराई थी। उनके द्वारा इस क्षेत्र के लिए श्री एकनाथ रानाडे प्रथम प्रचारक के रूप में नियुक्त हुए थे। यहाँ के प्रथम संघचालक श्री नारायण प्रसाद दुबे (वकील) तथा कार्यवाह श्री श्रीराम लोहिया नियुक्त किए गए थे। 1940 में इटारसी नगर में संघ-कार्य प्रारंभ हुआ। वहाँ प्रथम प्रचारक श्री कर्वेजी गए थे। 1940 की नागपुर ओ.टी.सी. में यहाँ से 17 स्वयंसेवक गए थे।

अकोला (महाराष्ट्र)

अकोला जिला की प्रथम शाखा मुर्तिजापुर तहसील में हरिपुर तथा गावी में 1927 की विजयादशमी के आस-पास प्रारंभ हो गई थी। शाखा प्रारंभ के समय डॉ. हेडगेवार स्वयं उपस्थित थे। उस समय शाखा के प्रमुख डॉ. शंकरराव नाइक थे।

वर्ष 1930 में अकोला शाखा प्रारंभ हुई और फिर आकोट, तेल्हारा पातूर आदि स्थानों पर शाखाएँ लगीं। 1940 तक लगभग 20 शाखाएँ चल रही थीं। 1936 के अकोला के प्रौढ़ शिविर में डॉ. हेडगेवार स्वयं उपस्थित रहे थे।

अमरावती (महाराष्ट्र)

दर्यापुर में 1937 विजयादशमी पर संघ-शाखा प्रारंभ हुई। मुर्तिजापुर के एक शिक्षक दत्तोपंत यादवाडकर ने बैठक में संघ के विषय में समझाया। 1937

से 1942 तक दर्यापुर तहसील के प्रमुख स्थानों—ढेलोरो, जायवाड़ी, सासन, चिंचोली इत्यादि पर संघ-शाखा प्रारंभ हो गई थी।

जलगाँव (महाराष्ट्र)

जलगाँव जिला में सर्वप्रथम संघ-शाखा का शुभारंभ भुसावल में मकर संक्रांति के दिन (14 जनवरी) 1934 में श्री बाबाजी हेडगेवार द्वारा हुआ था। उन्होंने 1935 में यावल और पाचोरा स्थानों पर भी शाखा प्रारंभ की थी। जलगाँव व अमलनेर में शाखा की स्थापना 1936 में हुई थी। डॉक्टरजी के जीवन-काल में ही संघ शेंदूर्णी (1938), वरणगाँव (1940) और बोदवड (1940) में पहुँच चुका था। श्री मोरोपंत मुस्कुटे ने रावरे में संघ-शाखा 1937 में प्रारंभ की थी।

नागपुर (महाराष्ट्र)

राष्ट्रीय स्वयंसेवक संघ 27 सितंबर, 1925 विजयादशमी को डॉ. हेडगेवारजी के घर पर लगभग 20 लोगों की उपस्थिति में प्रारंभ हुआ था। कुछ समय बाद इतवारी दरवाजा प्राथमिक शाला के सामने के मैदान में संघ के शारीरिक कार्यक्रम, विशेषत: श्री अण्णा सोहानी द्वारा दंड शिक्षा प्रारंभ हुई। यही प्रथम शाखा-स्थान था। बाद में मोहिते का बाड़ा में मई 1926 से कार्यक्रम प्रारंभ हुए।

सन् 1927 में धनतोली उपशाखा शुरू हुई। तीसरी शाखा इतवारी मोहल्ले में प्रारंभ हुई जिसके प्रथम मुख्य शिक्षक श्री बालासाहब देवरस थे, जो किशोर गण भी लेते थे। दूसरे गण के शिक्षक श्री भाऊराव देवरस थे। बाद में महाल 'नाका' में एक और उपशाखा खुली, जिसके मुख्य शिक्षक श्री भाऊराव देवरस रहे (1933-36)। शाखा की संख्या बढ़ने पर उसी शाखा का एक गण दूसरे स्थान पर ले जाकर चौक शाखा भी श्री भाऊराव देवरस ने ही प्रारंभ की। 1928 तक नागपुर में 18 उपशाखाएँ हो गई थीं।

नासिक जिला (महाराष्ट्र)

नासिक जिला में सर्वप्रथम संघ-शाखा इगतपुरी में 1933 में एक स्वयंसेवक

श्री करमरकर (रेलवे ड्राइवर) द्वारा प्रारंभ की गई थी। श्री दादाराव परमार्थ ने श्री अभ्यंकर वकील के घर प्रथम बैठक लेकर शाखा प्रारंभ कराई थी। मगूर में 1938 में तथा सिन्नर में 14 जनवरी, 1939 को शाखाएँ प्रारंभ हुई थीं। मनमाड में 1939 में तथा नाँदगाँव में 1940 के लगभग। नासिक रोड में शाखा 1937 में प्रारंभ हो गई थी। डॉक्टरजी नासिक अनेक बार गए थे।

पुणे (महाराष्ट्र)

पुणे जिला में सर्वप्रथम शाखा जुन्नर गाँव में 1935 में प्रारंभ हुई। 1935 में ही वैदिक आश्रम, पुणे में लगे ओ.टी.सी. के प्रथम वर्ष शिक्षित श्री माधव गोविंद काटदरे ने यह शाखा प्रारंभ की थी। डॉ. हेडगेवार 1937 में जुन्नर आए थे। उनकी शाखा पर मानवंदना की गई थी। आते समय डॉक्टरजी मार्ग में शिवनेरी दुर्ग को साष्टांग प्रणाम करके आए थे और छत्रपति शिवाजी महाराज के प्रति भक्ति-भावना से सदा ही ओत-प्रोत रहते थे। उस दिन रात्रि-बैठक में उन्होंने शिवाजी का गुणगान करते हुए शिवाजी के कार्य और संघ के कार्य की एकरूपता बताई।

उन्होंने स्वयंसेवकों को शिवनेरी जाने की प्रेरणा भी दी थी, जिससे स्वयंसेवकों के मानस-पटल खुलें। उन्हें तब तक शिवाजी के कार्य की महानता की ऐसी भव्य कल्पना भी नहीं हुई थी।

उसी अवसर पर डॉक्टरजी 2-3 स्वयंसेवकों के साथ बोपोडी शाखा पर भी गए थे। उनका भाषण था, परंतु उपस्थिति थी ही नहीं। फिर भी डॉ. हेडगेवार ने उनके सामने भाषण दिया था और संघ के बारे में समझाया था।

पुणे जिला में 1940 तक हुए संघ-विस्तार की कुछ कल्पना निम्नलिखित तालिका से हो सकती है—

शाखा	सन्	प्रारंभकर्ता
जुन्नर	1935	स्व. माधव गोविंद काटदरे
लोणावला	1936	दादाराव परमार्थ
चिंचवड	1936	वसंत गणेश देवकुले
इंदापुर	1937	स्व. विनायक राव आप्टे
थोड़ेगाँव	1937	स्व. नारायण हरी पालकर

तलेगाँव दायाडे	1937	एकनाथ राव कुलकर्णी
बारामती	1937	नारायणराव कानडे, बामनराव फाटक, वामनराव पागे
नारायणगाँव	1938	श्री अंबादास दत्त चिंतामणि
राजगुरु नगर (खेड)	1938	रघुबीर जनार्दन क्षीरसागर
शिरूर	1938	भैयाराव गौतम
दौंड	1938	दादाराव ठकार
सांसवड	1938	शं.बा. जोशी
फलटण	1938	सीताराम पंत काशीकर
पौड	1939	श्री चौधरी
शिरबक	1939	बालाराव ओगले
बिंझम	1940	यशवंत नाना फड़के

पुणे जिले में श्री नरहर गोविंद (श्री भाऊ राव) अभ्यंकर तथा श्री भाऊ साहब देशमुख डॉक्टरजी के जीवनकाल में संघचालक रहे थे।

भंडारा (महाराष्ट्र)

भंडारा जिला में संघ-शाखा का प्रारंभ 1927 में हुआ। पवनी, अडयाल व भंडारा में क्रमशः शाखाएँ प्रारंभ हुईं और इन तीनों स्थानों पर संस्थापना-दिवस पर डॉ. हेडगेवार स्वयं उपस्थित थे।

पवनी में संघ-कार्य का दायित्व श्री दादाजी देशमुख ने, अडयाल में श्री सीताराम पंत बी.ए. ने तथा भंडारा में श्री दादा देव ने लिया था।

1930 तक गोंदिया, गोरेगाँव और साकोली में भी शाखाएँ प्रारंभ हो गई थीं। डॉ. जी.के. जीवनकाल में संघ शाखाएँ लखांदूर, आजमजाय, कारंजा, लाखनी, तुमसर, तिरोडा और मौदा में भी प्रारंभ हो गई थीं।

सन् 1939 में डॉ. हेडगेवार भंडारा के ईस्टर कैंप में भी उपस्थित रहे थे। वे गोंदिया, गोरेगाँव और तिरोडा स्थानों पर भी शाखा-निरीक्षणार्थ गए थे।

यवतमाल (महाराष्ट्र)

वर्ष 1933 में डॉ. हेडगेवारजी ने स्वयं अड़गाँव में श्री गणपत राव मालवी

के बगीचे में बैठक कर संघ-शाखा प्रारंभ की थी। 1933 से 1937 तक जिले में वणी, पाढरकवडा, यवतमाल, दारह्वा और पुसद इत्यादि स्थानों पर भी शाखाएँ प्रारंभ हो गईं।

1936 या 1937 में वणी जिला शिविर में डॉ. हेडगेवारजी स्वयं उपस्थित रहे तथा प्रमुख नागरिकों से संपर्क किया। सभी तहसील स्थान तथा दिग्रस, नेर, कलंब स्थानों का उन्होंने दौरा भी किया। यवतमाल से डॉ. हेडगेवारजी का संबंध विद्यार्थी जीवन और कांग्रेस कार्यकाल से ही बहुत रहा था।

रत्नागिरि (महाराष्ट्र)

रत्नागिरि में 28 फरवरी, 1933 ई. को माधव कोंडो मुल्ये के प्रयत्न से संघ-शाखा प्रारंभ हुई। इसके बाद जिले में अन्य स्थानों पर भी संघ-विस्तार हुआ। उदाहरणार्थ, खेड में 1935 में, गुहागर, सघमेश्वर नगर तथा राजापुर नगर में 1937 में संघ-शाखा प्रारंभ हो गई। 1938 के संघ शिक्षा वर्ग में मधुकर गोद्दाले, अ.ग. वेडेकर, पुरुषोत्तम शेवडे भी गए थे। 1938 में ही मालवण और सावंतवाड़ी में भी संघ-शाखा प्रारंभ हुई।

वर्धा (महाराष्ट्र)

वर्धा में स्वयं डॉ. हेडगेवारजी ने उपस्थित रहकर अप्पाजी जोशी से शाखा प्रारंभ करवाई। यह नागपुर से बाहर संघ के विस्तार का प्रथम पग था। इसे संघ की प्रथम शाखा कहा जा सकता है।

सातारा जिला (महाराष्ट्र)

सातारा जिला में सर्वप्रथम संघ-शाखा सातारा नगर में 1932 में स्थापित हुई। स्वयं डॉ. हेडगेवारजी श्री बाबाराव सावरकर, श्री मार्तंड राव जोग और श्री पं.ना. ओक के साथ सातारा गए थे तथा दादा साहब करंदीकर के घर पर नागरिक बैठक में उन्होंने संघ-परिचय दिया तथा प्रतिज्ञा-कार्यक्रम कराया। इस अवसर पर श्री बाबूराव भिड़े ने प्रतिज्ञा ली थी और उन्हें डॉक्टरजी ने संघचालक नियुक्त किया था। लगभग एक वर्ष बाद वकील श्री आलतेकर को संघचालक नियुक्त किया गया, जब कांग्रेस में अधिक व्यस्तता के कारण

श्री बाबूराव भिड़े ने संघचालक पद छोड़ा था।

1935 ई. में 'वाई' में शाखा प्रारंभ हुई। 1936 में डॉक्टरजी ने पुनः सातारा में संघ-शाखाओं के निरीक्षणार्थ गए थे। डॉक्टरजी ने 1937 में औंघ राज्य के बाला साहब पंत प्रतिनिधि से भेंट की थी। औंध राज्य में भी 29 दिसंबर, 1939 को शाखा प्रारंभ हो गई थी। वड्ज में 1937 में संघशाखा प्रारंभ हुई थी।

1938 ई. में डॉक्टरजी का तीसरा प्रवास सातारा में हुआ। उस समय सेनापति मैदान पर सार्वजनिक कार्यक्रम हुआ। फलटण में जून 1939 ई. में शाखा प्रारंभ हुई। पुरवणी में 1932 में डॉक्टरजी प्रथम बार गए थे और उन्होंने श्री आलतेकर वकील को संघचालक नियुक्त किया था। आरंभकर्ता स्वयंसेवकों में मा.ना. तथा काका करवरकर तथा श्री नरसोपंत देशपांडे थे। 1937 में डॉ. हेडगेवारजी चौथी बार सातारा गए थे।

कलकत्ता नगर (पश्चिम बंगाल)

कलकत्ता नगर में प्रथम संघ-शाखा 22 मार्च, 1939 (वर्ष प्रतिपदा) को श्रीगुरुजी (बाद में संघ के द्वितीय सरसंघचालक) तथा श्री विट्ठलराव पतकी द्वारा प्रारंभ की गई थी। वहाँ से 11 तरुण स्वयंसेवक 1939 की नागपुर ओ.टी.सी. में आए थे। 15 नवंबर को डॉ. हेडगेवारजी ने श्री बालासाहब देवरस (बाद में तृतीय सरसंघचालक) को प्रचारक रूप में कलकत्ता भेजा था। क्रांतिकारी संस्था 'अनुशीलन समिति' के वयोवृद्ध नेता श्री पुलिनबिहारी दास ने संघ-कार्य में सहयोग दिया और उनकी 'बंगीय हिंदू व्यायाम समिति' के अखाड़े में ही बहुत दिन संघ-शाखा लगती रही। दिसंबर 1939 में डॉ. हेडगेवारजी ने भी गुरुजी एवं श्री नाना साहब तेलंग को साथ लेकर कलकत्ता यात्रा की और वहाँ के स्वयंसेवकों का मार्गदर्शन किया।

मिदनापुर जिला (पूर्वी बंगाल)

अविभाजित भारत के मिदनापुर (मेदिनीपुर) जिले में संघ-शाखा का प्रारंभ खड्गपुर में स्वयं डॉ. हेडगेवारजी ने की थी। वहाँ पर कुछ स्वयंसेवक रेल कर्मचारियों के सहयोग से संघ-कार्य प्रारंभ हुआ था।

अंबाला जिला (हरियाणा)

पहले अंबाला जिला बहुत बड़ा था। वर्तमान अंबाला जिला में पहले के जिले के शिमला, रोपड़, नाहन और खरड कम हो गए हैं।

अंबाला जिला में प्रथम संघ-शाखा शाहाबाद के स्वयंसेवक श्री सुशीलजी द्वारा अंबाला नगर में 10 जून, 1939 को प्रारंभ हुई थी। अंबाला छावनी में भी इसी वर्ष शाखा प्रारंभ हुई। अगस्त 1939 की लाहौर ओ.टी.सी. में अंबाला छावनी से 18 युवक शिक्षण के लिए गए थे और अंबाला नगर से 4।

करनाल जिला (हरियाणा)

करनाल जिला में प्रथम संघ-शाखा करनाल नगर में 1937 में श्री रतिदास (दिल्ली में आयुर्वेद के विद्यार्थी) ने प्रारंभ की थी। 1938 में शाहाबाद और पानीपत में भी शाखाएँ प्रारंभ हो गईं। तरावड़ी, कुंजपुरा, समालखा आदि अनेक स्थानों पर भी इसी वर्ष शाखाएँ प्रारंभ हुईं।

शाहाबाद के सुशील चंद्र सिंहलजी 1938 के लाहौर ओ.टी.सी. में और 1939 में करनाल से ओमप्रकाशजी, जयभगवानजी और जसवंत सिंहजी ने लाहौर ओ.टी.सी. में प्रशिक्षण प्राप्त किया था।

कुरुक्षेत्र जिला (हरियाणा)

कुरुक्षेत्र जिला में प्रथम संघ-शाखा 1938 के लाहौर ओ.टी.सी. में शिक्षा प्राप्त श्री सुशील चंद सिंहल ने शाहाबाद मारकंडा में प्रारंभ की थी। उस समय लाहौर से श्री दादाराव परमार्थ (साथ में श्री गोपीचंद) ने आकर बैठक ली थी तथा कार्य प्रारंभ कराया था।

1938 ई. के अंत में श्री वसंतराव ओक के साथ सुशील चंद सिंहल भी कैथल गए तथा वहाँ अमीरचंदजी व मिच्छालालजी से संपर्क किया तथा शाखा प्रारंभ कराई। 1939 ई. की लाहौर ओ.टी.सी. में ये दोनों स्वयंसेवक गए।

गुड़गाँव जिला (हरियाणा)

गुड़गाँव जिले की प्रथम संघ-शाखा श्री बाबासाहब आप्टे ने अक्तूबर 1939 में प्रारंभ की थी।

जींद जिला (हरियाणा)

पहले की जींद रियासत से वर्तमान जींद जिला में कुछ अंतर है। इस जिले में तीन तहसीलें हैं—जींद, नरवाना, सफीदो। सर्वप्रथम नरवाना में संघ-शाखा प्रारंभ हुई। कैथल के एक कार्यकर्ता के अखाड़े में लाठी आदि की प्रारंभिक शिक्षा देकर 1940 में शाखा प्रारंभ की। 1940 में दिल्ली के 'हिंदू सभा भवन' में लगे शिक्षक शिक्षण शिविर में यहाँ से गए दो कार्यकर्ताओं ने प्रशिक्षण प्राप्त किया था।

फरीदाबाद जिला (हरियाणा)

फरीदाबाद जिला की सर्वप्रथम शाखा पलवल में 1940 में श्री वसंतराव काले ने प्रारंभ की थी।

रोहतक जिला (हरियाणा)

रोहतक जिला में संघ-शाखा सर्वप्रथम रोहतक नगर में श्री ब्रह्मदेव (वर्तमान क्षेत्रीय प्रचारक, उत्तरांचल) द्वारा 1938 में प्रारंभ की गई थी। उनके साथ ही कृष्णराव वाडेकर संघ-शाखा सँभालने गए थे।

राजस्थान

वर्तमान राजस्थान में डॉक्टरजी के काल में संघ का प्रवेश मात्र ही हुआ था। काँकरोली जिले में सर्वप्रथम नाथद्वारा में संघ-शाखा 1938 ई. में श्री सोहनलाल माहेश्वरी द्वारा प्रारंभ हुई थी। इसी प्रकार वर्तमान चित्तौड़गढ़ जिला के प्रतापगढ़ कस्बे (जो डॉक्टरजी के काल में रतलाम जिला में आता था) में 1939 के लगभग बाल बर्वे द्वारा सायं शाखा के रूप में प्रारंभ की गई थी। उनके पिता डॉ. बर्वे (इंदौर निवासी) प्रतापगढ़ के चिकित्सालय में थे।

अहमदाबाद (गुजरात)

अहमदाबाद में, जिसे संघजगत् में प्राय: 'कर्णवती' कहा जाता है, संघ का प्रारंभ 1940 में हुआ था। श्री केशवराव खीरे तथा श्री गोपाल राव गुर्जर नामक दो स्वयंसेवकों ने बड़ौदा से आ-आकर, जन-संपर्क करके प्रथम शाखा प्रारंभ की थी।

बड़ौदा (गुजरात)

बड़ौदा नगर में संघ-शाखा का प्रारंभ 1938 में हुआ था। श्री गोपाल झिंझर्डे और श्री दत्तोपंत पाध्ये (जो नागपुर के स्वयंसेवक थे और बड़ौदा में 'कला भवन' में पढ़ने आए थे) के द्वारा प्रथम संघ-शाखा चलाई गई थी।

बलसाड जिला (गुजरात)

नवसारी में टेक्निकल स्कूल में पढ़ने आए स्वयंसेवकों द्वारा संघ-शाखा का प्रारंभ 1936-37 में हुआ था।

सूरत (गुजरात)

सूरत महानगर में संघ-कार्य का प्रारंभ 1939 में हुआ। 1941 में यहाँ से 4 स्वयंसेवक पुणे ओ.टी.सी. में गए थे।

छिंदवाड़ा जिला (मध्य प्रदेश)

छिंदवाड़ा जिला की प्रथम शाखा छिंदवाड़ा नगर में 1931 में प्रारंभ हुई। रेलवे स्कूल के दो अध्यापकों श्री आकोलकर तथा श्री खेडलकर और एक रेलवे कर्मचारी श्री पी.डी. जोशी के प्रयत्नों से प्रथम शाखा प्रारंभ हुई।

जबलपुर (मध्य प्रदेश)

जबलपुर में श्री दादाराव परमार्थ 1936 में वहाँ के कुछ हिंदुत्व-प्रेमी लोगों द्वारा बुलाए जाने पर गए और डॉ. शंकर राव बेलापुरकर के घर बैठक होकर साप्ताहिक एकत्रीकरण का निश्चय हुआ। 1938 में श्री प्रह्लाद आंबेकर अध्ययन के लिए जबलपुर आए, तभी शाखा विधिवत् चली। 1939 के विजयादशमी उत्सव में डॉ. हेडगेवारजी श्रीगुरुजी के साथ जबलपुर आए थे। वे स्वयं भी पूर्ण गणवेश में थे तथा तब घोष भी नागपुर से आया था।

विशाखापट्टनम जिला (आंध्र प्रदेश)

विशाखापट्टनम जिला की प्रथम संघ-शाखा डॉ. हेडगेवारजी द्वारा भेजे गए श्री एलकुंचवार ने 1940 में प्रारंभ की थी। डॉक्टरजी की अस्वस्थता के कारण वे कुछ दिनों बाद ही वापस चले गए थे, परंतु शाखा कुछ समय तक चलती रही।

तमिलनाडु

डॉ. हेडगेवारजी 1920 में पांडिचेरी श्रीअरविंद घोष को राजनीति में वापस लाने के लिए डॉ. मुंजे के साथ गए थे, वैसे तमिलनाडु उनका कार्यक्षेत्र नहीं रहा। डॉक्टरजी के जीवनकाल में तमिलनाडु में संघ-शाखाएँ प्रारंभ हो गई थीं। मद्रास में 1939 के अंत में संघ शाखा प्रारंभ हो चुकी थी। स्वातंत्र्य-संघर्ष के योद्धा श्री ए. दक्षिणामूर्ति (मदुरै में एडवोकेट) संघ के स्वयंसेवक बने थे और बाद में प्रांत कार्यवाह भी। 1940 की नागपुर ओ.टी.सी. में तमिलनाडु से 4 स्वयंसेवकों ने भाग लिया था। सेलम नगर में संघ के प्रचारक श्री गंगाधर पाठक ने 1939-40 में 'हिंदू महासभा अधिवेशन' समाप्त होने के बाद ही शाखा प्रारंभ कर दी थी। 1940 ओ.टी.सी. में नागपुर गए हुए स्वयंसेवकों में से एक धीरूजी सेठ (जो तब विद्यार्थी थे) भी थे और उन्होंने डॉक्टरजी का दर्शन भी किया था। श्री कान्हेजी और श्री जनार्दन चिंचालकर यहाँ के प्रारंभिक प्रचारकों में उल्लेखनीय हैं। घोष के पारंगत स्वयंसेवक भी आबाजी देशपांडे घोष सिखाने वर्धा से सेलम नगर आते थे।

उत्तर कर्णाटक (कारवाड़ जिला)

कारवाड़ में 1940 ई. में प्रथम संघ-शाखा प्रारंभ हुई। इसकी स्थापना पुजारी नामक विद्यार्थी स्वयंसेवक ने की थी।

बीजापुर जिला (कर्णाटक)

बीजापुर नगर में जिला की प्रथम शाखा 1938 में प्रारंभ हुई। उस समय बीजापुर एक देशी राज्य था। इस निमित्त डॉ. हेडगेवारजी साँगली से आए थे और उन्होंने श्री रानडे वकील को संघचालक नियुक्त किया था। शाखा कुछ ही समय चल पाई, क्योंकि बाद में राजाज्ञा से शाखा बंद कर दी गई।

बेलगाँव जिला (कर्णाटक)

पहले बेलगाँव जिला बंबई प्रांत में था। भाषावार राज्य बनने पर यह जिला कर्णाटक में आया। इस जिले में सर्वप्रथम संघ-शाखा 1937 में चिकोड़ी में स्वयं डॉ. हेडगेवारजी द्वारा आरंभ की गई थी। श्री दादाराव परमार्थ के मार्गदर्शन

में श्री नीलकंठ पाटिल (चिकलगुड ग्राम, महाराष्ट्र के विद्यार्थी) प्रथम शाखा के मुख्य शिक्षक रहे थे।

अठनी में प्रथम शाखा 1940 में वर्ष प्रतिपदा के दिन प्रारंभ हुई थी। इसके लिए मिराज से डॉ. तिलक तथा नागपुर से डॉ. मनोहर सालपेकर आए थे। श्री का.भा. लिमये (महाराष्ट्र प्रांत संघचालक) ने यहाँ 19 स्वयंसेवकों को प्रतिज्ञा दिलाई थी।

हुबली जिला (कर्णाटक)

हुबली जिला की प्रथम संघ-शाखा 1939 में श्री एस.वी. सहस्रबुद्धे द्वारा प्रारंभ की गई थी।

अमृतसर जिला (पूर्वी पंजाब)

अमृतसर नगर में जिले की प्रथम संघ-शाखा 1938 में विजयादशमी के दिन प्रारंभ हुई थी। प्रारंभकर्ता सियालकोट से आए श्री कपूरचंद जैन (जो टेक्सटाइल इंस्टीट्यूट में प्रशिक्षण ले रहे थे) थे। 1940 में तरनतारन में शाखा का प्रारंभ प्रचारक श्री गदाधर राव यादव ने किया था।

कपूरथला जिला (पूर्वी पंजाब)

पहले कपूरथला देशी राज्य था। कपूरथला जिला की प्रथम शाखा 1939 में महतपुर (नकोदर तहसील) में श्री माधवराव मुले द्वारा प्रारंभ की गई थी। वे लुधियाना निवासी श्री चंद्रशेखर वैद्य के साथ वहाँ गए थे।

गुरदासपुर (पूर्वी पंजाब)

गुरदासपुर जिला की प्रथम शाखा श्री केवलकृष्ण (अमृतसर के स्वयंसेवक) द्वारा 1939 में प्रारंभ की गई थी।

जालंधर (पूर्वी पंजाब)

जालंधर जिला में प्रथम संघ-शाखा 1939 में जालंधर नगर में श्री चंद्रप्रकाश (सियालकोट से शाखा प्रारंभ करने आए थे) द्वारा हुई थी। उसी वर्ष फगवाड़ा में श्री माधवराव पांडेय द्वारा प्रारंभ की गई थी। वे नागपुर के निवासी थे तथा

रेलवे स्टेशन पर बिजली के कर्मचारी थे। उसी वर्ष 9 जुलाई को बंगा में वेदप्रकाशजी ने शाखा प्रारंभ की थी। श्रीचंद प्रकाश 1940 में जिला प्रचारक होकर आए थे और 1942 तक रहे।

लुधियाना (पूर्वी पंजाब)

लुधियाना जिला की संघ-शाखा लुधियाना नगर में श्री सुखदेव कालिया 1939 द्वारा प्रारंभ की गई थी।

संगरूर (पूर्वी पंजाब)

संगरूर जिले में सर्वप्रथम संघ-शाखा सुनाम में 1 सितंबर, 1938 को श्री रामलाल छांड़िया द्वारा प्रारंभ की गई थी।

गया (बिहार)

गया जिला की प्रथम संघ-शाखा नगर में 11 मई, 1939 को काशी के डॉ. सद्गोपाल और पटना के श्री दुर्गादत्त त्रिपाठी की प्रेरणा से श्री अंबादास लोखंडे ने प्रारंभ की थी। श्री अंबादास हिंदू विश्वविद्यालय, काशी के आयुर्वेद के छात्र थे। वे प्रचारक होकर गया आए थे। श्री बबुआजी (श्री कृष्णवल्लय प्रसाद नारायण सिंहजी) की कोठी में शाखा प्रारंभ हुई और प्रतिज्ञा कार्यक्रम हुआ। फिर शाखा के लिए एक खुला स्थान निश्चित कर दिया गया।

डॉ. हेडगेवारजी 1939 में बिहार की प्रथम शाखा देखने आए। उसी समय वे श्री बबुआजी को संघ का स्वरूप दिखाने के लिए अपने साथ ही नागपुर ले गए। वहाँ संघ-कार्य देखकर वे बहुत प्रभावित हुए।

डॉ. हेडगेवारजी गया में दो बार आए थे, परंतु उनका भाषण कभी नहीं हुआ, नागरिक बैठकें ही हुईं। दूसरी बार वे 1940 ई. में आए थे तो राजगीर में स्वास्थ्य लाभ के लिए जाते समय यहाँ एक दिन रुककर गए थे।

भागलपुर (बिहार)

भागलपुर जिला की प्रथम शाखा भागलपुर नगर में 1939 के प्रारंभ में ही स्थापित की गई थी। नगर की अनेक व्यायामशालाओं को संगठित कर एक दिशा देने के लिए यहाँ के श्री अशर्फी शुक्ल ने डॉ. हेडगेवारजी को पत्र लिखा

था। उसके उत्तर में श्री बाबासाहब आप्टेजी भागलपुर पहुँचकर शुक्लजी से मिले। नगर के प्रतिष्ठित हिंदुत्व प्रेमी सज्जनों से उन्होंने परिचय किया, फिर छितुनी सिंह पहलवान की व्यायामशाला में हनुमानजी की मूर्ति के सामने भगवा-ध्वज लगाकर, अनेक लोगों को संघ की प्रतिज्ञा दिलाकर संघ की प्रार्थना कराई और शाखा प्रारंभ हो गई। फिर भी नरहरि पारीख नागपुर से प्रचारक के रूप में आए। शाखा चलने लगी। 1939 में नागपुर ओ.टी.सी. के लिए यहाँ से 3 स्वयंसेवक गए थे—श्री श्यामसुंदर शाह, श्री सत्यनारायण शर्मा, श्री अधीर कुमार राय। वापस आकर उन्होंने भी संघ-विस्तार किया। कालांतर में भागलपुर जिले में प्रचारक के रूप में वामन हेडगेवार भी आए थे।

मुंगेर (बिहार)

मुंगेर जिले में सर्वप्रथम संघ-शाखा मुंगेर नगर में श्री ओमप्रकाश गुप्त ने 15 जुलाई, 1939 को प्रारंभ की थी। इसके पीछे श्री बाबासाहब आप्टे ही मुख्य प्रेरणा थे। 1939 में मुंगेर में हिंदू महासभा का अखिल भारतीय अधिवेशन हुआ था और उसी में बाबासाहब आप्टे भी आए थे।

आगरा (उत्तर प्रदेश)

आगरा जिले में 1939 या 1940 में सर्वप्रथम संघ-शाखा पं. दीनदयाल उपाध्याय द्वारा आगरा नगर (दरियानाथ मंदिर, राजमंडल) में प्रारंभ की गई। उस समय वे अंग्रेजी में एम.ए. करने के लिए आगरा में रहते थे। श्री भाऊराव जुगादे (नरहरि नारायण जुगादे) आगरा विभाग प्रचारक होकर 1940 में आए थे और उस समय संघ-कार्य का उनके द्वारा बहुत विस्तार हुआ।

उन्नाव (उत्तर प्रदेश)

उन्नाव नगर के श्री विश्वंभर नाथ वाजपेयीजी का संघ से संबंध 1935 में हुआ था, जब महाराष्ट्र के अमरावती नगर में वे किसी बारात में गए तथा कन्या पक्ष की ओर से सम्मिलित डॉ. हेडगेवारजी से उनका संपर्क हुआ। डॉक्टरजी ने उन्हें अमरावती की शाखा दिखाई, जिससे वे बहुत प्रभावित हुए। उन्होंने वैसी ही शाखा उन्नाव में चलाने की इच्छा प्रकट की। तदनुसार भाऊराव

देवरस ने उनसे उन्नाव में संपर्क किया और उनके एक मित्र के पुत्र श्री अमरनाथ उन्नाव से नागपुर ओ.टी.सी. में भाग लेने के लिए आए, किंतु वहाँ के तपस्यामय जीवन व कठिन परिश्रम से घबराकर वापस आ गए। उसके बाद 1940 में लखनऊ के श्री राजेंद्र वर्मा ने प्रचारक के रूप में उन्नाव जिले में संघ-शाखा प्रारंभ की। इसके बाद श्री बाबासाहब आप्टे तथा श्री अनंत रामचंद्र गोखले के मार्गदर्शन में संघ-कार्य का विस्तार होता रहा।

गाजीपुर (उत्तर प्रदेश)

गाजीपुर जिला में संघ-शाखा का प्रारंभ 1940 के लगभग किया गया था। तब शाखा महाजन टोली में गुणेश्वर नाथ मंदिर में प्रारंभ की गई थी।

जौनपुर (उत्तर प्रदेश)

जौनपुर में संघ-शाखा का प्रारंभ 1940 में हुआ। जौनपुर के निवासी श्री देवी सेवक त्रिपाठी 1939 में काशी हिंदू विश्वविद्यालय के विद्यार्थी-काल में स्वयंसेवक बने थे। उन्हें लेकर 1940 में श्री विष्णु करेंसकर वाराणसी से जौनपुर संघ-संपर्क के लिए गए थे। दो-चार दिन रहकर कुछ लोगों से बातचीत करके वापस चले गए थे। 1940 में ही श्री गोविंद रतकंठीवार ने जौनपुर आकर पुनः जनसंपर्क करके संघ-शाखा की स्थापना की। उनके सामने तो शाखा चलती रही, पर उनके वापस जाने के बाद शीघ्र ही बंद हो गई। 1941 में श्री माधव देशमुख ने पुनः संघ-शाखा प्रारंभ की, जिससे संघ कार्य का स्थायी विस्तार हुआ।

झाँसी (उत्तर प्रदेश)

झाँसी जिला की प्रथम संघ-शाखा झाँसी नगर में श्री यादव राव जोशी ने 1940 में स्थापित की थी।

बलिया (उत्तर प्रदेश)

बलिया जिला में सर्वप्रथम बलिया नगर में संघ-शाखा प्रारंभ करने का प्रयास 1940 में किया गया था। काशी हिंदू विश्वविद्यालय के छात्र स्वयंसेवक श्री राजा भाऊ सावरगाँवकर के द्वारा किया गया था। इनके प्रेरक श्री फूलदेव

सहाय वर्मा, अध्यक्ष, रसायन विज्ञान विभाग (जो काशी हिंदू विश्वविद्यालय शाखा के संघचालक भी थे) थे।

मथुरा (उत्तर प्रदेश)

मथुरा नगर में सर्वप्रथम 1939 में श्री अन्ना पँवार (पूना) प्रथम प्रचारक होकर आए और उन्हीं के द्वारा शाखा प्रारंभ की गई।

मेरठ (उत्तर प्रदेश)

मेरठ जिले में सर्वप्रथम 1939 में मेरठ नगर में संघ-शाखा प्रारंभ हुई। प्रथम जिला प्रचारक गिरधारीलाल शास्त्री ने यह शाखा लगाई थी। 1940 या 1941 में विष्णुजी (प्रचारक) द्वारा सरधना में भी शाखा लगाई गई।

वाराणसी (उत्तर प्रदेश)

वर्ष 1931 में वाराणसी में संघ-कार्य का शुभारंभ स्वयं डॉ. हेडगेवारजी ने किया था। स्वातंत्र्यवीर सावरकर के बड़े भाई श्री बाबाराव सावरकर वर्ष के प्रारंभ में ही अपनी चिकित्सा के लिए काशी गए हुए थे और गायघाट स्थित जामखंडी भवन में ठहरे थे। उन्हीं के आग्रहपूर्ण पत्र पर संघ स्थापना के लिए डॉ. हेडगेवारजी वाराणसी पहुँचे। महामना मदनमोहन मालवीयजी का भी संघ-शाखा की स्थापना में सहयोग मिला। डॉक्टरजी ने दो शाखाएँ स्थापित कीं—नगर में जामखंडी-भवन में तथा हिंदू विश्वविद्यालय में। जामखंडी भवन में व्यवस्थापक भाऊराव दामले (श्री व्यंकटेश नारायण दामले) को उन्होंने नगर का संघचालक भी नियुक्त किया। एक बैठक में उन्होंने संघ का प्रतिज्ञा-कार्यक्रम भी कराया था। महामना मालवीयजी से भेंट के बाद डॉक्टरजी ने विश्वविद्यालय शाखा की स्थापना की। इस शाखा की स्थापना में श्री दक्ष करंवेलकर तथा श्री रामा करंवेलकर का विशेष योगदान रहा।

उस समय संघ के हितैषियों में मालवीयजी के अतिरिक्त डॉ. भगवानदास, बाबा शिवप्रसाद गुप्त, श्री श्रीप्रकाश, श्री संपूर्णानंद, श्री अन्नपूर्णानंद, बाबू विष्णु पराडकर, म.म. लक्ष्मणशास्त्री द्रविड़ इत्यादि अनेक प्रसिद्ध व्यक्तियों की गणना की गई। वाराणसी के प्रारंभिक स्वयंसेवकों में श्री गोपाल राव नेने,

श्री बापूराव थत्ते, श्री सदाशिवराव माधव पाटणकर, श्री नारायण व्यंकटेश दामले इत्यादि नाम उल्लेखनीय हैं, जिनका कालांतर में संघ में या अन्यत्र महत्त्वपूर्ण स्थान रहा।

हिंदू विश्वविद्यालय शाखा को चलाने में नागपुर में विद्यार्थी रूप में वाराणसी आए श्री भैयाजी दाणी, श्री तात्या तेलंग तथा उनके अतिरिक्त डॉ. सद्गोपाल, डॉ. फूलदेव सहाय वर्मा, श्री नाना व्यास, श्री तात्या लोखंडे, श्री अण्णा पिंढरीपांडे, श्री बापू (लक्ष्मण श्रीधर) वाकणकर, श्री अण्णा देव इत्यादि का बहुत योगदान रहा। श्रीगुरुजी (श्री माधव सदाशिव गोलवलकर) यहीं पर स्वयंसेवक बने थे।

11 मार्च से 1 अप्रैल, 1931 तक डॉक्टरजी वाराणसी में रहे तथा उन्होंने अनेक महत्त्वपूर्ण व्यक्तियों से संपर्क किया, जिससे संघ-विस्तार में सहायता मिली।

वर्ष 1932 में नागपुर के संघ द्वारा मनाए जानेवाले विजयादशमी उत्सव को देखने के लिए डॉक्टरजी की इच्छानुसार डॉ. सद्गोपालजी और श्रीगुरुजी वाराणसी से गए थे तथा वहाँ का दृश्य देखकर वे अत्यंत प्रभावित व प्रेरित होकर लौटे थे। 1933 ई. में दयानंद महाविद्यालय में एक उपशाखा प्रारंभ हुई, जिसमें विद्यालय के शिक्षक श्री नंदलाल भारद्वाज कार्यवाहक बने। श्री माधवराव देशमुख यहीं पर स्वयंसेवक बने थे (जो प्रभावी प्रचारक बने तथा बाद में विश्व हिंदू परिषद् के नेता बने)। नगर में क्रमशः अनेक उपशाखाएँ डॉक्टरजी के जीवनकाल में ही प्रारंभ हो गई थीं और 1932 से प्रतिवर्ष ओ.टी.सी. में भाग लेने के लिए स्वयंसेवक नागपुर जाने लगे थे। 1932 के ओ.टी.सी. में प्रशिक्षणार्थ श्री गोपाल रामचंद्र परांजपे वहाँ गए थे।

□□□